JN077363

TANIGAWA KENICHI COLLECTION 5

谷川健一コレクション 5

地名の世界

Ⅰ 地名が語るもの
Ⅱ 日本の地名

谷川健一

冨山房
インターナショナル

目次

Ⅰ　地名が語るもの

Ⅱ　日本の地名

I

地名が語るもの

地名　生きている時間の化石

最近どの地方を旅行しても、日本人の生活は画一化し、風俗は都会と地方を問わず目まぐるしく変化していく。その中でもっともほろびないものを探すとすれば、せいぜい土地の名ぐらいのものかも知れない。たしかに地名は、はるかな時代に生きた人たちと自分たちをつなげるものだ。バスを待つ間、停留場の標識に古い書物で見おぼえのある地名が書いてあって、はっとすることがある。とつぜん自分の眼の前にひろがりのある時間が展開する。地名は生きた時間の化石だ。

土地に古来深い関心

古来、日本人が土地に深い関心をよせてきたことは、地名起源説話を充満した記紀や風土記の文章をみればよく分かる。土地にたいする濃密な感情は、時代と共にうすらぐ一方だが、それでも現在なお、一部の民俗学者や文学者にその尾を引いている。

たとえば、中上健次氏の「枯木灘」がその地名にたいする作者の愛着を、作品の衝動としていることはあらためてここにいうまでもない。枯木という言葉が縁起が悪いという理由で、これが他の地名に変更させられていたとしたら、作者があれほど精一杯、枯木灘の風景をうたいあげていたか、それは分からない。ところが、これに類するような困ったことが日本各地に起こっている。とすればどうしたらよいだろうか。

信州遠山は南信濃村と改名している。遠山というと山あいの辺地に対する差別の匂《にお》いがするという理由からだ。しかし昨年刊行されたその村史には「遠山」の名が冠せられた。ここにおいて住民感情にも起伏のあることが知られる。柳田国男の「遠野物語」が多くの愛読者をふやしていることの背景には、遠野という地名の呼び起こすイメージがあずかっている。

コザ市はアメリカ軍占領時代の沖縄の「眼」にあたる都市だった。そこには白も黄も黒もあらゆる光がうずまいていた。しかし本土復帰した今、そうした過去の悪夢を捨てたいというわけか、沖縄市と改名した。コザにいる友人に出す手紙に、沖縄県沖縄市と書くときの情けない気持ちはおそらく私だけではあるまい。そのコザの友人は、いっそ越来《ごえく》市と改名してくれたら、と私にいったことがある。「ごえく」とはなつかしい言葉だ。そこはかつて越来村であった。「おもろさうし」にも越来の豪族のことが出てくる。

このように土地の名は、たんなる符号ではない。郵便物を仕分けるときの便宜のための記号ではない。その土地に生まれ、土地にはぐくまれてきた人間にとっては、かけがえのない名である。かつて古代には女が自分の名前を明かすときは、その男のものになるとされていた。これとおなじように土地の名は、その土地に関わりのある者だけに、土地のかくれた秘密を明かす。

邪馬台国論争にも一石

地名の重要性は、昨今ようやく各分野の人たちに認識されはじめてはいる。たとえば池田末則氏の労作「日本地名伝承論」によると、奈良県にはヤマトと呼ばれる小字がおよそ二十ある。これは邪馬台国の所在をめぐる論争の参考にならないものだろうか。ヤマトという地名をうかつに持ち出してはならないという教訓として。また奈良県内にはナラの地名が約七十、アスカという地名が約十カ所ある。これらはすべて共通の特徴をもった地形に名付けられている。こうしたことから、奈良や飛鳥の地名の起こりを朝鮮渡来の語として理解することのまちがいがはっきりする。

地名を手がかりに遺跡が復元されるばあいもすくなくない。地元の人が「大黒の芝」と呼んでいる個所から、平城宮の大極殿跡が発見された。出雲国庁跡の発掘については、古い検地帳に「こくてう」の地名のあったことが、その所在をつきとめるきめ手となった。考古学にとって、かくのごとく地名せんさくの効験はあらたかである。

新潟県糸魚川市を流れる姫川上流の明星山の大岩壁の真下にヒスイの原石が発見されたのは、やっと昭和十年代になってからのことだが、このヒスイのことはすでに万葉集の巻十三に「ぬな川の底なる玉」とうたわれている。糸魚川市やとなりの青海町のあたりは、昔、越のぬな川郷と呼ばれていた。ぬな川が瓊《に》の川、つまり玉を産する川のことだとすれば、万葉集の地名伝承の正確さは、千年をへだててみごとに立証されたことになる。さらに話をつづけよう。

バカにできぬ古伝承

出雲国風土記の大原郡神原郷の条に、この地は国づくりの大神が神宝を積んで置いたところだから、神財《かむたから》の郷というべきだが、今の人はあやまって神原の郷というという古老の言を載せている。ところが、神原神社の古墳のなかから、中国の景初三年（二三九年）の銘のある三角縁神獣鏡が昭和四十七年に掘り出されて人びとをおどろかした。そのほか鉄剣や農具も出土した。

これに似た話はほかにもある。紀州熊野の新宮市神倉山の山頂にあるゴトビキ岩は、ヒキガエルの形をしているから土地の方言でそう呼ばれているが、神武東征の軍が登ったと日本書紀に伝えられる天磐盾であり、また高倉下《たかくらじ》という人物が神武帝に邪気払いの宝剣を奉った倉庫とされている。そのゴトビキ岩の下から昭和三十二年に銅鐸が出土して、古伝承をおろそかにあつかうわけにいかないという教訓をまざまざと示した。

近年、民俗慣行のいちじるしい衰退と、伝承者の激減という大きな壁に直面している日本民俗学にとって、地名と、そこに鎮座する昔ながらの神社と、土地にまつわる古伝承の三者の研究は、ひとつの突破口になると私は考えている。

地名は、民俗学、歴史学、地理学、考古学のほか方言や村落を研究する上にも大いに役立つ。動植物や鉱物に関与する地名も多いことから、自然科学の分野とも無縁ではない。これまでの地名研究は、風土記以来のながい伝統である地名の語源せんさくに偏するきらいがあったが、地名学の本筋は、それをとおして過去の事象を明らかにすることにある。

その先駆的な研究として柳田国男の「地名の研究」がある。また昭和初年、長野県の北安曇郡の地名の徹底調査をおこなった一志茂樹《いっしもしげき》氏のかくれた業績がある。昭和五十一年、一志氏を中心とする信濃史学会は、国立の地名研究所設立を建議する意見書を提出している。こうしたことの背景には、現在、市町村の勝手きわまる地名変更や、圃場整備（耕地整理）による地名の抹消がおそるべき速度で進行しているという危機的状況がよこたわっている。

みだりに改変させぬ

ここにその実例の多くを示すゆとりはないが、極端な例をあげれば、平城京の朱雀大路と、その東西にあった左京、右京の名が奈良市の新しい町名として、平城京跡から遠くかけはなれた、とんでもない場所につけられている。これはあきらかに歴史地名の偽造である。こうした状況のなかで、父祖伝来の土地の名をみだりに改変しないための決意をあらたにし、私たちは今「地名を守る会」（仮称）の準備をすすめている。同憂の方々の御協力を希求してやまない。

（「朝日新聞」夕刊、一九七八年二月四日）

大地の記録

地誌の源流

今日でも「風土記」の名前を冠した書物はすくなからず出版されているが、その源流をたどると、「記紀」「万葉」などと並称される古典としての「風土記」にたどりつく。「風土記」はいうまでもなく、その土地にゆかりのある事柄、たとえば産物とか山川とか、あるいは土地の名の由来や古老の伝承などについて書かれた記録であって、今日でいう地誌のたぐいにほかならない。

この「風土記」を国ごとに提出せよという朝廷の命が下ったのは、和銅《わどう》六年（七一三）のこととされるが、現在まで残っているのはその中のわずかでしかない。名前をあげると常陸国（茨城県）、播磨国（兵庫県）、出雲国（島根県）、豊後国（大分県）、肥前国（佐賀県・長崎県）の五国にかぎられる。当時およそ六十国あったからごく一部である。

そのほか「風土記逸文」というものがある。つまり、散逸した「風土記」の文章をほかの文章が引用しているものである。それが現在では五十数国の分あつめられている。逸文は断片であるが、それなりに興味のあるものである。

地名説話と国見儀礼

さてこれらの「風土記」は今日の地誌類と比較してみるとき、いくつかの特色をもっている。つまり、「風土記」をとおして、古代日本人の意識や世界観をとらえることが可能である。

第一に目につくことは、当時の日本人が土地の名の由来についてきわめて関心を抱いていたということである。「風土記」のどの箇所を開いても、地名説話でみちみちている。それはなぜであろうか。平凡社版の「東洋文庫」に収められた『風土記』の解説の中で、吉野裕氏はその理由を次のように述べている。

古代には初春のころに小高い丘にのぼって、司祭者としての邑落《ゆうらく》の首長が、眠っている土地の霊を目ざめさせてゆたかな収穫を約束させるという呪術的な色彩のつよい儀礼がおこなわれた。これを「国見《くにみ》」とよぶが、地名説話が作られている基底には、土地の首長によっておこなわれた国見儀礼の古い記憶がのこっているというのである。

吉野氏の指摘にしたがえば、地名説話には、土地の精霊に呼びかけた当時の人たちの意識がこめられていると見なければならぬ。つまり地名はたんなる地形の説明ではなく、土地に住んでいる人たちが、その土地とかかわりあってきたいわれを語り伝えてきたものであった。もちろんその中には、大和朝廷の首長である天皇が諸国を巡幸していくことにつなげたものがあり、また大和朝廷に信奉された神々が、土地の神を征服していく過程として語られているものがすくなくない。しかしそれにもかかわらず、その土地固有の神々とその物語がのこされているのが、「風土記」の特色である。

たとえば『播磨国風土記』には、託賀郡賀眉里《たかのこおりかみのさと》（兵庫県多可郡中町・加美町）の荒田《あらた》という地名の由来を、次のように説明している。

荒田に道主日女命《みちぬしひめのみこと》という女神がいたが、父なし子を産んだ。そこで七町（約七ヘクタール）の田に稲を作り、みのった稲で酒をかもし、たくさんの神々をあつめた。すると子どもは天目一命《あめのまひとつのみこと》に酒を奉った。そこでだれがその子の父親かということが判明した。そののち、そこの田が荒れたので荒田といった云々。

ところが私は最近、兵庫県多可《たか》郡加美《かみ》町の的場《まとば》にある天目一神をまつる荒田神社をおとずれて、そこに住む老人から、さきの地名説話と酷似する話が現地に、今も残っていることを聞いておどろいた。

それによると、昔、このあたりに一人の姥《うば》神が住んでいて、落葉清水《おちばしみず》と称する神聖な泉から水を汲んでは、それでカビ（甘酒）をこしらえ、神立《こだち》道をとおっては神の御許《みもと》に酒をささげてお祭りをしていた。この姥神は目一つ皇子《みこ》の家内《かない》といわれていたという。

この話が「風土記」の模倣でないことは、その素朴な語り口から察せられる。おばあさんが甘酒をつくるのは、どの家でもあたりまえのことである。この神立道の神立はもとはカムタチとよんでいたのであったろう。カムタチは麹《こうじ》の古い名称である。この話が『播磨国風土記』などを知らない人たちの間に保存されてきたということは、逆にいえば、さきの「風土記」の説話が土地の神とつながった物語であることを傍証するものである。

自然の造化への関心

「風土記」に見られるもう一つの特色は、古代の日本人が自然の造化にたいしていかに鋭敏な関心を抱いたかということである。たとえば『丹後国風土記逸文』には天椅立（天の橋立）の説明がある。それによると、イザナギノミコトが天に通おうとして椅子《はしご》を作ったから天《あま》の椅立《はしだて》というのだが、それは神が眠っている間にたおれてしまったという。海中につき出ている州《す》にたいして、彼らは無関心でありえなかった。

また、『出雲国風土記』には加賀《かが》の潜戸《くけど》（島根県八束《やつか》郡島根町）についての説明が二度も出てくる。その説明も『出雲国風土記』の中でもっともながいのを見ると、古代出雲の人たちはよほどこの潜戸につよい関心を抱いたということが推察される。

私もなんどかこの潜戸に足をはこんだが、そこには東西にむかって一直線に開いた洞穴《どうけつ》がある。洞穴の西がわから見ると洞穴の東が見とおせる。それだけではない。その先に的島《まとじま》という小島があって、その小島にも東西に一直線の洞穴がある。潜戸の洞穴の西がわから見ると、的島洞穴の東がわの入口が見とおせるようになっている。

そこではじめて、私は『出雲国風土記』が加賀の潜戸の地名説話を次のように述べていることがはっきりと理解できたのである。「風土記」によると、その潜戸というのは佐太《さた》の大神《おおかみ》が生まれたところである。大神の母の支佐加比比売《きさかひひめ》が「くらき岩屋《いわや》なるかも」といって、金の弓矢で射とおしたときに、光かがやいたので加加《かか》という云々。

この潜戸の地形を見ると、この地名説話がよく納得できる。それは夏至《げし》の太陽が的島の東からのぼるとき、その太陽光線はまっすぐに的島の洞穴をとおり、さらに加賀の潜戸もつらぬきとおすことが推察できるからである。おそらく金の弓矢というのは太陽光線のことであり、この加賀の潜戸というのは、太陽がそこで生まれると信じられている洞窟《どうくつ》すなわち沖縄の古謡にいうテダガアナ（太陽の洞窟）だったにちがいない。

もう一つの例をあげる。『出雲国風土記』には出雲郡宇賀郷《うかのさと》（平田《ひらた》市）の条に猪目《いのめ》洞窟の記事がある。この洞窟には、人ははいることができない。この洞窟のほとりにいったという夢をみるとかならず死ぬ。それで土地の人は、昔から今にいたるまで、黄泉《よみ》の坂《さか》とか黄泉の穴と名づけているとある。

じっさいそこをおとずれると、陰気な洞穴がある。今は舟庫になっているが、第二次世界大戦後発掘されて大昔の人骨が出たという。この洞窟のかっこうは三角形で女の胎《たい》をあらわしている。古代人は母の胎より出《い》でしものは母の胎にかえることを、うたがわなかったことがこれで知られる。

このように「風土記」をとおしてみると、日本の古代人は、ひときわめずらしい地形があるときに、だまってみすごすことをせず、そこに彼らなりの物語をつくってきたことがわかる。

生き生きとした生活感情

「風土記」に接するとき、私がもっとも感動するのは、土地の人たちの生活感情が生き生きと伝えられていることである。これは上層社会の記事に終始した「記紀」には見られない特徴である。

たとえば『出雲国風土記』の大原《おおはら》郡佐世郷《させのさと》（島根県大原郡大東《だいとう》町）の地名の由来を説明して、「古老の伝へていへらく、須佐能袁命《すさのおのみこと》、佐世の木の葉を頭刺《かざ》して、踊躍《おど》らしし時、刺《さ》させる佐世の木の葉、地《つち》に堕《お》ちき。故《かれ》、佐世といふ」とある。

スサノオが木の葉を頭にかざっておどったというような事は「記紀」にはまったく見られない。土地の古老の伝承からしか生まれえない話である。

また『丹後国風土記逸文』には次のような話がある。比治《ひじ》山（京都府中《なか》郡峰山町の菱山《ひしやま》）の頂上に泉があって、天女《てんにょ》が八人、水浴をしていた。その一人が羽衣《はごろも》をとられて、泣く泣く老夫婦の養女となった。この天女は酒をつくることが大変上手で、そのため老夫婦の家はゆたかになった。老夫婦は金持になると邪険にも、もう用はないといって天女を家から追い出してしまった。天女は、ながい間、人間の世界にいたからもう天には帰れないとなげきながらさまよった。そして荒塩《あらしお》の村にたどりついて、村人たちに「老夫婦の邪険な仕打ちを思うと、自分の心はまるで荒塩（荒潮）のように波立ちさわいでいます」といったという。そこでそこを荒塩の村とよんだとある。また哭木《なきき》の村にいたって、槻木《つきのき》にもたれて哭《な》いたので、そこを哭木の村という。さらに奈具《なぐ》の村（京都府竹野《たけの》郡弥栄《やさか》町船木）までやってきて「ここで自分の心はおだやかになった」といって、その村にとどまって住んだとある。

海の潮のように怒っていた天女が、木にもたれて泣き、さいごに心の平静をとりもどすというのは、人間の心の変化を叙してきわめて適切な表現であると私は見る。

今も残る風土記の世界

昔も今も変わらぬ常民《じょうみん》の世界の様相は、『常陸国風土記』にもあちこちに述べられている。たとえば、年別《としごと》の四月十日《うづきとおか》に祭を設《ま》けて酒灌《さけのみ》す。卜氏《うらべうじ》の種属《やから》、男も女も集会《つど》ひて、日を積み夜を累《かさ》ねて、飲《さけの》み楽《たのし》み

歌ひ舞ふ。其《そ》の唱《うた》にいはく、

あらさかの、神のみ酒を
飲《た》げと、言ひけばかもよ
我《わ》が酔《え》ひにけむ

という一節がある。歌は、神酒を飲めとすすめられ、それで飲まされたためか、わたしは酔ってしまった、という意味のもので、一族のつどい、たのしみさわぐさまが目に見えるようである。四月十日前後は今日でも若い男女が野山に出かけていって、山ツツジを折ってかえる習俗が見られるが、これも古い国見の一種とされている。

韓国では今でもこのころ、女たちが野山で輪をつくって、酒をのんだり踊ったりする。私は五月（旧暦の四月）に韓国に旅行したとき、そうした光景をなんどもみかけて、『常陸国風土記』の昔を思い出さずにはいられなかった。古代関東には渡来人がさかんにやってきていたから、彼らは故国での習慣を忘れず、春ともなれば野山で遊楽にふけったことが察せられる。私がそう推量するのは、『常陸国風土記』の久慈《くじ》郡（現在の那珂《なか》郡と東茨城《いばらき》郡北部）の条に、「泉に縁《よ》りて居《す》める村《むら》落の婦女《おみな》、夏の月に集会《つど》ひて布を浣《あら》ひ、曝《さら》し乾《ほ》せり」というような文章があるからである。泉の付近に住んでいる家々の女たちが、夏の月夜の明《あか》りを頼りにして洗濯をするというのは、砧《きぬた》を打つ朝鮮の慣習をうかがわせるに足りる。

人間の時代の到来

「風土記」の時代は、神々の時代から人間の時代へと移りかけたころである。それをもっとも端的に表現しているのは、『常陸国風土記』の筑波郡（現在の筑波郡と新治《にいはり》郡西南部）の条に述べられている次のような筑波山と富士山の話であろう。

昔、祖神《みおやのかみ》が駿河国（静岡県）の富士の山にいかれたとき、日が暮れたので一夜のやどりを求められた。富士の神は、いま新嘗祭《にいなめのまつり》（稲の収穫を祝い、来年の豊穣を祈願する祭儀）のために忌《い》みごもりしているので外部の人をもてなすことはできない、とことわった。あらためて筑波の山にのぼって、また宿を乞われた。すると筑波の神は、今宵《こよい》は新嘗の夜ですがお泊《と》めしないわけにはまいりません、といった。そこで祖神はよろこんで、筑波の山は国人《くにびと》があつまり、歌い舞い、飲み食いすることが絶えないようにされたが、一方、富士の山はいつも雪が降って、人々が登ることができないようにされた。

新嘗の祭にともなうきびしい戒律《かいりつ》に忠実にしたがったものは罰せられ、それにひきかえて物忌《ものい》みの掟にそむいても、祖神を迎えた筑波の神は、あふれるような酬《むく》いを受けた。神の掟のうえに人間のやさしさをおこうとするわが古代人の倫理思想が、ここにはみとめられる。

これは何を意味するか。それは新嘗という神事のきびしい掟が、ゆるみかかっていることを物語っている。『常陸国風土記』の行方《なめかた》郡の条に次の話がかかげられている。継体天皇のとき、麻多智《またち》という男が開墾していると、夜刀《やつ》の神がたくさん群れあつまってきて邪魔をし、田を作らせなかった。夜刀の神は夜刀＝谷《やつ》の神で、じっさいには蛇をさす、と「風土記」は述べている。麻多智は大変怒って、蛇を打ち殺し追いはらった。そうして山の登り口に境界のしるしとなる杖を立てて、夜刀の神にむかい、「ここから上は神の地であることをゆるすが、ここから下は人の田とする」と宣言したという。

この話では神をもはやおそれてはいない古代耕作民の誇りが語られている。「風土記」の明るさというのは、神々のきずなをはなれて、自分たちの手に力をもちはじめた古代人の明るさである。

（「人物群像　日本の歴史　第一巻　古代の大王」学研、一九七八年三月）

地名改悪に異議あり

今年の三月十一日に「地名を守る会」が旗あげしましてから、今日までのおよそ二月半の間に、おどろくべき反響がありました。「朝日新聞」だけで、三月中に四回もの記事をのせました。それも大々的に紹介した記事です。このほか読売、毎日、東京、日本経済、共同などの各新聞、またテレビ・ラジオなども加わってそれこそ「地名を守る」ことへの大きな声援がつづけられて今日にいたっています。更にはあらゆる政党が保守革新を問わず、「地名を守る」ことに賛意を表しています。もちろん、それは政党としてではなく、個人の形での意思表示なのですが、しかしこのように広汎な意見の一致というものは他に見ることのできないものです。これは一体何を物語るものでしょうか。それこそ失なわれていく日本の伝統文化への深い愛惜のしるしでなくてなんでありましょうか。

考えてもみて下さい。自分のとおい父祖の名前をその子孫がいじって勝手に変えることが許されるでしょうか。地名の変更とはまさしくこれに類する行為にほかなりません。とくに日本人の姓名の七、八割は地名に由来するといわれております。自分のルーツを探ろうとすれば、その大方が地名にゆきつくのです。

そのほか地名はその土地に住む人たちの感情と深くむすびついています。人間の生活と土地とをむすびつけるものが地名です。つまり母なる大地とそこにはぐくまれた子どもである人間との紐帯が地名です。この「へその緒」に匹敵する地名を切って捨てようとするのですから、それは、あまりにも浅はかな行為です。ここまでいえばもうお分かりでしょうが、それは昭和三十七年五月十日に法律第百十九号として公布施行された「住居表示に関する法律」です。

この法律こそは、目先の便宜のために、おしげもなく旧来の地名を捨てて、あやしげな新地名へとぬりかえていった張本人なのです。私の眼には、これは戦後最大の愚挙の一つと映ります。日本人の何物にも変えがたい文化遺産としての地名が何百何千万と、声もなくほろんでいくのが現状なのです。そこにはかず多くの先人たちの血のにじむような営為が地名の中にこめられているはずですのに。

今からでもおそくありません。地名改悪を即座に中止し、熟慮していただきたいのです。

（「地方自治職員研修」一二七号　公職研、一九七八年七月）

「地名」が語る歴史と文化

過去の文化遺産は地下に埋もれて姿をみせないことが多いが、地名はそれの所在を暗示する地上の指標である。たとえば奈良の平城宮の大極殿あとは、地元の人たちが「大黒《だいこく》の芝《しば》」と呼んでいた場所から発見された。出雲国庁あとも、古い検地帳に「こくてう」とあったことを手がかりにして、その所在をつきとめることができた。これは考古学や歴史学の対象となる遺跡にかぎられるものではない。かず多くの人たちが生活したあとにはかならず地名がのこされている。それなのに人は貝塚には注意をはらうが、地名は重視しない。これは不当なことではなかろうか。

銅山から生まれた地名

とくに金属器が重要であった古代や中世、近世には、鉱山の所在地や、それを掘り、精錬した人たちのいたところには、それを示す地名がつけられていた。そのいくつかの例を述べてみよう。「吹く」という言葉は、今日でも鉄を吹くとか、金《かね》を吹くとか言って金属を精錬する意味に使われているが、これは古くからあった。吉備の国は砂鉄精錬のさかんにおこなわれていたところだが、その枕詞は「真金《まがね》吹く」である。昔の備中国、今日の岡山県成羽《なりわ》町吹屋《ふきや》（旧川上郡吹屋村吹屋）はその近くに吹屋銅山があったことで知られている。とくに一七世紀末に大坂の泉屋（住友）が経営した頃には、全国でも指折りの銅山であった。吹屋という地名は金属精錬の場所につけられた名前である。兵庫県の西脇市にも吹屋が谷という地名がのこっている。

岡山市に上伊福という地名がある。古代の金属精錬技術をもつ氏族に伊福部《いふくべ》があるが、伊福部の「伊」は発語で意味はない。「部」は部民であるから問題は「福」である。これはもともと「吹」であった。つまり銅や鉄を「吹く」人たちが伊福部であり、彼らの居住地が「伊福」であった。和名抄に六カ所の伊福郷が記載されている。その中の一つ、備前国御野郡伊福郷が今の岡山市上伊福である。そこから土鐸が発見された。土鐸というのは銅鐸のミニアチュアで土で作ったものである。そのほかの三カ所の伊福郷およびその近傍から銅鐸が出土している。つまり伊福郷の伊福は銅鐸の埋納地を暗示する指標ということができる。三重県一志郡白山町家城《いえき》の家城は伊福という言葉と発音が似ており、伊福から家城の語が出たと考えられている。ところで白山町の家城の近くの白山町川口から銅鐸が出土している。

このように重要な地名であるのに、岡山県では先年国体がおこなわれたことを記念して、岡山市上伊福の名を変えて、岡山市国体町と名づけた。なんというあさはかな行為であろうか。

備前長船《おさふね》の名工の居住地であった邑久《おく》郡の長船町福岡《ふくおか》の「福」もまた「吹」に関連があると私は思っている。しかし全国各地に散在する福岡の地名がかならずしも鍛冶に関係あるものではないことを、ことわっておく。

銅鐸は「さなき」と呼ばれていた

銅鐸の出土地に関連すると思われる地名をもう一つあげておく。「古語拾遺」に鐸を「さなき」と言うとある。このばあいは鉄鐸を指しているが、私は銅鐸も「さなき」と呼ばれていたと考えている。現在、三重県の上野市に属する伊賀上野の佐那具《さなぐ》から目と鼻の上野市千歳《ちとせ》から銅鐸が出土している。またさきに述べた遠江国伊福郷、すなわち現在の静岡県引佐郡細江町の南に佐鳴湖がある。この佐鳴湖の東側から銅鐸がいくつも出ている。

足でふむ鞴《ふいご》（ふいごは吹子である）を「たたら」と言っている。「たたら」はまた前近代的な熔鉱炉を指す。福岡市に多多羅浜がある。これを鞴《たたら》浜とも記した。そこは砂鉄精錬のさかんにおこなわれたところとされている。「たたら」のちぢまった語が「ただ」である。兵庫県の川辺郡川西町多田はもと多田村と言ったが旧多田村大字平野に多太神社があってオオタタネコという金属精錬に関係のある神をまつる（川西町の多田院に鎮座する多田神社は源満仲をまつるもので別の神社である）。そうして川西町の多田から銅鐸が出土している。また多田の近くに多田鉱山がある。奈良時代に東大寺の大仏鋳造のための銅を献じたところというが、一六世紀、豊臣秀吉によって銀山が開発された。現在は兵庫県川辺郡猪名川町に属する。「たたら」という地名は多田、多太、多駄、直《ただ》、太多《ただ》、駄太と記されるが、多度《たど》とか田戸とも書く。三重県桑名郡の多度町にある多度神社は、一目連《いちもくれん》と言って天目一箇神をまつる。この神は鍛冶氏族の先祖神とあおがれている。

「さび」という地名も昔の製鉄所につけられることが多い。これは朝鮮語の鉏《すき》（鋤）を意味するサップに由来する語と考えられる。佐比、佐備、鉏などと記す。岩手県紫波《しわ》郡紫波町佐比内《さひない》には江戸初期に繁栄した朴金山がある。「さび」は「そふ」とか「そぶ」とも変化する。尾張の中島郡に祖父江《そぶえ》町がある。そこに祐《ゆう》久《く》というところがある。これは伊福のなまったものと考えられている。これからも祖父江が金属精錬に関係のあったことが分かる。

横須賀、白須賀など「すか」の地名も注意しなくてはならない。すかは州処《すか》の意味である。砂のたまった場所で、砂鉄がとれることが多いからである。

「かなや」は金屋とか金谷と書く。金矢の字もあてる。また「かなやま」は、文字どおり金山《かなやま》であって製鉄場である。鍛冶屋のいたところには「かじ」の地名がつけられる。鍛冶のほか梶とか賀地とか加池とかさまざまな漢字があてられる。「いもじ」は鋳物師の住んでいたところである。ときには芋福などの字をあてる。新潟県には中蒲原郡庄瀬村に鋳物師興野という地名がある。興野は新しく土地を開墾したところを指す。鍛冶師は金屋子《かなやご》神である。「かなやご」「かないご」「かなえ」「かのう」などと呼ばれており、さきの金屋や金谷のほか金鋳、金井などもこの神の信仰とつながる地名である。このほか「かねづか」(金塚)とか「かなくそ」(金屎)などの地名も製鉄に関係する語である。いうまでもないことであるが、金のつく地名はかならずしも金《きん》を意味するものではない。鉄はくろがね、銅はあかがね、銀はしろがね、水銀はみずがねで、みな金《かね》である。

十分一とか四分一と呼ばれる地名もある。これは鉱山にはこばれる物資にそれだけの税をかけたところである。

鬼は銅山荒らし?

このほか鉱山の坑口を意味する「まぶ」も間歩谷などの地名でのこっているから、そこはもと鉱山であったことが分かる。「かんな」は砂鉄を採掘したところで、鉄穴《かんな》である。掘った砂鉄は川に流してそれをあつめる。それが「かんながわ」で神名川とか鉋川《かんな》の字をあてている。砂鉄を掘る人を鉄穴師《かんなじ》と呼ぶ。「あなし」という地名はそれに関係がある。穴師、穴無、痛足、安師、安志、安那志などの字をあてる。その中でもっとも有名なのは、奈良県の桜井市にある安師《あなせ》である。ここは、古代製鉄の場所とされている。

かわったところでは、鬼という地名が鉱山となにがしかのつながりをもっている。宮崎県玉造郡の鬼首《おにこうべ》は銅山のあったところ。福島県郡山市多田野の鬼ケ城も銅山の近くである。多田野の多田はたたらに関連する語である。福井県武生市の鬼ケ岳は水銀を産する。岐阜県吉城郡神岡町の鬼ケ城は神岡鉱山のあるところである。鬼ケ城という地名のあるところは鉱山が多い。大江山は酒呑童子で名高いが、鬼ケ茶屋から大江山への登道には、日本鉱業の大きな銅山があった。これによって酒呑童子は鉱山を根源地にした無法者とも考えられるのではないか、という人もある。

（「バンドーだより」四五号　バンドー化学、一九七八年一一月）

日本人の感性を伝える文字以前の文字

日本人は地名に対して格別の愛着を抱いてきた。記紀、万葉、風土記などのおびただしい地名起源説話がそれを物語っている。もちろん、その大方は作為の跡の目立つものであるが、それにしても地名に対する関心がかりそめのものではないことを示すものには、まちがいない。

地名の一つに日本文芸の歴史で欠かすことのできない歌枕がある。歌の名所であるが、この歌枕こそは、そこにいかなくても旅の情緒をあじわうことのできるふしぎな機能を果してきた。それは外国人には諒解不能な、日本人独特の美意識の伝統である。たとえば、私の中学以来の愛読書に「雨月物語」がある。その書物の「白峯」と題する短篇の冒頭は、「あふ坂の関守にゆるされてより、秋こし山の黄葉《もみじ》見過しがたく、浜千鳥の跡ふみつくる鳴海《なるみ》がた、不盡《ふじ》の高嶺《たかね》の煙《けふり》、浮嶋《うきしま》がはら、清見《きよみ》が関、大磯小いその浦《うら》〳〵。……」という風に歌枕の羅列にはじまる。主人公が誰かということもはっきりしないということで、土地そのものが主体をなしている文章であり、内容的にはほとんど意味はないが、それなのに、旅へのいざないのあまく、ものがなしい感情をかき立てる。それは歌枕が日本人の間でいわば黙契として成立してきており、それが日本人に共通の歴史的な情緒を刺戟するという仕掛になっているからである。右に掲げた一文は更に「むらさき艶《にほ》ふ武蔵野の原、塩竈の和《なぎ》たる朝げしき、象潟《きさがた》の蜑《あま》が笘《とま》や、佐野の舟梁《ふなばし》、木曾の桟橋《かけはし》、心のとどまらぬかたぞなきに、猶西の国の歌枕見まほしとて……」とつづいていくのであるが、私はここの箇所を読むたびに今でも心の波立ちをおさえることができない。

歌枕は文芸の暗黙の了解の上に成り立っているが、それは地名一般にもいわれ得ることである。地名は日本人の歴史的な時間観念を触発する空間の刺戟細胞である。したがって地名が抹消されたり記号化されていったばあい、ながい間つちかわれてきた日本人の歴史的な情緒は触発される対象を見失なう。日本史や日本文学を検証する手がかりを与える地名が姿を消すということは、私たちのばあいだけでなく、後世のためにもなげかわしいことではないだろうか。

日本の地名にはおそらく縄文弥生の頃からのものがかなりまじっていると私は考えている。つまり、記紀、万葉など日本の最初の文字記録のなかった時代の過去を復元する方法としては、これまでもっぱら考古学が頼りにされてきた。しかし考古学だけでは充分でない。というのも遺跡にしろ遺物にしろ、「もの」はそれだけでは、充分には語らないからである。しかし、地名は、それを名付けた人たちの意識や観念を積極的に語っている。したがって地名は土地に刻まれた、「文字以前の文字」と考えることができる。それを手づるに私たちは地名の指示する内容だけでなく、命名者の観念を知ることができる。といって、地名はたんなる名辞ではない。こうしたことから、私は大地を百科事典にたとえるならば、地名はその索引であると述べたことがある。索引の効用の一つに、共通の内容をもつ事項を引き出すことができるという利点がある。こうして、同一の地名をあつめ、それを分析することによって、命名者——それは複数である——の意識や観念をさぐることと共に、命名された土地の内容を把握することが可能となる。地名学は、柳田国男の「地名の研究」以来、こうして成立してきた。

地名研究の成果は最近いちじるしいものがある。それにひきかえて、日本の市町村から由緒のある地名を一掃しようとする動きも烈しい。当事者は、日本人ならば誰にでも備わっている歴史感覚を衰退させ、抹殺することを目的としているとしか考えようのない乱暴なやり方で、地名を変更しつづけている。もちろんこれまでの地名研究の蓄積や成果は一顧だにされない。私たちはこうした実状を見るに見かねて「地名を守る会」を結成して、半年余にいたっている。

地名は日本人の歴史的な情緒を誘発するものであるが、それだけではない。地理学、民俗学、歴史学、考古学、言語学、あるいは動植物や鉱物の研究にも大いに役立ち得る。地名を手がかりにして、かつての遺跡を発掘した例も、出雲国庁跡や平城京太極殿跡のばあいのようにある。私は最近、地名を土台として、その土地に縁由《えんゆ》のある古神社や古伝承との関連を重視しながら、過去を復元することを考えている。たとえば、その土地に式内社があって、地名と密接に関わりがあるならば、その地名はすくなくとも式内社の成立した平安時代まではさかのぼり得る。またそこに記紀などに登場する古氏族の存在がからまるとすれば、その地名は奈良時代の初期まではさかのぼることができよう。そこに考古学の遺跡や遺物が発見されるとすれば、その地名はいっそう古くからのものであるということができよう。たとえば「さなき」という言葉は、「鐸」を意味すると「古語拾遺」にあるが、「さなき」（佐那具、佐鳴、猿投、散吉）あるいは「さな」（佐奈）の地名から銅鐸が出土しているという事実をふまえて、土地の名と銅鐸との間に関係があると推測してみることが可能である。銅鐸が埋納されたのは弥生時代の中期から後期とされているから、「さなき」という地名も、その埋納の時期に命名されたことが推定できる。つまり地名によって、私たちは銅鐸の出土地を逆に検索できるだけでなく、当時の社会状況をつかむ一端とすることができる。

地名について語ることは、私たち日本人の共有する過去の足跡について語ることである。地名は、好むと好まざるとに関わらず、日本列島の中に幾千年来、自分たちの生と死をあずけてきた人たちの意識をおのずから伝えている。それが心ない為政者の方針によって眼前から消え去ろうとしている。おそろしいことではないか。

（「自然と文化」秋季号、一九七八年九月）

地名の進駐

地名の中には人々の移動や移住を物語るものが多い。とくに古代氏族の移動を跡づけることは、古代史のかくれた部分の解明に寄与するところが大きい。私もそれにはずいぶん関心を払ってきた。ところでその中には自発的なものではなく、なかば強制的かつ命令的に移住させられたものもある。その例を一、二みることにする。

鹿児島県の西海岸に面した川内川《せんだい》の北辺に高城という地名があり、現在は川内市高城町として残っている。今はタキと呼ばれるが、以前はタカキとも言った。『和名抄』には薩摩国高城郡の郷名に合志《かわし》・飽多《あきた》・宇《う》土《と》・託万《たくま》の四郷が記載されている。多少熊本県のことを知っているものは、これをみればたれしも不審に思わざるを得ない。ここにいう合志は肥後の合志郡のことで現在の菊池市と菊池郡、飽多は飽田郡で現在の熊本市及び飽託《ほうたく》郡、託万は託麻郡でおなじく現在の熊本市及び飽託郡、宇土は宇土郡で、現在の宇土市と宇土郡である。かつて肥後国の郡名であったものが、薩摩の高城郡の郷名となるということはどうして起ったのだろうか。

『火の君』の著者の井上辰雄氏は、薩摩国の肥後国に接する地域である出水郡と高城郡は、薩摩隼人の鎮圧を目的としておかれた特別政治区画であって、そのために国衙《こくが》のおかれた高城郡に肥後国の合志・飽田・宇土・託麻の四郡の人民が送りこまれた。それの証拠は天平八年（七三六）の「薩摩国正税帳」で、それには出水《いずみ》郡と推定される郡に大領の肥君の署名があり、また薩摩郡の郡司にも肥君の名がみつかるという。これら肥君は隼人鎮圧の尖兵隊長であったと考えられる。

同様なことは、大隅国の桑原郡についても言える。『続日本紀』には「和銅七年、隼人昏荒、野心にして未だ憲法を習わず、因って豊前国民二百戸を移して、相勸め導かしむ」とある。つまり隼人の心が暗愚であり、理智が劣り、法律を知らないので豊前国の人民二百戸を移して、隼人を教導させたというものである。

大隅国の国衙が置かれた桑原郡の豊国郷がその場所であると考えられる。豊国郷は『大日本地名辞書』によると西国分《にしこくぶ》村であり、大隅正八幡宮と称せられる鹿児島神宮の所在地とみられているから、今日の行政区画では隼人町に属すると推定される。

桑原郡の郷は八つある。その中にはさきの豊国郷をはじめ、大分郷（豊後国大分郡）、答郷（豊前国の上毛郡の塔「多市」郷）、仲川（豊前国仲津郡仲津郷）などのように、豊前・豊後の郷名を思わせるものがすくなくないことが井上辰雄氏や隼人研究家の中村明蔵氏によって指摘されている。そして今日の国分市や隼人町が大隅国の桑原郡の中心にあたっていることは、そこに国府や大隅正八幡宮が置かれていることでも分かる。

『大日本地名辞書』によると、養老四年（七二〇）の隼人の反乱のとき、宇佐八幡宮に祈って平定することができたので、それから大隅正八幡の威徳もかがやくようになったという。それまではそこに土着の神社があったと吉田東伍は考えている。この養老四年の反乱では、隼人に死傷者が多く出たことから正八幡宮で放生会をおこなうようになったという伝承がある。白尾国柱の『倭文麻環《しずのおだまき》』を開いてみると、大隅の国分は昔の国府であって、今も府中村をクフと称するとある。国府の痕跡はなくても、このように地名によってその所在を類推することが可能である。

『三国名勝図会』によると「野口村（現・国分市）の枝之《えだ》宮は隼人の四肢《よつえだ》を埋めて祭り、あるいは大人弥五郎《おおひとやごろう》の四肢ともいえり、一説に四肢とは四肢を分ち埋めて、諸所神に崇む、其の霊を宥《なだむ》る所という」とある。柳田国男の言うように弥五郎の五郎が御霊《ごりょう》と関係することはこの例でも分かるが、それはとおく宇佐八幡宮の放生会の起源ともつながるのであろう。『三国名勝図会』の話は、大人《おおひと》の隼人が手下をひきいて官兵に抵抗したので誅殺されたという伝承を前提としているが、大人の隼人が今日の大人弥五郎であるとされ、大人弥五郎の祭りが鹿児島県下で今日までおこなわれていることは、はるかな歴史をしのぶよすがとなる。

（『歴史百科第五号　日本地名事典』新人物往来社、一九七九年五月）

地名の意味と重さ――『日本歴史地名大系』刊行に寄せて

地名のおもしろさの一つはその謎ときにある。謎ときは地名の語源せんさくばかりではない。いくつかの地名の配列をみていくうちに、土地柄が自然につかめ、地域の特色がうかびあがってくることである。つまり単一の地名でなく、複数の地名が影響し、連動しあうことによって、その土地のかくされた歴史的意味をあらわにするということがある。そうした点で、吉田東伍の「大日本地名辞書」ほど私を引きつけるものはない。この書物をめくるとき、行間から立上った土地の精霊が親しげに私に語りかける気がする。その一例を示そう。伊勢三重郡の箇所に次のような地名が記載されている。

葦田郷《アシミタ》　和名抄　三重郡葦田郷

訓安之美多。〇今水沢《スキサハ》村及小山田村なるべし、古事記伝に「安之美多は倭建命三重《ミヘ》にて、足を傷みなやませ玉ふに因めるならん」と曰へり。然れども姓氏録「大和未定雑姓、葦田首、天麻比止津命之後也」とありて鈴鹿郡に天一神あり、葦田氏の住みける地ならんとも思はる。

足見田《アシミタ》神社　今水沢《スキサハ》村に在り、八古明神と曰ふ〔神祇志料〕或は云ふ此神は倭健命を祭ると〔古事記伝〕延喜式、三重郡に列す。

水沢《スキサハ》　此村の西嶺字入道《ニフダウ》嶽に黄玉石煙水晶電気石を産出す、又字中谷に、花崗岩中より、黄鉄鉱と交り、辰砂現出す、土沙中に往々水銀の滴り居ることあり。

この隣りあわせにある三つの地名項目の説明はいやが上にも私の想像力をかき立てずにはすまなかった。ヤマトタケルが伊吹山の神の怒りを買って、ふらつく足どりで下山し、伊勢の三重の村についたときは足は腫れあがり、三重にまがった状態だった、と「古事記」にあるが、葦田郷《アシミタ》の足見田《アシミタ》神社はヤマトタケルをまつるという説のあることが分かる。もしそうだとすれば、葦田郷をアシミタとよませるのはヤマトタケルの足痛《あしいた》が訛ったためではないかということが推測されよう。しかし吉田東伍によると、その葦田郷は天目一箇神（天麻比止津命）の後裔である葦田首の住んでいたところではないかとも推定されている。天目一箇神は周知のように銅や鉄や水銀など金属精錬業者の奉斎する神である。このことを念頭におくと、水沢《スキサハ》の説明の中で、中谷というところでは辰砂が現出し、土砂の間から往々にして水銀が滴っていることがあるという説明が無視できなくなる。天目一箇神をまつる葦田一族が水銀を採掘した場所ではないかという想像が可能になる。そしてその結果おそろしい水銀中毒にかかって足を腫らしよろめくように歩くことから葦田郷をわざわざアシミタと読ませたのではあるまいか。そうだとすればヤマトタケルの最晩年の悲劇は古代の金属精錬集団の悲劇の反映にほかならないといえるではないか。以上のことが「大日本地名辞書」の項目からつよく触発された。そこで私はそれを裏付けるために現地にいってみた。すると果して水沢村の西方にあたる鎌ヶ岳の小谷、中谷、金山と呼ぶ土地に「水銀山」があり、江戸時代から明治時代まで稼行されていた事実が判明した。すこぶる良質の水銀であったという。また天保年間に作られた「五鈴遺響」という伊勢の地誌をみると、足見田神社の東にあるオシミ田は神田であったが、後世民間人がそれを買って耕すと、必ず唖の子が生まれたという説明がある。これは水銀が田の中に沈澱し、その田の稲をくった人たちは、胎内中毒におかされ、唖児が生まれたことを意味するもののように思える。田の稲をくって唖の子が生まれるという話は「出雲国風土記」の仁多郡三沢の条のアジスキタカヒコにまつわる伝承でもある。アジスキタカヒコは金属神としてまぎれもない。また垂仁天皇の唖の皇子ホムツワケの名をとるホムチベは水銀の生産地として知られている伊勢の丹生鉱山とかかわりがある。これらの唖の伝承が水沢の地にも残っていることは、そこに古く水銀の採掘がおこなわれていた事実を暗示せずにはおかない。

話がながくなったが、私がこのような推論に達したのは、吉田東伍の「大日本地名辞書」に述べられた数項目の関連によってである。もし項目の配列の仕方が違っていたら、たとえばアイウエオ順ということであれば、葦田郷、足見田神社と水沢とは飛びはなれた箇所におかれることになって、これらの項目の緊密な関連を知ることができない。したがってイメージが触発されることもなかったろう。この意味で平凡社の「日本歴史地名大系」は「大日本地名辞書」の伝統を正統的に忠実に受けつぐものといえる。「日本歴史地名大系」の「京都市の地名」を例に引くと、「嵐山」という項目の次には「嵐峡《らんきょう》」があり「戸無瀬《となせ》」がある。地名の配列が五十音順であれば、これらの項目を一箇所にみることは不可能である。したがって歴史的な地域の関連は無視されることになる。これはもっとも単純な例にすぎない。そうしたことはいたるところに出てくる。

「大日本地名辞書」はみごとによくできた書物である。しかし吉田東伍がどれほどすぐれた才能と洞察力をもっていようとも、日本の隅々まで一人の眼力を及ぼすことは不可能である。土地のことは地元の者がもっともくわしいことはあきらかである。またそれが編纂されたのは明治四十年のことであるから、それ以来、大正と昭和の学問の業績は完全に欠如している。学問の進歩、とくにその後の史学、考古学、民俗学の発達はめざましいものがある。そして戦後にめばえた学問の業績は、三十数年を経た今日、もっとも充実した形でその成果を摘みとることができる。新しいデータは飛躍的に増大していることは疑い得ない。それに最近は学際的研究が叫ばれている。つまり隣接する諸学問がその成果を交換しあうことの必要性が強調される。そしてあらゆる歴史的事象はそれの生起する舞台としての土地を必要とすることから、地名は学際的研究を綜合的に統一する場所となる。地名においてこそ、諸学問の具体的な協力がみられる。そこから私たちは土地の精霊のようなイメージを感得するのである。

「大日本地名辞書」のもう一つの特色として、豊富な引用がある。学問的な業績は積み重ねられ、修正されていくが、この引用の箇所だけは将来も変ることがない。一々原典にあたる労をはぶくことができるという点で、引用文はきわめて重宝なのである。「日本歴史地名大系」は、その精神を引きつぎ、ぼう大な引用をあえていとわない。それは学者、研究者のためにはかり知れぬ便宜をもたらす。いやそれだけでなく、引用文によって、当時の実態を生《なま》の形で追体験することができる。

ふりかえってみれば、吉田東伍の「大日本地名辞書」が世に出た明治四十年代は、日清日露の役と産業革命との影響が、日本の前近代社会をようやく改変させようとするときであった。そしてそのあとをつぐ「日本歴史地名大系」が刊行されるのは、一九六〇年代の高度成長経済が日本の近代社会を更に一変させた時期にあたる。もはや地方のどの町をたずねても、おなじような生活風景につきあたるようになった。旧来の民俗慣行も急激に影をひそめた。そして土地の実情に精通した古老はしだいに跡をたとうとしている。生まれた土地にくらし、またそこで死んでいく伝承者が姿を消すということは、小さな土地の歴史が消滅することである。そのとき、私たちが頼りにすることのできるものはもはや地名だけである。地名を手がかりにしてかろうじて過去の復元ができるという最終段階にいたった。

こうした折も折、昭和三十七年、すなわち日本が高度成長社会に突入した時期に制定された「住居表示に関する法律」は無謀な町名地名改変を法律の名の下にゆるすことになった。過去と未来とをつなぐ導管の役割を果す地名を抹消することは、日本人の伝統の根を断ち切ることにほかならない。文化遺産として地名以上に古くかつ新しいものは見当らない。土器や石器も古くから存在するが、地名のように現在までながく使用され、人びとの間に生きつづけているものはない。地名はもっとも息ながく持続する文化遺産である。そして伝統とは持続する民族の観念と考えるならば、地名をぬきにして日本の伝統文化を真に語ることはむずかしい。私たちが地名にふれて心をうごかすのは、地名が日本人の今も昔も変らぬ共同感情をゆさぶるからである。日本人は「風土記」編纂の時代から地名に並々ならぬ関心をよせてきた。かずかずの歌枕はその土地をふまない大多数の日本人に共同感情を喚起させた。そのようにかけがえのない地名が、歴史的な知識の持ち合せのない役人の手によって、抹殺されつつある。こうした危機的な事態に対処するために「地名を守る会」が結成され立上ったのはようやく昨年春のことである。地名改変に対する反対の動きがおくれたことの理由の一つは、地名が近代以降の学問の分野であまり重視されなかったこととも関係がある。ありふれてかえってみすごしやすいものが地名であった。地名は眼前にありながら万人の眼からかくされていた。そうした意味で、地名はポオの「盗まれた手紙」に似ている。しかし今やっと地名の重要性に気付きはじめた。柳田国男は地名の研究に手をつけた先覚者だが、彼の企図したことが、半世紀を経て「日本歴史地名大系」となって結実する。なんという縁《えにし》であろうか。それも柳田の想像も及ばなかった規模で、である。

（「月刊百科」二〇四　平凡社、一九七九年九月）

『日本歴史地名大系』の意義

地名はもっとも息ながく持続する文化遺産である。土器や石器と同じ時代から存在し、現在までながく使用されているものは地名のほかにない。したがって地名は過去と未来とをつなぐ導管の役割を果たしている。六〇年代のなかばにはじまった日本経済の高度成長は、人間の営為の舞台である土地に大がかりな変化を強制するとともに、地名そのものを抹消《まつしよう》し改変しようという動きを示してきた。土地についての知識のゆたかな古老はあいついで世を去り、その知識をうけつぐものは二度とあらわれない。土地にまつわる過去の記憶の集積は急速に消滅し、それを復活することが不可能な時代は眼前に迫っている。

現代社会の危機の産物

こうして日本が八〇年代に入ろうとする年に『日本歴史地名大系』が平凡社から刊行されはじめたことの意義はきわめて大きいものがある。今回は第一冊目の「京都市の地名」であって、都道府県別五十巻の大系が、その膨大な全容を明らかに示すのは、まだ数年先のことであるが、大系の出現によって、土地の歴史はかろうじて私たちの手中につなぎとめられた。

地名は土地の指標である。その地名を軸として日本人の過去の体験の総索引をつくろうとする企ては、今日をのがして永久におとずれない。現代の状況とあまり関係のないように見えるこの大系は、まさしく現代社会の危機の産物である。しかも一方では、戦後の学問は三十年たった今日、ようやく成熟の段階に入ろうとしている。歴史学、地理学、民俗学、考古学などの研究成果をつみとるべき秋《とき》がきたのである。こうした学際的な諸学問の蓄積を地名というるつぼの中に投げ入れ、溶解し、結晶させるにふさわしい企画が生まれたのは当然である。

こうした意味で『日本歴史地名大系』は生まれるべくして生まれた、としか言いようがない。そのことは年を追って多くの人びとにつよく認識されるにちがいない。地名辞書の中ではこれまで吉田東伍の『大日本地名辞書』が最良のものとされてきた。ただそれは明治末という時点で作られたものであって、それ以後七十年間の学問の成果を反映してはいない。『日本歴史地名大系』は『大日本地名辞書』の精神を受けつぐが、その何十倍もの強力な知識をふまえている。しかも今後、こうした企てが不可能だとすれば、空前にして絶後の企画である。おそらく二十一世紀への最大の贈り物となるであろう。なぜならば、後世の人たちは、この『日本歴史地名大系』によって土地についての知識の手がかりを得ることになるからであり、そのとき実際の土地そのものの姿は、まったく変わり果ててしまっているにちがいないからである。

あたらしい学問誕生も

この『日本歴史地名大系』が完成したあかつきには、歴史、地理、民俗、考古などの諸学問を総合したあたらしい地名学が誕生するかも知れない。私はそれに期待している。切子ガラスのように多くの面をもちながら統一された学問、切子ガラスの底にはきらめく陽の光のように日本人の共同感情が透けてみえる学問である。

『日本歴史地名大系』の特色は項目が五十音順によらず地域別に配列されていることである。それによって歴史的な地域の緊密な関連をつかむことができる。複数の地名が影響しあい連動しあうことで、その土地のかくされた歴史的意味があらわになる。それに加えて厳密な形で豊富な引用文がある。一々原典にあたる労をはぶくことができるという点で、引用文はきわめて重宝である。そればかりでなく、引用文によって私たちは当時の実態をなまの形で追体験する。このようにして土地の精霊にふさわしいイメージを呼び起こすこともまた可能である。

『日本歴史地名大系』は土地に刻印された日本人の過去の足跡を集大成して、それを未来へと引きつぐ民族の遺産たらしめようとする壮大な野心をもった企画である。それがいま実現の第一歩をふみ出したことは、戦後の出版界にとっても画期的な「事件」であると私は考えている。

（「毎日新聞」一九七九年一〇月二二日）

不確かな現代風景の中の最後の砦

昭和五三年三月一一日「地名を守る会」を結成してから、まる二年がすぎました。そしていま、三周年目に入ろうとしています。

この際、全国の地名に関心ある方々に若干の報告をしておくのは、その結成と運動にたずさわった者としての義務だと思います。さまざまな経緯はさて置くとして、「地名を守る会」が昨年一二月に、衆参両院議員七五六人に対して求めたアンケートの内容をお知らせしたいと思います。

回答者は一九八人でした。第一の問いは「地名・町名についてどうお考えですか」ということで、その答えには四通りを用意しました。その答えの中で「地名は由来も根拠もある一種の文化財であるから、ぜひ残して後世に伝えるべきである」をえらんだ者は、じつに回答者の七割にあたる一四〇人でした。それに対して「地名は地域を特定するための符号であるから、必要に応じて変えればよい」と答えた者は、わずかに四人でした。「どちらでもよい」が六人です。これをみても、保守・革新を問わず、圧倒的な多数が、地名を文化財とみなして後世に残すべきであるという意見であることが分かります。

国会議員は地名保存に協力的だが……

第二の問いは「現行の住居表示制度について」です。五つある答えの中では「今後実施する地区については、従来からの地名・町名をできるだけ残すようにすべきである」をえらんだ者が一五一人でした。これにくらべますと、「法律自体に問題が多いと思われるので、廃止する。施行済み地区の新町名については見直し作業をする」という答えをえらんだ者は一二人にとどまりました。また「実施上の問題が大きいと思われるので、事業を全面的にストップし、実施済み地区の新町名については見直し作業をする」が三二人でした。すでに実施済みの地区についてはもはや問わず、今後残された地区の実施を、中止または慎重に配慮せよという意見が七割をしめています。これもけっしてマイナスとは思いませんが、こうした考え方は、現行の住居表示法が昭和四一年に一部改正された際に、法律の中にもとり入れられているのです。それにもかかわらず、大幅な地名変更が進行している現状では、何としても、矛盾する「住居表示に関する法律」自体を再検討することが肝要です。この法律を廃止し、あるいは事業を全面的にストップし、実施済み地区の新町名については見直し作業をすることを要求したいと思います。その抜本的な姿勢に賛同した国会議員は、予想よりはすくないとはいっても、前記のようにあわせて四四人にのぼりました。これは大きな支持率ではないでしょうか。

第三の問いは「国立地名研究所、および地名審議会の設置についてどうお考えですか」というもので、「必要あり」と答えた者は、一〇三人でした。「必要なし」は二八人ですから、これも回答者の過半数が国立地名研究所と地名審議会の設置に賛成しています。地名の変更や存置の問題を論じるのにはどうしてもその研究機関と地名についての専門家の審議委員会が必要です。住民大多数の意向があれば、地名を変えてもかまわないという、一見民主的な考え方もありますが、それは大きなあやまりです。なぜなら住民といっても、そこに昔から住んでいる人はすくなく、歴史的な経緯をくわしく知っている者も稀だからです。それに住民は耳あたりのよい地名をえらびたがります。そこに危険なおとし穴がひそんでいます。

第四の問いは「地名保存運動にどの程度ご協力いただけましょうか」ということで、その答えには四つを用意しました。「地名問題議員懇談会をつくりたい」が一三人、「国立地名研究所、および地名審議会を設立するように努力する」が九一人、「地名を守る会に加入する」が二〇人で、「協力できない」は三人です。

このように大多数の国会議員が地名保存運動に協力的と判断する資料を得られたことは、私たちにとっては、大きな励ましでした。他のことはいざ知らず、こと地名に関する限り、国会議員の良識はいまだ地に落ちていないことが分かりました。そのことは地名改変に関与する自治省、郵政省、建設省、文化庁などの方針にも影響力を与えずにはすまないと考えます。

ただ国会議員に至急に望みたいことは、目下の地名をめぐる問題について、国政の場で論議を深めていただくことです。議員懇談会結成はそのワン・ステップになるはずです。これまた早急に実現するよう、私たちは微力ながら、できるかぎり協力するつもりです。

それにしても、「住居表示に関する法律」は、ふしぎな法律です。昭和三七年にこの法律が制定された当時、内閣法制局長官であった林修三氏は、そののち事あるごとに、地名変更を戦後最大の愚行ときめつけているのです。そしていま一〇〇人を超える国会議員が、地名を保存することに賛同し、地名破壊に反対する私たちの運動に共鳴しているのです。これはまことに奇妙なことです。さらにおかしなことは、役人たちが、莫大なエネルギーと金と人間を使って、変更しなくてもすむ地名をこわしてまわっており、そうした現象に対して、権力も金ももたない国民が、地名を破壊することは、日本の歴史の破壊につながるものだとして、父祖の歴史に対しても、また子々孫々の歴史に対しても相すまぬことと、それの中止を叫んでいるということです。

建設省は河川の名まで変えている

地名を守る運動に多くの人びとの共感がよせられている昨今でも、地名破壊は進行しています。その一例が最近新聞にも報道されたので知る人も多い、奈良県生駒郡斑鳩《いかるが》町の住民運動です。斑鳩町大字法隆寺の八五世帯は「法隆寺」の地名を変更させられることに抵抗して、町長と県知事を相手どり訴訟をおこしました。その訴状には、「地名享有権」というあたらしい言葉も登場しました。すなわち地名もまた一個の人格権だとみなす考え方に立って「自由にいつまでもそれを使用し、濫りに他人から使用を妨害されたり、中止させられたり、或いは他の地名を強制的に使用させられたりすることのない権利」のあることを主張しました。地名を、それを使用する人びとの人格的側面と密接不可分なものとする考え方は、あるいは地名に過剰な意義を与えているように、一見思われるかもしれませんが、かならずしもそうではありません。最近、斑鳩町であたらしく開店したレストランが法隆寺という店名をつけたことに対して、従来の古い飲食店や土産もの店がつよく反発して問題になっています。つまり斑鳩町の人びとは、法隆寺という寺号を誇りに思い大切にして、それの濫用をいましめあってきたのでした。それは精神においては、法隆寺という地名を変更することにはげしく反対するのとおなじであると思います。俗に「名を惜しむ」と申しますが、その名はたんに家名や姓名だけでなく、地名にもあてはまることがこれで了解できます。地名もまた人格権をもって、私たちにそれ相応の敬意をはらうことを求めているのです。

現在、地名の問題は町名の枠内にあるだけではありません。河川の命名もまた地元民と建設省のあいだで争われています。和歌山、三重、奈良県の人びとに熊野川の名で親しまれてきた川が、建設省では新宮川の名になっています。建設省河川局水政課の言い分では、新宮川の呼称は、旧河川法の時代にあたる大正五年にすでにつけられており、それ以来一貫して新宮川として管理されているというのです。そしてその命名にあたっては、地元の意見を十分聞いた上で指定するとともに、従来の名称を残すように配慮してもいるといっています。

これに対して和歌山県の那智勝浦に住む福井正二郎氏らは、熊野川の名を守るための運動を推しすすめています。福井氏によると、昭和四五年三月に、一級河川新宮川と指定した際にも、河川法に定められている和歌山県議会の承認を得た形跡がなく、したがって地元の意見を聞いたなどというのはごまかしであるといっています。また従来の名称を残すように配慮して、奈良県下の十津川、天川、川迫川の呼称はいまもそのままにしてあると建設省河川局はいっていますが、現実にはこれらの川にも新宮川と大書した立て札が立てられていることを指摘しています。地元民に慣れ親しまれた熊野川を新宮川とする理由は毫もありません。また新宮川としてもそれが建設省河川局内部の符号として使用されるだけであれば実害がすくなく、まだがまんもできるのですが、新宮川の名はいまや和歌山県庁などでも一般公称として使用されていることに大きな問題があると福井氏はいっています。

こうした憂慮すべき問題は和歌山県だけで起こっているのではありません。たとえば和歌山県の紀ノ川は、奈良県では吉野川と名称を変えて流れていますが、この吉野川の名称を抹殺して紀ノ川一本で通そうとしています。こうした建設省のやり方に対して奈良県議会でも反発が起こっていると聞きます。奈良県を流れる川に紀ノ川の立て札をたてる役人の神経は、いったいどこからきたのでしょうか。

奈良県の地名学者の池田末則氏によりますと、いま飛鳥川と呼ばれている川のすべてが古代には飛鳥川ではありませんでした。飛鳥村の大字飛鳥を流れる部分だけが古代の飛鳥川であり、上流は南淵《みなぶち》川であり、下流は蘇武《そぶ》川と呼ばれていました。したがって、万葉などにうたわれる飛鳥川を、いまの大字以外の土地に求めるのはまちがいだと池田氏はいっています。このような川の名を上流から下流まで統一するということが、地元民の歴史感情を無視することになり、また歴史の実地検証にも大きな阻害となることは明らかです。

信濃川もその上流にあたる千曲川の呼称を廃止して、信濃川一本にまとめられています。長野県は信濃国であるから、千曲川をやめて信濃川で差し支えないじゃないかというのでは、お笑いにもなりません。こうした建設省の動きがある一方では、新潟県の住民の側からも、新潟県を流れる川なのに、信濃川と名づけるのはおかしいという目先だけの愛郷心にとらわれる者が出てくる始末です。青崩峠の北にある信州遠山谷では遠州の秋葉神社に参詣する人たちが多かったので、遠山谷の街道は秋葉街道と呼ばれました。それに対して青崩峠より南の遠州に属する街道は信州街道の名をもっています。このように川や街道などはむしろそのゆくさきの名をつけることがふつうのことなのです。それでは大和地方を流れるのに紀ノ川と名づけて何が悪かろうということにもなりかねないのですが、大和には吉野という古くからの山地があり、それにちなんで、吉野川というれっきとした川名もあるのです。それを無視しようというのですから、問題が起こるのです。建設省の役人の頭の中に、四国にも吉野川があるから、大和の吉野川はそれともまぎらわしいという考えが働いたとすれば、それもまた由々しいことです。なぜなら地名は他者との弁別を第一の目的として生まれたのではないのですから。こうしたことしか考えが及ばないというのが、郵政省や建設省であるとすれば、それは地名についての認識の第一歩から踏みちがえているといわざるを得ないのです。

新地名の命名にみる行き届いた感覚《センス》

訴訟にもちこんだ地名を守る運動は、斑鳩町法隆寺のばあいだけではありません。昨年一一月、新潟県三条市では「町名を守る会」が結成され、三条市長を相手どって、一〇町内の一一三人の住民が行政訴訟を起こしました。古城町、鍛冶町、一ノ町、二ノ町など旧藩時代から何百年とつづいた町名を縁もゆかりもない町名に変更しようとした市当局にするどく反発したものです。

おなじ新潟県の中でも、またちがった動きもみられます。北蒲原郡の水原町、安田町、笹神村、京ケ瀬村の四町村のように、昭和五三年一二月の定例議会に対して、昔ながらの地名や橋名などをむやみに変更しないこと、また旧土地台帳や水路図を永久保存することなどの請願がおこなわれ、その請願を全員一致で可決した例もあります。請願したのは四町村の郷土史家たちの研究会でした。この郷土史家たちはその年に長野県松本市で開かれた全国郷土史学会で、圃場《ほじょう》整備で消えていく地名をいまのうちに記録するという話し合いに加わった人たちでした。

ここで最近の例を二、三申し添えておきます。そのいずれもが、地方自治体によっておこなわれていることに特色があります。昨年の六月、神奈川県住居表示施行都市協議会の主催で、神奈川県下の一九の市と二つの町の住居表示課や都市開発課、市民課などの担当者四四人があつまり、町名や地番の改変についての研究会を開きました。私も「地名を守る会」の側から、話を頼まれて、出かけていったのでしたが、こうした研究会が毎年一回ずつながくつづいているということに心をうごかされました。未熟な運転者まかせの暴走とすこしもかわらぬ地名改変に、神奈川はすこしちがっていると思われたからです。

また秋田市ではいったん住居表示から消えてしまったものの、市民のあいだでは依然として生きつづけている由緒ある旧町名を、標柱を建てて保存する計画が秋田市教育委員会で昨年一一月から進められていると聞いています。旧町名旧跡保存のための専門委員会がもうけられ、保存の対象となる旧町名は一八〇にものぼるといわれています。

また千葉市では、幕張の広大な埋め立て地に町名をつけるにあたって、市役所の職員一〇人が中心となって、新町名の設定についての研究を重ね、「地名を守る会」事務局の楠原佑介氏にその指導を求めてきました。楠原氏の助言もあって、その新町名には、かつてそこが漁場であったことが分かるような名前がとり入れられました。「中瀬《なかせ》」という地名がそうです。そのほかノリ養殖の中心地であった場所には竹に海苔を付着させるノリひびにあやかって、「ひび野」と命名されました。浜田川の川口が海に入るところには「浜田」の地名が残されました。千葉市幕張の沖では打瀬網がさかんにおこなわれてきたことから「打瀬《うたせ》」という地名もみえます。「豊砂《とよすな》」「美浜《みはま》」などという地名は、そこがうつくしい砂浜であったことをしのばせる名前です。こうした命名にはゆきとどいたセンスが感じられます。

これまで述べてきたことは、全国で起こっている地名改変とそれに対する抵抗運動の一部にすぎません。しかし実体はほぼこれでお分かりであろうと思います。

名前を奪われて魂を見失う地霊たち

ではこれからどうしたらよいでしょうか。「地名を守る会」の当面の方針は、国会議員の地名問題議員懇談会の結成を待って、関係各省につよく働きかけていくということにあります。しかしそれも一気にやっていくのではなく時間をかけてやっていきたいと考えています。なぜなら、地名が失われていくことによってしか、地名の重要性は大多数の人びとには認識されないからです。そうして、もはやとり返しがつかないと思われる時点になってはじめて、反対運動が起こるというのが、この国のさまざまな運動におきまりのことでした。地名を守る運動もその例外ではありません。住居表示に関する法律が施行されはじめてから、はやくも一八年が経っています。破壊が進行しているのを一挙にもとにもどすことはとてもできません。しかし地名破壊は他の破壊と一点だけ、ちがったところがあります。物はいったん破壊されるともう二度と取りかえせないのです。企業が破壊した美しい砂浜は元には戻せません。地名はそうではなく、いったん抹消した地名をもとにかえすことができます。地名にはそうした有利さがあります。しかし復元が可能といっても、地名に関する記録一切が失われた場合には、手がかりがなくなります。地名にかかわる記録の保存も焦眉の急なのです。

土地を開くこと、それはたんなる開墾でなく、鋤き耕すことで、地霊の目をさまし、土地のもつ活力に触れることを目ざす行為だといった人があります。私もそれには首肯できます。地名は地霊の名前であると考えることはけっして不自然ではありません。その名前が剝がれたとき、地霊はその誇らしい魂を見失ったも同然です。

かつて地名は日本人の最小の共通の黙契であり、了解の最小単位でした。それゆえに分割を阻むものとして、その個性をみとめられてきました。地名は固有名詞の中でも、人名などよりははるかに堅固な性質をもち、確かな手ざわりを残す存在でした。

しかし名前をうばわれた地霊たちが、施しを求めながらかなしげに彷徨することは、不確かな霧につつまれた現代風景の中のさいごの砦《とりで》がくずれたことを意味します。そうなれば、張り切った大地の腹は石女《うまずめ》の胎にかえるほかなく、もはや『石狩川』や『枯木灘』などの物語を生み出す契機が失われることはたしかだと思います。

（「朝日ジャーナル」一九八〇年三月二一日号）

地名問題と行政の感覚

一月二十二日の「朝日新聞」朝刊は、地名研究所が私たちの手で作られることを報じていた。それが新聞種になったのは、神奈川県と川崎市が研究所に対して応分の援助をするという姿勢を示しているからである。これはこれまで「住居表示に関する法律」（三十七年施行）を実施し、地名改悪をおこなってきた地方自治体にとって画期的なことであり、その影響力ははかり知れないものがある。なぜなら、他の地方自治体も地名改変について再考慮せざるを得なくなると思うからである。もちろん、それが早期に実現するとは考えられない。迂余曲折があることはやむを得ない。しかし、それが幾年かかろうとも、私は時間の問題と楽観している。

これは地名改変ではないが、一月二十三日の「朝日新聞」朝刊は、環境庁が環境保全のために「ナショナル・トラスト」の法律を制定する方針をきめたことを報じている。入浜権運動の一環として「なぎさ」を保存する運動をすすめてきた人びとにとって、朗報にはちがいない。環境庁が金を出して海岸線を買いとるのではなく、税制面での優遇措置を考慮する法律を作ろうというのだから、なお前途は多難であるが、しかしこれまでの日本の行政当局が住民運動を厄介視し、邪魔物あつかいしていたことから考えればやはり時代の推移を感じないではすまない。

このことはまた琵琶湖の浄化運動が滋賀県からはじまって他府県へも波及していっていることとも無縁ではない。先日テレビで茨城県知事の談話を聞いていたら、霞ヶ浦の浄化運動を推進する意向を表明し、それには住民運動に期待するところが大きいと洩らしていた。県の代表者の知事が、民間の住民運動をあてにするということなど、これまで考えられなかったことである。

今、日本では行政の在り方がおそまきながら、変ろうとしている。行政が住民運動のエネルギーを吸収し、それを自分たちの新たなる活力として役立てようとしている。

この柔軟性をもった方向転換はどこから生まれたか。時代の要請に対しておくればせではあるが対応しようとする彼らの意欲の中に、ことさらに予兆とか意味とかを探すことはやめにしても、しかし無視しがたいものはあると思う。

私がそう考えるのは、私どもが五十三年三月に結成した「地名を守る会」の活動に対して、地名改変の法律と関連のある自治省、郵政省、文化庁、運輸省などの労組がきわめて冷淡であり、無関心であるという事実が一方にあるからである。私は幾年かまえに、本誌のこの欄で地方の郵便配達夫の苦労について書いたことがある。彼らは酷暑の山坂をこえ、雪どけの水の流れる谷川の一本橋をわたり、郵便をくばってあるく。そうしたときに、地名は彼らの生活の全部であり、それも幾十年の長きにわたっている。地名への愛着は、自分たちの生涯のよろこびや悲しみときりはなすことができない。

その地名をどうして一片の法律で小手先に変えようとしているのか。

市や町など地方自治体の住居表示係には、その土地の歴史に愛着がなく、地名の由来に何の関心もない二十代、三十代の若者が多い。

そうした無知な連中が貧弱な知識と鈍磨した感覚を一向に恥じることなく、まるでスナックバーや幼稚園の名前をつけるように自分勝手な新町名をつけているのが現状である。

地名改変にもっとも敏感なのは文学者である。それは作品と地名が切っても切れない関係をもっているからである。したがって商売柄とうぜんともいえるが、しかしそこに私はやはり文学者がもっとも時代に傷つきやすいという特徴を見出すのだ。私は区画整理に反対したときの平野謙の文章を読んで、彼の評論以上にりっぱであると思ったことがある。

さて、私の「地名研究所」は目下、その所在地もきまっていないような案配であるが、その実現をめざしてすすみたいと思っている。


（「現代の眼」一九八一年三月号）

地名研究所の意義と役割——学際的研究や資料・情報交換の場として

最近「地方の時代」ということが提唱されています。それを私なりに考えてみますと、自分たちの住んでいる土地の独自性や自主性を模索するということになります。自分のアイデンティティを風土の中に発見しようとする動きと言い換えてよいかも知れません。そのとき地名は大きな役割を果すと私は考えています。と言いますのも、地名は国民の共同感情の最小単位であり、最小の黙契だからです。共同生活の存するところ、かならず場所の指標としての地名が生まれ、それはながく保たれて今日に伝わりました。地名の中には石器時代のものが大地の母斑のように消え残っているものもあると考えられます。なるほど石器時代の遺物、たとえば石器や土器も、地名と同じように古い文化遺産にちがいありません。地名がそれらと決定的にちがうところは、石器や土器はその時代がすぎさると使用されなくなるのに対して、地名は今日の私達も当時の人びとが呼んだ名前をそのまま使用しているということです。このことを考えると、地名はもっともながく持続する文化遺産であり、文化の伝導体だと言うことができます。したがって地名はながい間の国民の感情がこめられている生き物としての文化です。

一つの地名に触れて私たちの伝説的な感情の喚びさまされることがよくあります。それは枕詞とか、あるいは歌枕とかに縁由のある地名とは限りません。自分に特別に愛着深い土地の名があれば過去とのつながりをあらためて確認することができます。私がさきに地名は国民の共同感情の最小単位と言いましたのもそのことを指すのです。

シビル・ミニマムという語がありますが、地名は土地本来の最小単位、つまりネイチブ・ミニマムに値するものです。

この地名は全国で大字《おおあざ》の数が十三万あるといわれます。小字《こあざ》にいたってはその十倍以上、つまり百万を超えるとされています。地名は一つ一つは小さく微かな存在ですが尨大な数にのぼります。この地名に受難の時代が訪れました。昭和三十七年（一九六二年）に「住居表示に関する法律」が施行されて以来、全国各地の町名地番は大幅な変更を余儀なくされました。その改正をおこなった地方自治体は過半数を超えています。この無謀きわまるおこないのために、日本の地名は消滅の危機におかれていることはたしかです。一方では、心ある人びとは地名消滅に反対し、抗議の声をあげてきました。三年まえに私は「地名を守る会」を結成して活動をつづけてきました。その影響もあって地名の大切さは国民の間に滲透し、今はかくれた世論を形成しています。二十年に近い歳月、野放しになってきた地名改悪も、最近はその動きがいちじるしく緩慢になりつつあります。私はこれを「天の時」の到来だと考えるのです。地名保存を世間にひろく訴える時期が熟したのです。

しかしながら、そうした時期の到来も、それを受けるものがなくては叶いません。私はかねがね地名を守る立場から、地名研究の必要を痛感し、地名研究所を作りたいと思っていました。その矢先、それに協力する地方自治体が見付かったのです。「地方の時代」の主唱者である神奈川県と川崎市が、地名研究所の実現に応分の協力をするという意向を表明いたしました。地方自治体が地名保存に理解ある態度で臨み、具体的な援助もおこなうということを約束したのですから、まさしくこれは「地の利」と言わねばなりません。地名研究所の具体化をはかるための準備活動として、きたる十七日と十八日の両日に、地名を通して「地方の時代」を考える全国シンポジウムを、川崎市の市民プラザで開くことになりました。主催者はシンポジウムの実行委員会と川崎市です。神奈川県が後援します。その参加者は一般市民のほか、文化人、マスコミなど多彩な顔ぶれですが、特筆すべきは北は北海道から南は沖縄まで全国各地の地方自治体から二百名近い人びとが参加することです。その中に住居表示課の職にある人たちが多数含まれていることは、まさに画期的と言わねばなりません。つまり、このシンポジウムの特徴は、一方の立場にたつ人びとだけのあつまりでなく、双方の立場の人たちが親しく膝をつきあわせて考える場になっていることです。このように国民の総力を代表する人たちが結集したことは、地名が多くの人びとをむすびつける力をもっていることを証明することにもなります。

「天の時」と「地の利」と「人の和」の三つの要素をみたすものとして、地名の全国シンポジウムが開かれ、そのシンポジウムを契機として、懸案の任意団体の地名研究所が発足しますが、やがて法人化を目指して具体的な準備をすすめるつもりです。地名研究所はとうぜん川崎市内に設けることになりますが、今の処その所在地は未定です。

地名研究所の活動はさまざまあります。これまでの地名研究は個人の力でおこなわれることがほとんどでした。その結果、ある人は日本の地名をアイヌ語で解こうとし、他の人は朝鮮語にむすびつけようとし、きわめて恣意的な傾向が見られました。私たちの目指す地名研究所は、それに対して、民俗学、歴史学、国文学、考古学、言語学など、さまざまな学問分野の協力を得て、地名を触媒とする学際的な研究の広場になるはずです。それは地名を扇の要《かなめ》とした日本の風土文化の追求ということにもなります。農業問題や都市問題も地名とは無縁ではありません。なぜなら、今、圃場整備の名の下に大幅な耕地整理がおこなわれ、その結果、地籍図その他の貴重な記録が失なわれているからです。

また都市開発がきわめて乱脈におこなわれ、土地造成業者などによるいい加減な名前が土地につけられていることも周知のことです。こうして地名研究は風土文化の研究の中心としての役割を果さないではすみません。

地名研究所には資料館や情報センターも併設したいと思っています。地名に関するさまざまな文献、記録の蒐集はもちろんのことですが、住居表示によって消滅改変された新旧町名の対照表なども全国にわたってあつめ保存し、情報として公開することを考えています。子どもたちに対しても、ただ観念的に歴史や地理をおぼえさせる学校教育ではなくて、自分たちの住む町や村の地名の勉強や調査をとおして、地域の歴史や地理を学びとることができるように手助けをするのも地名研究所の仕事の一つです。コンピューターを使う地名基礎辞典の作成も是非やりたいと思っています。地名研究所の構想は、いまだ蕾《つぼみ》の段階ですが、しだいにふくらんでいます。志ある方々の御協力をお願いしたいという気持で一杯です。


（「公明新聞」一九八一年四月一四日）

地名は「地方の時代」の火種

地名は単なる記号ではない

最近、地名についての関心がいちじるしく高まっていますが、その関心に触れるまえに一、二の事例をあげることから始めたいと思います。

耳取という地名が九州から東北まで全国各地にあります。これは一体どういうことから名がつけられたのでしょうか。鏡味完二の「日本の地名」を開いてみますと、耳取は縁《ふち》（みみ）を取ることからきているとなっています。つまり盆地や丘をふちどりして存在する集落を耳取とか見取（見鳥、味鳥、水鳥）と呼ぶのだと説明しています。縁を耳というのは、パンの耳という風に私達も日常に使っています。

そのほか、耳取り行事説があります。昔、神にそなえるのにいけにえの耳を切ったところからそうした名がついたというもので、柳田国男などが考えているものです。

また、耳取の名が、多く耳取峠など高所につけられているところから、そこは耳がちぎれる位にさむい場所であるという説明があります。

さらに、耳取の取はタワ（峠）という言葉の変形だという説もあります。そういえば大和の高取城址なども高取山にあります。

このように耳取という地名一つでも、いくつもの解釈が成り立ちます。ということは、地名は一つの意味をあらわすものではなく、さまざまな陰影をこめた多義的なものであるということです。

もう一例をあげましょう。全国には、沢目《さめ》、鮫洲、佐目、佐女島、鮫崎、鮫川、醒井など、サメという言葉のつく地名が見当ります。このサメは一体何を意味するものでしょうか。鏡味完二の「日本の地名」によると、まず第一に、沢目や沢辺を開墾したところで、関東や奥羽に多いと述べてあります。次に、鮫の象形語と述べています。第三番目には、白地に赤味をもつ岩石をサメと呼ぶと記してあります。とすれば、さきにあげた地名はこれらのいずれかにあたるところから、名をつけられたものだということになります。

しかし、松尾俊郎の「日本の地名」には、人や鳥などが騒ぐことを古くは「さめく」と言った。その「さめく」が「ざめく」となり、さらに「ぞめく」ともなり、「ひさめく」とか「さざめく」などに移ったと説明してあります。そこで醒井などはサメク井、つまり音響に由来する地名と見なされるというのです。東京都品川区の海岸の鮫洲は、砂洲の形が三角形をしていて、それが鮫の頭の三角形と相似するための名であるといいますが、松尾説では、鮫洲のサメもやはり、水の音で、浅瀬の潮騒によるのではないかとしています。「綜合日本民俗語彙」を見ると、サメというのは沢目の意味で、岩手県水沢市など、胆沢川の流域は、水利の関係で沢目にそって開拓されており、昔はおなじサメは同族であった場所もあるといわれます。サメは、部落の名となっているものもあるとも述べています。

このように、サメという地名にもさまざまな解釈が成り立ちます。その一つの説明だけでは、地名のなぞをときあかすわけにはいかないのです。

地名がこうした複雑な意味合いを帯びるのは、それが単なる記号ではなく、したがって安易に整理されるべきものではないことを物語っています。

「地名を守る会」を結成

ふりかえってみれば、日本人にとって土地は、けっして死んだ存在ではありませんでした。土地を開墾するのは、地霊の目を醒まさせ、その活力を身につける行為であると言った人があります。つまりそれは、農耕という意味をもつだけではなく、信仰に根ざした行為なのでありました。土地にたましいがあるという考えは、きわめて古い時代に見られます。諸国には、国魂《くにたま》をまつる古社が設けられていますが、土地のたましいをしずめる神社の存在は、何よりも雄弁に、土地に人格権があることを伝えています。

こうした考えに立って、古代人は土地に冠する枕詞を発明し、また土地にまつわる歌枕を後代にまで伝えたのです。

さねさし　さがむの小野に　燃ゆる火の　火中《ほなか》に立ちて　問ひし君はも

この歌はヤマトタケルが東国に遠征したとき、その后のオトタチバナヒメがうたった歌として有名です。古事記によると、ヤマトタケルは、相模の国造にたばかられて、焼打ちにあったが、あやうく難をのがれたといいます。相模の枕詞の「さねさし」の意味についてはいくつかの解釈がありますが、サは接頭語、ネは野、サシは朝鮮語の焼畑をいうとする解釈がもっとも妥当であると私は思います。それは、「燃ゆる火」が国造のつけた火ではなく、むしろ、毎年春におこなう野焼と考えられるからです。野を焼いた上に、種子をまくのが焼畑ですから、そう考えると「さねさし」という枕詞と自然につながっていくのです。そこで、野焼のときの農夫の労働歌がヤマトタケルの歌として古事記にくみこまれたことが分かります。ちなみに、ムサシ（武蔵）のサシも焼畑という説があります。

これまで述べたように、地名は日本人の生活に密着して生きてきています。地名を解明することは、日本人の過去の生活史をときあかすことにもつながります。私たちの先祖の営為のあとを濃厚に刻印する地名を容易に改変していくことがいかにあやまりであるか、それはどんなに強調しても強調しすぎることはありません。

しかるに、昭和三十七年以降、住居表示に関する法律が施行され、日本の町名地番は、きわめて恣意的に改変させられました。数多くの地名が大半消滅しました。日本人が日本人のしるしであるところの地名を自らの手で消し去っていることに反対して、私は同憂の士と共に「地名を守る会」を結成しました。それは、新しい住居表示が施行されて十六年も経ってしまった昭和五十三年三月のことでした。それから今日まで、また丸三年が過ぎました。

廃仏毀釈に匹敵する暴挙

その間、マスコミや知識人などは、私たちの活動を全面的に支持しました。政治家も保守、革新を問わず超党派的に、現行の新住居表示の施行をやめることに賛意を表しております。地名を守る運動は、いかなる政治イデオロギーにも左右されず、また反体制的な運動でもありませんから、このように賛意を得たことは当然でもあります。住居表示に関する法律の実施を担当させられた地方自治体の動きも、最近はかなり緩慢になってきました。地名の重要性を力説する私たちの叫びが、地方自治体の行政面にもようやく浸透しはじめたのです。

折も折、地名を通して地方の時代を考える全国地名シンポジウムが、川崎市と実行委員会の共催、神奈川県の後援で、川崎市民プラザを会場として、来たる四月十七日（金）、十八日（土）の両日に開かれることになりました。

川崎市や神奈川県が、地名の重要性に着目して、シンポジウムに協力をされることは、まさに画期的なことと言わねばなりません。それは、長洲知事の提唱する「地方の時代」の幕明けにふさわしい行事となるでありましょう。全国各地の市や町の住居表示課からも、このシンポジウムに参加したいという申し込みが、北は北海道から南は沖縄まで、殺到しているのです。このようにして他の地方自治体に対する今回のシンポジウムの影響は、はかり知れないものがあると思います。

このことは何を物語るでしょうか。時代が変りつつあることを告げているのです。私は地名改変は、明治維新のときの廃仏毀釈にも匹敵する暴挙と考えています。こうしたことに対する国民の認識は、日ましに高まっています。この際、神奈川県と川崎市が、時代の潮流を先取りする役割を果そうとしていることを私は高く評価したいのです。他の地方自治体に率先して、先駆的な方向性を示していくことは、神奈川県民あるいは川崎市民に誇りの感情を植えつけることになるでしょう。それが地名保存に関してであれば、なおさら、自分の住む土地への愛着を深めることになるはずです。地名は「地方の時代」の火種の役割を果すと私はかたく信じています。

（「月刊かながわ」神奈川県県民部広報県民課、一九八一年四月）

地名を守る

今年の十月二十日に「日本地名研究所」が川崎市の一角で発足した。その設立に関わった者として、若干の御報告をしたいと思う。

私は昭和五十六年（一九八一）春に、有志と共に「地名を守る会」を結成し、全国的な活動を開始した。この運動は地名改変にいきどおっている多くの人びとの共感を得、大きな反響があった。私が地方に出かけていくと、物書きとしての私の名前は知らなくても、「地名を守る会」の活動をしていることは知っているという人びとに少なからず出会った。それは地名に対する関心がいかに高いかを示していた。それにもかかわらず、地方自治体の地名破壊はいっこうにやむ気配がなかった。このような地名破壊が厚顔無恥におこなわれていくのはどうしたわけか。もちろんそれは昭和三十七年（一九六二）に施行された「住居表示に関する法律」が存在するからである。しかしその背後には地名の重要性の認識がまったく欠如しているという事実がある。そのことに思いあたったとき、私は地名についての啓蒙活動の必要性を痛感した。それと共にまるで古草履を投げ捨てるようにして廃棄している地名を今のうちに収集保存しておかないならば、もはや永久に取りかえしがつかなくなるだろうという危機感におそわれた。こうした機能を果たすための地名研究所の設立を思い立ったのは、昨年の春ごろからである。

昨年の夏、第一回の「日本文化デザイン会議」が横浜市で開かれた際に、「地名を守る会」は地域文化賞を受賞した。それまで「地名を守る会」に対してはマスコミのつよい支持がつづけられていたが、このように明確な形で社会的に評価されたのははじめてのことであった。そのとき私は旧知の粟津潔氏に地名研究所設立の計画を打ち明けた。

昨年の十一月末、神奈川県と川崎市の共同主催で「映像を通して地方の時代を考える全国シンポジウム」が開かれた。講師の一人として招かれた私は、神奈川県知事の長洲一二氏に会って、地名研究所設立の抱負を述べた。粟津潔、色川大吉の両氏が同席して口添えしてくれた。長洲知事は賛意を表明した。またレセプションの席上で、川崎市長の伊藤三郎氏も協力の意志を示した。こうして地名研究所設立への最初の具体的な糸口がつけられた。

私はそのために地名全国シンポジウムを開くことにして、準備に取りかかり、実行委員会を組織した。メンバーは左の通り。

粟津潔、色川大吉、伊藤ていじ、池田末則、梅原猛、内村剛介、大林太良、川村二郎、川添登、神島二郎、児玉幸多、柴田武、玉城哲、鶴見和子、仲松弥秀、丹羽基二、馬場あき子、林英夫、松田修、宮田登、山田秀三。

この顔ぶれからすぐ察せられるように、メンバーの大半は、多かれ少かれ柳田国男の思想の影響を受けている。したがって実行委員会には、日本の文化を守ろうとする志向の根底に暗黙の思想的な諒解があった。市民と知識人と行政当局が一体となって、地名破壊の現状を直視し、それの回復と研究とを目指すシンポジウムに、新聞や放送などのマスコミも大きな関心を払った。

今年の四月十七、十八日の両日、川崎市民プラザで開かれた「地名を通して地方の時代を考える全国シンポジウム」の劈頭、挨拶に立った歴史学者の坂本太郎氏は、このシンポジウムは、「空谷《くうこく》に跫音《きょうおん》を聞く思いがする」という祝福の言葉を述べられた。また山本健吉氏は「地名は土地を讃美する言葉である」という見解を示して、心ない地名破壊を糺弾された。二日間にわたったシンポジウムは異様な熱気につつまれた。定員六百名の会場に収容し切れない参加者が廊下にあふれた。特筆すべきことは、北は北海道から南は沖縄まで、地方自治体からの参加者が百五十名を超えたということであった。さいごに、議長の鶴見和子氏から「日本地名研究所」設立の件が提案され、参加者一同の賛同を得て、シンポジウムは成功裡に終了した。

それから半歳余り。私たちは研究所設立にむけて準備を重ね、ようやく研究所の構想がまとまった。「日本地名研究所」はさしあたっては任意団体として出発するが、遠くない将来には法人団体となることを目指している。研究所の仕事は、地名資料の収集、地名についての啓蒙活動、地名学の確立のための基礎作業の三点にしぼられる。年に一回は地名全国シンポジウムを開くことにして、来年は、その開催地をどこに定めるか目下検討中である。日本の大地の深部をたがやすための最初の鍬入れが始まる段階にやっとこぎつけることができた。法律の名の下に地名の大量破壊が公然とおこなわれるようになってから、じつに二十年を経過している。

「人生は短く、事業は長し」という格言がある。私一個でやれることと言えば、ほんのわずかなことでしかないことを、私は充分承知している。私はもとより浅学菲才であり、それに年齢も若くない。しかし、ともかくも、誰かがこのようなことを発意し推進しない限り、日本の地名の防波堤をつくる事業は始まらないことも分かっている。その役割が私に与えられたというのには、何か運命の女神のはからいのようなものを感じている。

(「本」六五号　講談社、一九八一年一二月)

地名と風土　日本地名研究所会報

日本地名研究所設立の御挨拶

この十月二十日をもって「日本地名研究所」が川崎市の一隅に設立されます。昭和三十七年、「住居表示に関する法律」が施行されてから、じつに二十年目のことであります。その間、日本の地名は大幅に改変され、古い時代の文化を伝える地名は跡かたもなくなりました。それを拱手傍観することは、日本の伝統文化、いな父祖の辛苦の営為に対する冒瀆と考え、私共有志が地名を守る運動を起こしましてからすでに三年以上経過いたしました。「地名を守る会」の結成は、日本文化の破壊に対する異議申立てでありましたが、その運動を通して、地名研究の必要性を痛感する仕儀になりました。地名についての無知が地名を破壊することの大きな原因となっていることが判明したからです。

地名研究所の設立を思い立ちましてから一年目、今年の四月十七、十八日の両日、それを準備するための「地名を通して『地方の時代』を考える全国シンポジウム」が、川崎市と実行委員会の共催、そして神奈川県の後援で開かれました。シンポジウムは知識人、一般市民、マスコミを引きつけただけでなく、多くの地方自治体からの参加があって大きな成果をおさめました。その席上、地名研究という共同の目的の下に「日本地名研究所」を設立することが提議され、参会者一同の賛意を得ることができました。

それから半歳余、私共は神奈川県及び川崎市の協力を得て準備を進めてまいりましたが、ようやくこのたび、その設立にまでこぎつけました。準備会に出席され、討議に加わっていただいた方々に深謝いたします。

当研究所は最初はささやかな任意団体として発足します。しかしやがて法人化を目指し、地名資料の収集、地名研究の確立、地名認識の啓蒙活動などを幅ひろくおこないたい所存であります。また地名だけでなく、地名を通して、日本の風土の認識の枠組と申すべき風土研究の域にまで進むことを目指しております。「人生は短く、事業は長し」と申します。日本文化のもっとも基礎となるべき地名を保存し、研究する事業は、一朝一夕に果されるとは思われません。しかし誰かがこのことを発意し、その具体化に情熱を傾けねば永久に陽の目を見なかったことも明らかであります。さいわいにして理解ある神奈川県と川崎市の支援のもとに、それがようやく実現されようとしておりますことは、日本文化の堕落を眼のあたりにする今日、感激に値する事柄であります。「日本地名研究所」の今後の成否は、日本の伝統文化の命運を占うものと申しましても過言ではないと存じます。関係各位におかれましては、幼弱な「日本地名研究所」の育成発展のために、救抜を賜わらんことを希求し、あわせて御報告といたします。

（「地名と風土」創刊号　一九八一年一〇月二〇日）

当面の活動

日本地名研究所が昨年十月に発足してから五ヶ月たちました。その間、私共は研究所の態勢をととのえるために、着々と基礎づくりをしてまいりました。その手初めとして川崎市から委託された川崎市の地名調査をおこなっています。その成果はあらわれはじめておりますが、やがて御報告することができる段階にいたると思っています。

また今年も川崎市で地名全国シンポジウムを開きます。更に秋十月には新潟で地名シンポジウムをおこなうことが決定しています。日本地名研究所はこのたび二つの賞を設定しました。これは、これまで日本の大地を対象とする学問研究を黙々としてつづけてきた人たちに対する感謝であると同時に、将来、地名研究または風土研究に進もうとする人たちを励ますためのものでもあります。

このようにして、日本地名研究所の基礎は一歩一歩固まってまいります。私共の眼は遠くを見ています。そのために活動が一見緩慢のように見えたり、迂遠なように思われるむきもあるかも知れませんが、じつはさまざまなことを慎重に処理しながら、進んでおりますことを御理解ねがいたいと存じます。

（「地名と風土」第二号）

五月の川崎で

日本地名研究所は川崎市と共催で五月二十八日と二十九日の両日、「柳田国男没後二十周年記念シンポジウム」を開きます。柳田先生は日本人の共同財産となるべき思想を追求することに一生を賭けた方でありますが、先生のお墓が川崎市生田の春秋苑にあることにちなんで、私共は先生の学問を継承し展開していく意志を新たにする機会をここにもつことにいたしました。

柳田先生は地名研究の先駆者でもありました。文献や文書に頼らずとも地名に日本人の過去の苦闘の跡をしのぶことができるとする先生の識見の延長上に、私共は地名研究の道を切り開こうとしております。それは地名学の確立という学問の分野だけでなく、地名は日本人のアイデンティティを打ちたてるための不可欠な認識の道具であるという考えに立っています。

今回の川崎シンポジウムは、在野の地名研究者の黙々とした長年にわたる労苦を顕彰する最初の集会であります。それにアカデミズムの学者との交歓がおこなわれ、加えて地方自治体からの広範な参加の場ということになれば、このシンポジウムは地名というテーブルをかこむ知的な饗宴ということにほかなりません。全国からできるだけ多くの人たちが、おでかけ下さるように待望いたします。

(「地名と風土」第三号、一九八二年三月二〇日)

秋にむけて

去る五月二十八日と二十九日、川崎市立労働会館で開かれた「柳田国男没後二十周年記念シンポジウム」は定員七百名の会場を参会者で埋め尽しました。昨年につづく今年の大会の成功によって、日本地名研究所の基盤はかたまったと言えます。更にきたる十月七日と八日の二日間、私たちは新潟日報社と共催して、全国シンポジウム「風土と地名」を新潟市でおこなうことになっています。川崎市に根拠地をおく日本地名研究所が、全国にむけて活動を開始する最初の試みが新潟シンポジウムであります。

その一方では地道な地名研究の組織もその緒につこうとしています。日本地名研究所が委嘱した地名研究員は目下百五十名近くになっていますが、今後それを数倍にふやしていく予定です。また地名研究の活動を支え、それを支えていく地名研究誌の刊行も準備しています。その全貌は次の会報で明らかにするつもりですが、この研究誌を軸として、日本の地名研究が飛躍的に進捗することは十分期待できると考えています。

日本地名研究所が昨年十月二十日に発足してからまだ一年になりません。なすべきことは山積しています。私たちは大局を見誤ることなく、当初掲げた理念を着実に具体化していく所存です。

(「地名と風土」第四号、一九八二年五月一〇日)

全国各地に地名研究会を

新年の御挨拶を申上げます。

昨年秋十月七日と八日の両日、新潟市でおこなわれました全国地名シンポジウムは新潟日報社の御協力のもとに大きな成功をおさめました。

昨年末は奄美大島で「奄美地名研究懇話会」、また熊本県で「熊本地名研究会」が日本地名研究所の支部として発足いたしました。今年は全国各地に地名研究会を作っていく所存です。

また、この四月二十三日（土）と二十四日（日）の両日、川崎市の産業文化会館で地名研究者の全国大会を開くことにしています。地名研究者だけでなく、一般市民、行政担当者など、できるだけ多くの方々の御参加を期待しています。

更に神奈川県ならびに川崎市の地名調査もひきつづいておこないます。地名保存への関心が年一年と国民の間に高まっていく気運のなかで、日本地名研究所に課せられた使命はますます重要なものとなっていきます。私共は地名研究態勢の整備にむかって一層の努力を重ねたく思っております。今後共、皆様のお力添えをお願いする次第です。

（「地名と風土」第五号、一九八二年九月一〇日）

地名研究の里程標

日本地名研究所にとって、若葉青葉の候は地名シンポジウムの準備に追われる季節です。今年もまた私共は川崎市との共催で、来たる四月二十三日（土）と二十四日（日）の両日、地名研究者の全国大会を開きます。遠近を問わず、できるだけ多くの方々の御参加を望んでいます。

今年は二つのテーマを選んでみました。一つは海岸と海中の地名について。もう一つは地名の年代をめぐって。

この二つは論議しやすく、また多くの人びとの関心の多いテーマだと考えています。地名研究はいまだに方法論が確立しておらず、いわば各自が狸掘りをやっているというのが実情です。それを打破するために、さまざまな角度から模索をしていくことが必要です。一つの枠組みにはまった地名研究は、他の枠組みによってこわしてゆくという相互の切磋を当分積み重ねていくことで、地名研究の方法論の曙光を見出そうとしています。

川崎市の地名調査もいよいよ三年目に入りました。これまで川崎市では地名調査も研究も皆無であり、私共は白紙の状態から調査をすすめねばなりませんでした。しかし今、川崎の地名の歴史とその変遷の実態はようやく明らかになろうとしています。

（「地名と風土」第六号、一九八三年一月三一日）

二周年をむかえて

日本地名研究所発足以来、この十月二十日でちょうど丸二年になりました。ふりかえってみますと、当研究所の活動はきわめて多彩であったと言えます。川崎市でおこなった二回の全国地名シンポジウムに加えて、新潟市でも昨年秋には地元紙の新潟日報と共催でシンポジウムを開きました。

その間、川崎市の依嘱による川崎地名調査は第三年度目に入り、現地フィールド調査を主とすることになりました。その上に藤沢市から依頼された藤沢市の地名調査も今年から始まりました。

また、日本地名研究所の活動と呼応して、奄美、熊本、若狭などの地名研究会が活動をつづけており、この十月一日には川崎地名研究会が発足しました。このほか特筆すべきことは、来春、いよいよ日本地名研究所の研究誌「地名と風土」が発刊されることです。このほか、私たちは、地名研究における方法論の基礎的検討にも着手しようと、その準備をすすめています。

このようにして当研究所の事業は本格的な段階を迎えようとしています。折から自治省は全国の都道府県に、みだりに地名改変をおこなわないようにと通達を出しました。これも、私たちのたゆまない努力の成果ということができます。私たちはこの状況を更に強化していく所存です。

（「地名と風土」第七号、一九八三年四月五日）

飛躍する年にのぞんで

今年は私共にとって大きな飛躍が望める年です。皆様のお蔭で、日本地名研究所の発足以来、地道な活動は根を下ろし、全国的な拡がりをみせています。

来る四月二十一日と二十二日に恒例の全国地名研究者大会を開きます。今年は三回目です。この日は北海道・東北から、あるいは九州・沖縄から集まられる方々の交歓の場でもあります。今年も是非御参加をお待ちしています。全国各地で活況を呈している地名研究会もいっそう発展のきざしをみせています。ゆくゆくは各地でも地名シンポジウムを開きたいと考えています。

今年四月から川崎市の地名調査は第四年目、藤沢市のばあいは二年目に入ります。川崎では約百名、藤沢では約五十名の方々が自発的に参加を申し出、貴重な時間を割いて綿密な調査研究に従事されています。このような無償の行為こそ、日本の伝統を根底から支える大きな力であると信じます。

なお四月に創刊を予定している雑誌「地名と風土」は私共の志と研究の実際を具体的に示すものであります。雑誌は今年は二回刊行しますが、来年度からは季刊にするように鋭意努力するつもりです。これによって日本地名研究所の礎石の一つが置かれたことになります。

（「地名と風土」第八号、一九八三年一〇月三一日）

春の祭典への招待

今年の春は例年より遅くやってきましたが、春たけなわの四月二十一日と二十二日に恒例の全国地名研究者大会を開きます。川崎市と日本地名研究所が開くこの春の祭典は、今はすっかり定着して、遠近を問わず、参加される人びとの数は年を追って増えています。参加者が多彩であると共に、そこで取り上げる主題もまた多彩です。地名研究の可能性を追求していくためには、さまざまな角度から検討を加える必要があります。昨年は「海岸・海中の地名」「地名と年代」を取り上げましたが、今年は「気象・災害と地名」および「考古学と地名」を討論の主題としました。このようなテーマの設定はこれまで見られなかった斬新なものと自負しています。もちろんその主題が短時間で汲みつくされ究められるものではありません。それはこの四月に創刊される研究誌「地名と風土」のなかでいっそう深められ展開されていくはずです。この研究誌が日本地名研究所の活動を反映する機関誌としての役割を果すことは言うまでもありませんが、更には若い研究者を養成することと、地名研究を教育の場にまでおし広げていくことも、その重要な使命と考えています。そのためには、地名に関心を抱く人びとに広く門戸を開放していく所存です。「地名と風土」にどしどし論文をおよせ下さい。

（「地名と風土」第九号、一九八四年一月三一日）

三周年をむかえて

日本地名研究所が昭和五十六年十月二十日に、川崎市に設立されてからまる三年経ちました。俗に「石の上にも三年」と申しますが、その間、私共は着実な歩みをつづけてまいりました。川崎市や藤沢市の地名調査フィールドワーク、五回におよぶ地名全国シンポジウム、研究誌「地名と風土」の刊行など、活動のやむときはありませんでした。また全国各地の地名研究会も続々誕生しました。日本地名研究所の基礎は固まったと言うことができます。これもひとえに皆様の御協力、御援助の賜と深く感謝しております。私共は日本地名研究所の仕事を更に活性化するために、将来への準備を怠らないでいく所存です。

日本地名研究所の設立三周年の記念日にあたる十月十九、二十日の両日、私共は、川崎市で地名全国シンポジウムを開き、川崎市と沖縄・奄美とを結ぶ海上の道というテーマで多彩な行事をくりひろげます。

地名が日本人のアイデンティティ（自己確認）にとって不可欠なように、南島の存在は日本人が自己の姿を映し出すための鏡であります。地名と南島との双方を踏まえたこのシンポジウムは、ながい間この二つの主題を追求してきました私共にとってはまさに二重のよろこびにつながります。

（「日本地名研究所会報」―「地名と風土」改題　通巻第一〇号、一九八四年九月三〇日）

地名研究の学際化

日本地名研究所が設立されてから四たび目の春がめぐってまいりました。今年は私共にとって画期的な年となります。日本地名研究所が将来にむかって大きく飛躍し、確固たる地歩をきずく基盤はととのいました。その具体的内容についてはいずれ皆様に御報告できると存じます。

扨、今年も恒例の全国地名研究者大会を、四月二十日（土）、二十一日（日）の両日に開きます。私共は、日頃、地名研究における諸学問の湊合《そうごう》を目指しております。今日の言葉で言えば、地名研究の「学際化」です。これまでの地名研究の偏向を是正するためには、地理学、歴史学、民俗学、国語学、言語学、考古学などがそれぞれの垣根を取り払い、学際的立場に立って相互に協力し合う必要性を痛感しております。

そのような主眼のもとに、今年の大会では「地図と地名」「民俗学と地名」をテーマにえらびました。もちろん短時間で論じ尽せる主題ではありませんが、それよりも問題を提起することに大きな意義があると思います。

全国地名研究者大会が回を重ねるにしたがって、毎年、遠近を問わず、欠かさず出席される方々がふえています。この大会の楽しみの一つはそうした方々にお会いできることです。それらの方々はもちろん、今年はじめての方もお出かけ下さるよう、お待ちしています。

（「日本地名研究所会報」通巻第一一号、一九八五年四月一日）

新しい構想へ

今年の夏の暑さは格別でしたが、それだけに秋の爽やかさが肌身に感じられるこの頃です。私共日本地名研究所の活動も、この十月をもって、五年目を迎えましたが、日常的な不断の努力は、着実な蓄積として、自他ともに認められるにいたりました。そして今回、神奈川県と川崎市の並々ならぬ協力、援助のもとに私共は、財団法人化への具体的なプランにとりかかることになりました。今年はまだ模索の段階ですが、その準備作業のなかで特筆すべきものは、地名資料館建設の構想です。これは全国の地名資料を地誌や民俗誌、紀行、探検の分野まで手をのばして、できるだけ蒐集し、皆様に利用していただこうというものであります。

今年の全国地名研究者大会の席上で、川崎市長の伊藤三郎氏は「川崎市を日本の地名研究のメッカにしよう」と挨拶されましたが、その言葉は、地名資料館が誕生したあかつきには具体的な存在に結晶したということができます。イメージづくりに着手したばかりで、構想の骨組がきまるのはこれからということになりますが、大きな飛躍のための最初の踏石が置かれたことを御報告いたします。日本地名研究所は今後も、もっともユニークで普遍的な活動をつづけていく所存です。今年はまた日本地名研究所発足四周年を記念する集《つど》いを十一月八日（金）に開きます。こぞって御参加いただきたく存じます。

（「日本地名研究所会報」通巻第一二号、一九八五年一〇月二〇日）

広がる地名研究の輪

お健やかにお過しのことと存じます。

今年で五回目を迎える恒例の「全国地名研究者大会」は来る四月十九日（土）、二十日（日）の両日に開きますので、こぞって御参加下さい。顔見知りになられた方々も全国各地から大勢お出でになると存じます。

今回は、地名研究の輪を拡げていく努力の一端として、古代史と地名との関わりを探ることにいたしました。坪井清足氏には、平城京址の発掘事業に長年携わってこられた立場から「木簡に見られる古代地名」についてお願いしました。それと風土記研究に造詣の深い方々に報告と討論をいただくことにしました。また眼を東アジアに向けて、日本ともっとも関わりの深い韓国の地名、さらにはユーラシア大陸を横断するシルクロードの地名についての興味あるお話を伺うことにいたしました。

なお、今秋十月四日（土）、五日（日）には千葉県佐倉市と日本地名研究所共催の全国地名シンポジウムを開きます。秋たけなわの頃、国立歴史民俗博物館の見学もかねて、お出かけ下さい。

さいごに、会報第十二号でも触れました地名資料館建設の構想は具体的な第一歩を踏み出したことを報告しておきます。それが実現した暁には日本にも世界にも類を見ないユニークなものになるはずです。

（「日本地名研究所会報」通巻第一三号、一九八六年四月一日）

五周年をむかえて

日本地名研究所はこの十月二十日で設立以来、満五年になります。この五年間の歩みをふりかえってみますと、これまでに開いた全国地名研究者大会や全国地名シンポジウムは、今秋の佐倉市や熊本市でおこなわれるものまで含めると、じつに九回をかぞえます。また、川崎市、藤沢市、神奈川県、静岡県から依頼されている地名調査、市民講座や県民講座、研究誌「地名と風土」の発行など、その間断のない日常活動は多岐多端にわたっています。私共の精神に共鳴し呼応した各地の地名研究会も今や東北から沖縄まで二十をかぞえ、その数はこれから倍加する傾向を見せています。日本地名研究所のこうした実績を高く評価した川崎市と神奈川県の委嘱によって、私共は、川崎の地に、地名資料の収集、保存、展示、活用の機能を備えた、世界でも珍らしい日本地名博物館を建設するための、具体的な構想プランを練っています。この実現には多少の時間を要するでしょうが、日本地名研究所が満十周年記念を祝うときまでには、完成にこぎつけたいと希求しています。こうしてみれば私共のささやかな努力と、それを支えていただいた皆様方の御協力とが一体となって結実しつつあることに、深い感慨をおぼえるのであります。修羅も辛酸もそれが佳境の甘美さを用意するものであることを改めて思うのです。

（「日本地名研究所会報」通巻第一四号、一九八六年九月一五日）

おおいなる飛躍の年に

今年は日本地名研究所発足以来の記念すべき年となります。川崎市がいよいよ日本地名博物館（日本地名資料館）の構想を実現するための具体的な第一歩を踏み出すことを確定したからです。建物がたち、活動が開始されるまで数年はかかると思いますが、川崎市を日本の地名研究のメッカにしようという伊藤川崎市長の呼び掛けにこたえて、日本に類例のないユニークな日本地名博物館が川崎市に誕生することは明らかとなりました。

私共は川崎市と神奈川県の誠意のある援助協力に深く感謝し、地名研究活動の拠点づくりにいっそう邁進していく所存です。皆様も日本地名博物館の構想に具体的な御意見をおよせ下さるようにお願いいたします。

今年もまた恒例の全国地名研究者大会が、きたる四月十八日（土）と十九日（日）の両日に開かれます。今年のテーマは海民の移動と文化の伝播です。江戸時代、いやそれ以前から海民の活動はおどろくべきものがありますが、それと共に民俗慣習も技術も伝播し、人名と地名も移動します。海を舞台とする海民の劇的展開を、太平洋に突き出した四つの半島をむすぶ海上の道にたどってみようという多元的な試みは、今回のシンポジウムではじめて取りあげられることになりました。なお六月十四日（日）は鎌倉市の鶴岡八幡宮で第一回神奈川県地名シンポジウムを開きます。ふるって御参加下さい。

（「日本地名研究所会報」通巻第一五号、一九八七年四月一〇日）

日本地名博物館の設立

今年四月十八日の第六回全国地名研究者大会の冒頭の挨拶で、伊藤三郎川崎市長は、昭和六十四年から日本地名博物館の建設に着工すると言明されました。伊藤市長の言明は日本地名研究所六年間の歩みに画期をもたらすものとして、数百名の参会者につよい感銘を与えました。新聞にも大々的に報道され、全国の地名研究者は、自分たちの研究の拠点が川崎市に設立されることに、大きな期待をよせている現状です。私は地方に出かけることが多いのですが、各地の地名研究者から「いよいよ川崎市にできることになりましたね」と心づよい激励を受けています。私共は川崎市民のみならず全国の研究者の要望を受けて、それを無にすることのないように努力していく所存です。粘りづよく、一歩一歩進みます。そして日本にも世界にも類例のない日本地名博物館を実現したいと考えています。

さて、今年六月十四日には鎌倉の鶴岡八幡宮で、神奈川県地名シンポジウムが開かれ、神奈川県下の日本地名研究所と協力関係にある地名研究者の連合体の第一歩をふみ出しました。またきたる十一月二十四日には川崎市の日航ホテルで、「短歌・俳句と地名」の講演会を開き、当夜、日本地名研究所発足六周年を祝う懇親会を催します。どうかお出かけ下さるようお待ちしています。

（「日本地名研究所会報」通巻第一六号、一九八七年一〇月一〇日）

七回目の地名研究者大会

俗に桃栗三年柿八年と言いますが、日本地名研究所の活動は、準備期間を含めればほぼ八年になります。その間地名研究の風潮は、全国的に拡がり定着してきました。この会報のなかで紹介しておきましたように、地名関係の書物が、続々刊行されております。長年にわたる粒々辛苦の結晶として、その見事なできばえに眼を見張るのですが、それと共に、そこに貫かれた無私の精神の輝きは、私共の心を深く打たずには済みません。それは後世に長く伝えるべき日本人の貴重な共同遺産です。

さて、第七回の全国地名研究者大会が迫りました。今年のテーマは日本中世の地名です。日本民俗学が現代を基点として過去に遡行できるのは、せいぜい応仁の乱までと言ったのは柳田国男でした。また応仁の乱の前と後では、日本の歴史はまるきりちがったものであると言ったのは内藤湖南でした。中世と呼ばれる時代は、まさしく二分された日本の歴史の中間にある過渡期です。それゆえに、郷愁とエキゾチシズムをかきたてる独特な魅力をもって、今日の中世ブームの風潮を根強いものにしています。今回の大会は日本中世史研究の第一線に立つ学者たちによる講演と討論であり、さまざまに啓発される充実した時間を味わっていただけると思います。どうかお出かけ下さるようお待ちしています。

（「日本地名研究所会報」通巻第一七号、一九八八年四月一〇日）

始まった地名研究の国際交流

今年は暖冬で、春は駆足でやってきます。来る四月十五日（土）と十六日（日）の両日に、第八回全国地名研究者大会を開きます。今年のテーマは「近世の城下町地名をめぐって」です。城下町の地名は都市の形成とふかく関わり合うものであり、近代になっても伝統文化の継承の伝導体として、今日にいたっています。近世史家の大石慎三郎氏の講演のあと、江戸、金沢、上田、小田原、熊本など地元の研究者によって、各城下の地名の実態についての報告と討論がおこなわれます。

今年の大会のもう一つの特色は、中国から地名学者の杜祥明氏をお招きして、中国地名研究の現状について記念講演をお願いしたことです。昨年秋の十月、私は中国国家測絵局測絵科学研究所地名研究室に招聘されましたが、そのとき中国が五十以上の少数民族（五千五百万人を超える）をかかえて、地名の表記の統一に苦闘している実状を知りました。それは叙事詩を思わせる壮大な事業であり、中国がそれと真剣に取り組んでいる姿勢に感銘をふかくしました。

なお、川崎市は今年度から日本地名博物館（仮称）建設のための予算をつけ、資料収集の具体的な第一歩が踏み出されることになりました。皆様の御協力をぜひお願いする次第です。

（「日本地名研究所会報」通巻第一八号、一九八九年三月三一日）

日本地名博物館の実現に向けて

欧米に比べて日本で甚だ見劣りするのは文化施設であるという評言は今や常識でありますが、その文化施設も一定の型にはまったものが多いのも日本の特徴であります。何事によらず独創性を重んじ、評価する欧米の社会に比較して、日本はなるべく規格にはまった目立たないものをよしとする風潮があります。こうした国民性こそ文化の創造性の阻害にほかならないのですが、いつしかそれが文化そのものであるかのような錯覚に陥っています。私共は日常生活のなかでもっとも普遍的なものである地名を拠り所にして、外国にもまた日本国内のどこにも見当らないユニークな日本地名博物館の設立を目指してこの十年間、奮闘してきています。今日のように目まぐるしく変化する時代では十年の歳月はけっして短いものではありません。その間一貫した姿勢を保持していくことだけでも、それなりの努力が必要であり、意味があると思います。この上はそれを実現することだけが残されています。この後は「天命」にしたがって自分の本務を尽すほかないのです。さいわいに川崎市も新市長となり、これまでの紆余曲折に終止符をうつべく、市を挙げて努力し始めました。私共は高橋新市長の決断に大きな期待を寄せています。日本地名博物館が実現するかどうか、それは日本伝統文化の保存と創造にすくなからぬ影響を及ぼすことは疑い得ません。皆様のお力添えをひとえにお願いする次第です。

（「日本地名研究所会報」通巻第一九号、一九九〇年三月三一日）

十年目の報告

私共にとって「日本地名博物館」（仮称）は長い間の夢でした。それが日本地名研究所設立十年目にやっと叶えられることになりました。この間さまざまな紆余曲折があり、ときには幻夢になったり、悪夢になったりするようなこともなかったとは言えませんが、今は正夢にまちがいありません。川崎市当局は川崎駅と登戸駅を結ぶ南武線の沿線上に博物館建設の用地を手に入れ、どのような内容の建物をたてるかの検討に着手しました。川崎市と日本地名研究所は、その準備作業を急速に進めています。やがて四、五年後には疑いなく世界にも日本にも類例のない地名博物館が誕生いたします。私共の地名に賭けた夢は、不壊の結晶体として、川崎の大地に残り、後世に伝えられていくことは必定です。

今年は全国地名研究者大会も十回目となります。来る四月十九日（金）、二十日（土）の両日は万障繰り合わせて御参加下さることを期待しています。網野善彦さんに記念講演をお願いしました。十九日夜は、大会十周年を記念して、ホテル・エルシィで懇親会を開きます。

私共は昨年『川崎地名百人一首』、今年『川崎の町名』を刊行しました。大会二日目はこれらの仕事にたずさわった川崎市在住の人びとの講演やパネル討論をおこなう予定です。それは私共が十年をかけた川崎市地名調査の報告会でもあります。

（「日本地名研究所会報」通巻第二〇号、一九九一年三月三一日）

十一回目の地名研究者大会

今年は暖冬で桜の開花も早いと言われております。この会報の届く頃は桜の満開を迎えるところもあると思います。昨年から具体化した日本地名博物館の建設もたゆみなく進められており、具体的構想もほぼ固まってまいりました。内容はいずれあらためて御報告できると存じます。

今年もまた恒例の全国地名研究者大会を、きたる四月十八日（土）と十九日（日）の両日に開きます。今年のテーマは地名と考古学です。記念講演も討論のパネラーも考古学の研究者の方々にお願いいたしました。何気なくつけられているように思える地名が埋もれた遺跡・遺物や地下資源のありかを示唆するという点をめぐって話し合いたいと思います。

今年の大会のもう一つのテーマは全国各地の地名研究会からの報告です。そのなかには、「熊本地名研究会」や「南島地名研究センター」のように発足後十周年を迎えた会もあります。また、「山陰・鳥取の地名を愛する会」や「越後・佐渡地名を語る会」のように誕生して間もなくの会もあります。これら十五団体をこえる研究会が一堂に集まって交流するのは、地名研究が全国に浸透しつつある証拠であり、まことによろこばしい限りであります。これらの結集した力はやがて、地名を通して日本の文化に貢献することは疑いありません。そのことを相互に確認し合うために、どうか全国地名研究者大会に御参加下さい。

（「日本地名研究所会報」通巻第二一号、一九九二年三月三一日）

地名研究の確かな足どり

私共の地名研究はバブル崩壊の空しさを歎く昨今の世相とは関わりなく、着実な歩みをつづけております。

私共と志を同じくする全国各地の地名研究会が昨年から今年にかけて、また新しくいくつか誕生しました。川崎市が日本地名研究所と協力して進めている日本地名博物館も、本年度から基本設計の段階に入りました。つづいて実施設計、そして建設工事に取りかかることになります。

一方、私共の地名保存の懸命な努力をなし崩しにする地名改悪もあとを絶ちません。昨年四月には岐阜県郡上郡明方《みょうかた》村の村当局が大多数の村民の反対を押し切って、室町時代以来のなつかしい明方の名を明宝村と改名したことは、昨年の全国地名研究者大会の席上で報告されましたが、今また山梨県勝沼町にお住まいの近藤信行さんから、JR中央線の駅名が変更されるとの御通知を受けました。山梨県の石和《いさわ》駅は石和温泉駅に、勝沼駅は勝沼ぶどう郷駅に改名されるというのです。あまりにも情けない話ですが、皆様にお伝えしない訳にはまいりません。またそれだけに、地名の重要さを叫ばずにはいられません。

さて、今年の全国地名研究者大会のテーマは「地名と軍記物語」です。この実現にあたって山下宏明先生の御尽力をいただきましたことを感謝いたします。「落花の雪に踏み迷う交野の春の桜狩……」に始まる「太平記」の道行文は、つぎつぎに地名をたどることで、運命への切迫感を高める効果を生んでいます。今年もまた桜咲く頃の大会をお楽しみ下さい。

（「日本地名研究所会報」通巻第二二号、一九九三年三月三一日）

山田秀三先生を悼む

山田秀三先生は、昨年七月、九十三歳の高齢で他界されました。つつしんで哀悼の意を表します。先生の地名への関心は昭和十六年に仙台鉱山監督局長になられてからめばえたと伺っています。東北の鉱山を歩くと、ふしぎな地名に出会うことが多いことに注目されました。戦争中に戦争に協力したという反省も手伝ってか、戦後は東北や北海道のアイヌ語地名研究に専念されました。先生はそのために北海道曹達会社を作り、社長として指揮されるかたわら、北海道や東北の山野を歩きまわってアイヌ語の地名を検証し、その研究に没頭されました。

先生の師は金田一京助であり、友人は知里真志保でした。ということから山田先生はアイヌ語地名研究者のもっとも正統派であり、しかもその嫡出子でした。山田秀三先生の業績だけでなく、存在そのものがアイヌ語地名研究の確かな指針でした。先生の亡きあとのさびしさは、これから先、アイヌ語地名研究について、誰を頼りにすればよいか分からない、というさびしさです。くりかえし現地を訪れ、自分の眼でたしかめない限り判断を下さない、というのが先生の学問の鉄則でした。まぎらわしいアイヌ語地名の解釈のなかで真偽のよりどころとなるのは山田先生以外にいないからです。

先生の大きな功績は東北地方の北半部にアイヌ語地名がまぎれもなく多く存在し、アイヌ語を話す人びとが、北海道だけでなく、東北地方の北半分にも生活したことを実証したということです。これは蝦夷はアイヌであるかどうかに重要な一石を投じることになったのです。「地名は道楽だ」というのが口癖の先生の温顔が今も眼に浮かびます。しかし、聞く処によれば先生は九十歳をこえてもなお、毎夜、一時二時まで研究にいそしんでいられたとか、ただただ頭が下がるばかりです。

（「日本地名研究所会報」通巻第二二号、一九九三年三月二一日）

強烈なイメージの喚起力――人間の志と気魄と執念の結晶

吉田東伍の『大日本地名辞書』は私の座右の書の筆頭である。私はこの辞書を師と仰いで教えを乞い、はかり知れないほど多くの学恩を受けている。数年まえ、地名を手がかりにして古代史の金属の神の足跡を調べたときには、カラスの鳴かない日はあっても、地名辞書をひもとかない日はなかった。

『大日本地名辞書』は引く辞書であると共に読む辞書である。一つの地名の説明を読むと、そのとなりの地名の説明を読みたくなる。こうして次々に読んでいき、時の経つのを忘れる。

その文章は簡潔でかつ雄勁である。文意は極度に凝縮されている。こうして錯綜した事象の核心部分が裸形にされて読者のまえに提出される。しかも行間には著者の魂の躍動が感じられる。地名辞書には、それに触れた者を捉えてはなさない強力なバネが仕掛けられている。

地名辞書の最大の特色は強烈なイメージの喚起力である。それを開く読者は、土地の精霊がおもむろに眼をさまし、身を起こし、自分にむかって親しげに話しかけてくるのを感じる。こうしてその土地の輪廓が鮮明に浮びあがる。つまり吉田東伍はその天稟の才をもって、地名の本質を会得しているのである。地名辞書が、明治時代後半の著作物でありながら、今もってみずみずしい新鮮さを失なわない秘訣はそこにあると私は思う。また地名辞書が一個人の手によって完成されたという点も、記述の一貫性という点で大きな利点となっている。

私は地名辞書の魅力にとりつかれて、地名の重要性を認識し、自分の民俗学研究に地名をとり入れた。そればかりでなく、地名破壊に抗議して「地名を守る会」を結成し、更には「地名研究所」を設立した。そうして地名学の発展に微力を尽したいと考えている。私は目標を模索する必要はない。すでに地名辞書がある。ひとりの人間の志と気魄と執念がかくも見事に業績として結晶した例を私は知らない。光栄ある辞書よ。

（吉田東伍著『増補大日本地名辞書』内容見本　冨山房、一九八二年二月）

共通のベースを問う

柳田国男の言葉で、私の心に残っているのは、彼の太平洋戦争についての感想である。敗戦直後、日本の戦争責任を一部の軍人や政治家に帰する風潮が強かったときに、柳田は、国民もまた戦争に参加したが、しかし国民にいくつかの選択できる道を与えようとしなかった戦前の教育が、戦争を引き起こした原因だと言った。

この言葉を私はかみしめる。どの道をえらぶか、国民の選択する可能性の幅が広いほど、その国は安定しており、将来に希望を見いだしていると言って差し支えない。

日本人がアイデンティティーを確立するためには、生活も階層も思想も信条も異にする立場の国民がひとしくみとめないわけにはいかない共通のベースが必要である。この共通のベースを作りあげて、それを提出することが政治家であれ、教育者であれ、ジャーナリストであれ、国民の指導者たるものの最大の責務である。その共通のベースの中で、国民は自分の選択する方向をさがすことができる。その共通のベースを学問の分野で確立することに一生を賭《か》けたのが柳田国男であった。彼はもっとも広い意味での教育者であり、民俗学はその教育方法の主軸であった。

その柳田の希望に対応するような戦後政治は、三十幾年かかってもまだ生まれていない。国民共同の所有地である思想のひろい裾野《すその》は形成されることなく今日にいたっている。保守主義者も革新主義者も共にみとめることのできる分野はいたってすくなく、そしていつの間にか気がついたときには、国民の選択の可能性はいちじるしく狭められている。

昨今の日本の動向を見ると、日本の指導者の強引な方向づけが目立っている。柳田の思想はこうした時代の空を背景にするとき、いちだんと重要性をましたように私は思う。今年は柳田が亡くなってから二十年目にあたる。それを記念して、私共が昨年設立した日本地名研究所は、来る五月二十八日と二十九日の両日、川崎市で全国シンポジウムを開くことにしている。日本地名研究所は、日本の地名を国民共同の伝統文化の最小単位と考え、それを保存し研究することを目的としているが、その土台石となるべき思想の根底には、柳田の理念が生々しく息づいている。

（「東京新聞」夕刊、一九八二年四月二八日）

民俗学における地名研究の意義

去る五月二十八日と二十九日、私共日本地名研究所は川崎市と共催して「柳田国男没後二十周年記念シンポジウム」を川崎市立労働会館で開いた。参加者は北海道から沖縄までの広範囲にわたる人びとで、七百五十名を収容するホールを埋めつくした。学生や女性の姿が目立って多かったので、会場は終始はなやかで、活気のある雰囲気につつまれた。第一日目は柳田学の継承と展開を主題にして講演や討論がおこなわれた。二日目は全国地名研究者大会で、地方からの地名研究の発表がおこなわれた。

柳田国男の没後二十周年を記念したのは、柳田の墓が川崎市生田の春秋苑にあるという由縁のためばかりではなかった。私は柳田が亡くなってからその後の二十年間の変化というものを考えてみたかったのである。

柳田が日本民俗学を創成して以来、日本民俗学は柳田の強烈な人格の傘の下におかれた。柳田の卓越した直感力、その圧倒的な知識は多くの弟子たちを彼の許に引きつけた。しかし彼の意に添わない者は容赦なく破門させられた。それは民俗学を正統的な学問として位置づけるためのやむを得ない措置であったかもしれないが、すこしでも異を唱える者は異端者としてとりあつかわれるということから、柳田の顔色をうかがうということが民俗学者の間では習い性となった。柳田の弟子たちは柳田に呪縛され、柳田の考えから自由ではなかった。柳田がもうすこし寛容であったら、多様な可能性が民俗学の中でめばえたはずである。

柳田は昭和三十七年（一九六二年）に亡くなったが、彼の死後、民俗学が見直される時代がきた。高度成長期をへて経済大国となった日本は国力に自信を得ると共に外国にむけていた眼を国内にそそぐようになった。

柳田国男ブームが訪れ、柳田に関心をもつ若い人びとが多くなった。その人びとは柳田に接した体験がなく、ただ柳田の著書もしくは柳田について書かれた本を通して、柳田に近づいていった。したがって、柳田の思惑を気にすることは毛頭なく、自分の身たけにあわせて、柳田からまなぶという自発的な姿勢を保つことができた。それは学問の大きな前進にちがいなかった。柳田の死後、民俗学はさまざまな分野に影響を与え、民俗学の大衆化現象というものが起った。

これは柳田の生きている時代には考えられないことであった。柳田は民俗学の市民権を獲得しようと一生苦闘した人であったが、その願望は達せられなかった。民俗学は体系がなく、好事家の趣味の範囲にとどまるものと見なされていた。しかし今日では民俗学が学問でないという人は誰もいない。むしろ、多くの学者は民俗学から養分を摂取しようと懸命になっている。それはあらゆる学問が硬直化しており、それを打開するには庶民の生活に根ざした柔軟な考えを取り入れなくては閉塞状況を打開できないことが分ってきたからである。

つまり柳田没後二十年間に、柳田の考えにしばられないで柳田学を学ぶ者が増加した。そのためもあって、柳田民俗学は今や公認の学となり、世間に広く滲透しはじめたのである。今日では高校の社会科の教科書のカリキュラムにも民俗学がとり入れられるまでにいたっている。

今昔の感があるのはそれだけではない。柳田が亡くなった昭和三十七年、すなわち一九六二年は、「住居表示に関する法律」が実施された年である。それから二十年の間、この法律のために日本の地名は大混乱を呈するようになった。柳田は日本における地名研究の先駆者であった。彼は地名の重要性に日本でもっともはやく気付いた人である。しかし不幸にして柳田の地名研究は民俗学者の間ではうけつがれていかなかった。

地名研究家は民俗学者の埒外にいる篤志家で、まったく孤独な努力を積み重ねてきた。その人びとが今回一堂に会して、自分の研究を発表し、討論するということは画期的なことであった。

しかもそこではアカデミズムの学者も助言者として発言し、また地方自治体の住居表示課の職員も参加するということで、これまでにないユニークな知的饗宴の場がくりひろげられた。この大会の意味はけっして小さくないと私は考えている。なぜならば、地名研究家も、アカデミズムの学者も、地方自治体の役人も、立場こそちがえ、三者の願うところは、日本の文化の核にある地名を保存しようという点において一致しているからである。

こうした状態は柳田国男が生きているときには想像も及ばなかったことである。

柳田が生きていた時分は、日本の風土の変化は緩慢であった。彼は変化が未来に何か新しいものをつけ加えるという楽観主義を生涯手放さなかった。しかし今日の実情は明らかに異なっている。むしろ変化しにくいものをできるかぎり守っていくという姿勢がなければ、なしくずしに流されてしまうことは明らかである。

地名はその象徴的役割を担っている。地名は日本の伝統文化の中でもっとも変りにくいものであった。それゆえに伝統文化の中核と呼んで差し支えないものであった。それがこの二十年の間に強制的に改悪させられている。

私共が地名を守ろうとするのは、日本人としての共通の場を作りあげたいからである。日本人が自己を確認すること、それを今日風に日本人のアイデンティティの発見と呼ぶとすれば、地名は日本人にアイデンティティを考えさせる最良の方法でもある。

最近は日本の政治指導者の強引な方向づけが目立っている。といってこれまでのような観念的な革新思想だけで日本の将来が乗り切れるとは考えられない。今日もっとも大切なことは、国民だれしもが納得できる共通のベースを作りあげることである。その共通ベースが広ければ広いほど、国民が未来を選択する可能性の範囲は増大する。それは日本の国家を健全な状態に置く最良の方法なのである。

くりかえし言うことになるが、その共通のベースを作りあげるときの中核になるのが地名である。もし地名が失なわれるとすると、そこに日本人が太古から現在までもちつづけてきた共同の認識の指標が消滅するのである。そのとき日本人の自己確認の手がかりはなくなり、日本人のアイデンティティを求めることはきわめて困難となるのである。

（「聖教新聞」一九八二年六月一〇日）

独特の伝統を形成――文化遺産としての地名

地名について語ることは私たち日本人の共有する過去の足跡について語ることである。二人以上の人間が共同生活するところには、かならず地名が生まれる。したがって私たちの祖先が黒曜石の矢じりをつかった弓矢で山野に狩りをしていた石器時代の矢じりは、狩猟時代を再現するための重要な遺物であるが、それは、銅や鉄の矢じりにとってかわられたとき使用されなくなった。それに引きかえて、狩猟時代の地名が今日なお使用されている。つまり、あらゆる文化遺産のなかで、地名はもっとも古くかつ新しいものであり、もっとも長つづきしてきたものである。ここに地名の文化財としての独特の性格がある。

＊

伝統とは持続する民族の観念のことである、ということができる。この定義にしたがえば、地名はそれにもっともふさわしいものである。地名は土地の目鼻立ちである。地名をとり去ったら、土地はのっぺらぼうになってしまう。人間はその土地に対する手がかりを失って、自分の思いをその土地につなぎ、哀歓を土地に託することはできない。地名が変わってもそうである。小刻みに変わっていく文化は伝統の名に値しない。一つの土地にさまざまな時代の人たちが生きかわり、死にかわりして住み、しかも、それらの人たちは昔も今もおなじ地名を使用してきた。このことから、地名にはとぎれることなく持続する時間が流れており、かず多くの人たちの思いが地名にこめられていることを知る。

私たちが地名に抱く郷愁は、自分の歴史や経験の反映を地名に見いだすことだけには終わらない。私たちは地名に接するとき、日本人としての深い共同感情をゆさぶられる。アラジンが指輪をこすると、亡霊が親しげに立ち現れるように、私たちは地名に触れてははるかな過去の世界へとはこばれる。地名は客観的な名称だけではなく、それを名づけた者の意識や警告の跡をあらわしているから、後代の人たちは地名によせる先人の心情を、地名をとおして追体験することになる。地名が古いほど、私たちは追体験によって悠遠な過去へとさかのぼることができる。このようにして地名を含む枕詞《まくらことば》または歌枕はながい間、私たちの歴史的な情緒を誘発してきたのである。

＊

「古事記」に記された国生みの個所をみると、それぞれの国に神名がつけられている。たとえば、伊予の国はエヒメ、阿波の国はオオゲツヒメといったたぐいである。これは古代日本人が一定の広さをもった土地を人格として取りあつかってきたことのしるしである。彼らはクニに国魂があると信じていた。国魂をまつる神社が今、残っている。その国魂の名前が地名にほかならなかった。地名が土地の精霊の名であるという表現が誇張でもなんでもないことが、これによってたしかめられるであろう。

このように、地名は日本人の歴史的な時間観念を触発する空間の刺激細胞である。私たちは地名をとおして、ゆるやかに過去に回帰する。当世風の言葉を使用すれば、地名は日本人のアイデンティティの発見と確立に大いに役立ち得るのである。しかし、地名の効用はそれだけにとどまらない。

大地を百科事典にたとえるならば、地名はその索引である。地名はまず土地を弁別する標識であるが、それは地名の機能の一つにすぎない。地名にはさまざまな意味がかくされている。したがって、地名を索引として、私たちは、そのかくれた意味の根源を明らかにする作業にたちむかうことが可能である。地理学、歴史学、民俗学、考古学、言語学などは、地名の研究から大きな学問的成果をあげることができる。動植物や鉱物の研究、あるいは自然災害の防止にも地名を利用するのは効果がある。ママとかアヅとかハケという地名があれば、それは多くのばあい崖《がけ》地をあらわしている。そうしたところでは崖くずれが起こりやすい。家を建てるにも用心してかからねばならぬ、という無言の教訓を地名が与えているのである。

＊

日本の社会は一九六〇年代の高度経済成長期をへて、どの市や町も似たりよったりの感じになってきた。地方に民俗調査などで出向いても、駅前の風景などはどこもおなじ外観を呈していて、その地方独特の表情というものがない。その生活様式も都会風に規格化され、年中行事や民俗慣習は急激にすたれてきている。

つまり伝承文化の危機が訪れている。言葉遣いはテレビなどの影響で急速に標準語に近づいている。こうしたとき、たまたま、町名や駅名などに記紀万葉や風土記で見おぼえのある地名がつけられているのをみると、たちまちのうちにイメージがふくらんでくる。それは古代地名でなくても、中世や近世の特徴をもった地名でもかまわない。すべてが画一化されてきた現代では、土地の個性はかろうじて地名が保障する、という時代になったのだ。

地名は大地の皮膚に息づく日本人共通の意識や感情の最小単位であり、最小の細胞である。こうした地名が日本全国には大字《おおあざ》だけで十数万、小字《こあざ》をかぞえると数百万にのぼるほどばらまかれている。この大字は近世の村落では、一つの村をあらわし、小字はその村の集落をあらわしていたことを考えると、地名を拠点として、民族共同の根源にさかのぼろうとする願望をだれも否定できない。日本人の姓名のおよそ八割は地名に由来している。私たちは地名をたどって、自分のルーツをさぐることができるのである。

しかるに、昭和三十七年からはじまった地名改変のうごきは、地名がかけがえのない重要さをもっていることを無視し、ほしいままに地名を抹殺して、日本人の伝統の根を枯らそうとしている。これを何とかして防ぎたいというのは私だけではなく国民大多数の声であることを、ここに強調したい。

（「新潟日報」一九八二年一〇月七日）

地名問題と都市づくり

地名とは、土地につけられた名前です。人間の共同生活がある所では、必ずその場所を指す固有名詞がなくてはならない。その固有名詞は、最初は普通名詞が固有名詞のように使われていた。例えばそれは、小さい村単位の生活――村の中で生まれ、結婚し、そしてまた死んでいくという人達が大部分であった時代には、村以外のことは念頭にないわけですから、そこで例えば「泉」と言うと、どこの泉かがはっきり分かるわけです。ですからその「泉」は、普通名詞ですが、固有名詞のように使われていた。そこで、その泉のほとりに住んでいる人がいれば、その泉のそばの誰々と言っていました。

人の名前も、最初は固有名詞ではなくて、普通名詞を使っていた場合がある。これは奄美大島の例ですが、奄美大島の川というのは、泉とか井戸のことで、「川上の坊」とか、「川下の坊」ということでその人間のことを言っていました。その人が亡くなって、卒塔婆に戒名が書かれて初めて、その人が何という名前であったかを知る、ということが普通だった。

村落共同体が一つの宇宙で、その村落共同体の外側がもはや他界であった時代には、地名は、普通名詞をもって固有名詞にそれを変えたのです。ところが世界が広がって、旅人や物売りが入ってくるということになると、普通名詞で「泉」と言っても、よそから言う場合には、どこの泉とはっきり指示しないと分からなくなった。そこで何か指示的な代名詞、あるいは形容詞がつくことになります。

人名の場合も、その村の名前を呼んで、例えば「川越」という村があったとしますと、川越に住んでいるから「川越太郎」というように言った。そうやって、人名にもはっきりとした固有名詞がつけられ、また地名も、泉というのは沢山あるから、少しずつ区別していくことが行われたのです。

たとえば飛鳥川は大和川の支流ですが、昔の飛鳥川というのは、大和川の支流を全部飛鳥川と呼んだわけではありません。いわゆる『古事記』や『万葉集』に出てくる明日香地方に当たる部分の川だけを飛鳥川と言ったのです。明日香地方の人は、「川」といえばその飛鳥川のことにほかならないのですが、他所の人から見ると、明日香地方の川はやはり「飛鳥川」と呼ばざるを得ない。そうやって固有名詞が川の上にくっつくわけです。

このように地名というのは、甲と乙を弁別する記号として、だんだん発達していくのです。村落共同体の場合は、村の中に泉があり、その流れをせきとめる堰があれば「堰」という普通名詞だけで済まされたし、あるいは「一の堰」、「二の堰」と数字をつける程度でよかったのですが、それがだんだん固有名詞として出てくる。

ただ、地名は場所を識別する手段として起こったのですが、命名するときに、その仕方が様々に変わります。日本には小字《こあざ》が数百万ありますが、この小字は江戸時代の村の大字《おおあざ》に当たるわけです。江戸時代の村は今の大字です。ですから小字は、江戸時代では集落の単位を指したのです。大字は一三〜一六万と言われています。つまり江戸時代の村が一三〜一六万あったということです。小字が集落の単位ですから、その小字に対して全部地名がつけられているのですが、小字の中でさらに、一つ一つの田んぼ、谷、山にも地名がつけられている。

北海道のアイヌは、サケをとったり、熊狩りをしたりしますが、どの山にも必ず名前がついている。「稗《ひえ》搗節《つきぶし》」で有名な九州の椎葉村へ行ったときに、猟師に狩猟の話を聞きました。椎葉は山また山という所で、何百という山が目の中に入ってくるような所ですが、その山には一つずつ名前がついている。

また、沖縄本島の南に宮古群島があり、宮古島のすぐ北に池間島という島があります。この池間島から何里か離れた海中に州があります。これは宮古本島と同じくらいに大きな州だと言われており、日頃は海中に没しているのですが、旧三月三日、潮干狩の行われる大潮の日の非常に潮の干満の差が激しいとき、潮が引いたときに、海中の州が現れるのです。ここを八重干瀬（ヤエビシ）と言います。

私もそこに行ってみたことがありますが、大きな船で二時間位かかる。東シナ海のど真ん中に忽然と州があらわれるのです。州が一〇〇程あるのですが、漁師の話では、その州の一つ一つに名前がついているという。そこで八重干瀬の名がつけられた。

こういうふうに地名というのは、生活上どうしても欠かすことのできない名前としてあらゆる所についているのです。一坪ぐらいの土地にも名前がついている場合があります。その場合に、問題は名前のつけ方です。名前のつけ方にいろいろあって、地名を調べてみると、その七～八割は地形地名と言われています。地形を地名にする。

地形からきた地名

例えば「墟下《ましした》」という地名があれば、それは崖のことをいう。市川市に真間《まま》という所があります。真間の手児名《てこな》といって『万葉集』に出てきます。あの真間というのは崖のことなのです。神奈県の足柄郡にも墟下という所があります。『万葉集』の真間というのは当て字で、足柄郡の場合は、今は墟下となっています。

この墟下は、この字で分かるように、土が尽きる所で、つまり崖のことです。小豆島に寒霞渓《かんかけい》という所があります。そういう所は、崖をあらわします。

また、「アクツ」「アク」「アキツ」とかいう所は、みんな湿地帯です。「ニタ」「ヌタ」「ムタ」「ウダ」という言葉も湿地帯です。「下仁田」というコンニャクの産地が群馬県にありますが、この意味からきています。余り漢字にとらわれるとかえって意味が分からなくなる場合があります。

この「ニタ」とか「ヌタ」というのは猪が夜、水を飲みに来る場所をあらわします。そこは赤土があって、水たまりがあって、そこに水を飲みに来る。それを待ち構えて、猟師が鉄砲で撃つわけです。猪は、体にたくさんの寄生虫がいます。かゆくてしょうがないから、自分の体を赤土にこすりつけて、その寄生虫を取ろうとします。体を赤土にヌタクルということから「ニタ」という地名ともつながってくるのです。

長崎市で大水害がありました。そのときに一番被害があったのは鳴滝です。これもそういう地名から直ちに分かることです。シーボルトが「鳴滝塾」をつくったのはご存じだと思いますが、「鳴滝」という名前からも、山津波をひきおこす滝のような地形であることが分かります。

また、兵庫県一宮市でやはり水害が起こって、山崩れをした所がありましたが、そこは伊和神社という播磨一宮の裏山で「抜山」という山でした。山が抜けるというのは崩れるということでちゃんと地名として暗示されているわけです。

数年前、黒姫山の所で信越線が土砂崩れとなり、半年ばかり不通になったことがあります。その現場に私も行ったことがありますが、山津波のために大きな岩が何十ところげ落ちている。そこでは、白田切川という川が氾濫しています。白田切川というのは、要するに氾濫する、滝津瀬などという沸き返るような水の川を言います。

先ほど小豆島の寒霞渓の話をしましたが、小豆島というのは、もともと「あずき島」という。「アズ」というのは、地名用語で、崖地をあらわす。小豆島は、雨が降ると必ず土砂崩れがあって、海岸まで土砂水が落ちてきて、交通がストップしている。そこでカンカケイという名称も崖を寒霞渓と美化して言っているのです。

地名はその土地の形状、形態を非常によくあらわしているのです。ですから、地名によってその災害を予防することができます。都市づくり、町づくりに無縁な話ではないと思います。地名をもってその土地の状況が、どういう土質であるか、あるいはかつてどういうことがその土地に起こったかということが分かるわけです。そういうことで先人は、我々に、この土地はどのような土地であるかということの申し送りをしているわけです。

地名と文化の移動

その他に、地名には古代の文化が移動したことをあらわす地名もあります。新潟県と富山県の境、北陸の糸魚川の隣に「青海」という所があり、「オウミ」と読みますが、青海神社という神社があるのです。また信濃川中流に加茂という所があって、そこにも青海《せいかい》神社がある。また、若狭の「青の郷」という所にも青海《せいかい》神社がある。こういうセイカイ、オウミという地名は古代に青海首という氏族が、西から東へ移動していったことをあらわしている。また庄内の海岸に金沢という地名がありますが、これは加賀の金沢の人達が山形県の海岸まで移住していることを示しています。

飛島《とびしま》には「法木《ほうき》」という所があり、これは、江戸時代に北前船が盛んだった頃に、伯耆の国からやって来た船がそこに到着して、人が住んだ所でそういう名がついた。

また、その土地が開かれた状態を示すこともあります。例えば、新潟県、山形県には、京田とか興野という地名があり、これは開墾した所をいうわけです。京田の方がやや古く、興野はやや新しい開墾地です。九州には古賀とか久閑という地名がありますが、これはやはり海岸の干拓地を示します。開とか搦というのもそうです。「新田」というのもよくあります。東大阪市に「鴻池新田」というのがあります。これも江戸時代に鴻池がつくった新田です。

「今治」というものもまた開墾地です。イマというのはさら地で、ハリというのは、朝鮮語のパリという言葉からきた開墾を意味する言葉です。『万葉集』に墾道《はりみち》というのがあり、開墾した所につけられた道をいいます。これが「原」になってきています。普通我々は「野原」といいますが、野と原は全く違い、「野」は傾斜地です。これが徒野《あだしの》とか蓮台野《れんだいの》とか、人を葬る場所の名前が京都の近郊にありますが、やはり山すそです。『出雲国風土記』に出てくる野というのもすべて傾斜地です。ですから、野と原は、古代は厳密に分けられた言葉です。

地名というのは非常に正確に歴史、地形、またある文化の移動と、それぞれの職業に携わる人の移住を告げているわけです。

地名の名づけ方というのは、いろんなやり方があります。『丹後国風土記』逸文には、今の丹後の峰山に天女が降りてきて、イサナゴ山（比治山）で水を浴びていたときに、ワナサオキナ、ワナサオウナというおじいさん、おばあさんがやって来て、その羽衣を隠してしまった。そこで天女は天に帰れなくなり、ワナサオキナ、ワナサオウナの養子になって、そこで生活をするのですが、その天女が酒をつくるのがうまいということが近在の評判になり、ワナサ夫婦は富み栄えるわけです。ところが、栄えてきますと、今度はもう天女が不要なもののように、じいさん、ばあさんは考えて、天女をとうとう家から追い出してしまう。天女は泣く泣く家を出て、方々さまようわけですが、ある所まで来て、そういう邪険なじじ、ばばの心を思うと、自分の心は海の荒い潮のように乱れると訴えて、そこを荒塩の村と名づけた。

荒塩の村を少し行きますと、槻の木があったので、その木に寄りすがって泣いた。そこで哭木の村と名づけた。暫く行って、ようやく気持ちが平和になり、心穏やかになったといって、そこを奈具岡と名づけた。こういうことが、八世紀初頭につくられた『丹後国風土記』逸文に出ており、これが地名になるわけです。竹野川が、この比治山を源にして流れており、そこに現在、荒山、内記、奈具という所があります。比治山のふもとで生活していた天女が、上流から下流へだんだん下ってくる。そしてやっと落ちついて、鎮座した姿が手にとるように分かる。これは峰山盆地を舞台にした古代のドラマであり、そういう地名が残っているからこそ、それが想像できるわけです。もしもこの地名がなくなったならば、我々は古代のドラマの跡をたどることが不可能になってしまう。

私は、毎日のように地名辞典を引きながら、民俗学や古代史の勉強をしていますが、実に豊富なヒントが無数にでてきます。吉田東伍の『大日本地名辞書』というだいたい古代を中心にした地名辞書がありますが、それを見ると、次々に連想が沸いてくる。私は今、物部氏のことを調べています。古代に物部という部族がいた。これを調べていますと、物部氏が九州、特に筑豊、遠賀川の中、上流にたくさんいます。

物部氏の名前は物部氏が編纂したと言われている『旧事本紀』の中に出てきます。その物部氏の名前が地名として残っているのです。手がかりはそれしかない。例えば物部の中に贄田という物部がいます。これが現在の福岡県鞍手郡鞍手町の新北になっている。また大豆物部というのがいるのですが、久留米市の反対側、肥前側に豆津という所があります。そこが物部のいた所です。このように、地名によって古代の氏族の居住地を当てることができ、もうそれ以外に記録がないわけです。

卑近な例で前田という地名がありますが、これは一見ありふれた地名と思われますが、そうではない。前田というのは、ある特定の田んぼです。寺院、神社、あるいは土地の豪族の前にある田んぼです。その神社、寺院、あるいは豪族の家で、いろんな行事があるときに、その前の田んぼの稲を使うわけです。そして、餅をついたり、赤飯を炊いて、神様に供えたり、お祝いしたりするという、極めて神聖な田が前田です。ですから、前田なんていう地名はどうでもいい、やめてしまえというわけにいかないのです。これがあるおかげで、かつてそこがそういうことをやった田んぼだということが分かる。

中村という地名も一見平凡です。しかしこれも非常に重要です。中村は、あるいは元村という言い方もできます。要するにその村の発祥の地が中村なのです。中村があって、その上に上村があり、西に西村という形で村が発展していくわけですが、そのときには「中村」と呼ぶ必要はありません。村がだんだん発達しますと、この元の村を中村と言います。で、上村とか、西村と村が分かれるのです。市町村合併や、住居表示で、土地の地名を変えようとした場合、集落の真ん中を中央町とつけたりするのですが、そういうものと中村とは全然性質が違う。

「早稲田」という地名があります。山形県などでは早稲をつくった田んぼですが、もっと深い意味があります。そこには豪族の大きな屋敷があって、囲いをめぐらしている。ここで田んぼをつくる。広大な所で自給自足するので、一番水の冷たい所に田んぼをつくったのが早稲田で、いわゆる寒冷種——冷たい水に耐える米を植えた。それは早場米で余りおいしくもないし、収量も少ない。しかし、この早稲田をつくることによって、東北では何年かに一度襲いかかる飢饉に備えているのです。そういう意味がこの早稲田という地名に含まれている。

住居表示法と地名

こういう例は沢山あって、説明すればきりがないのです。しかし、このわずかな例でも、その地名がどれだけ重要なものであるかは、お分かりいただけると思います。その地名が、都市づくり、町づくりでどうなっていくかということなのですが、実は住居表示法というのがあって、昭和三七年に、国会を通過した。それによって、日本の地番、町名を整理する事業が、各市町村区で行われてきた。

この事業で日本の町名、地番を変えられた町は、自治省の統計によると、六割近くあります。東京都では八割以上の地名が変わってしまった。それによって、いままで述べてきた地名は一掃されてしまい、新しい地名がどんどんと出てきました。「もみじヶ丘」とか「あざみ野」とか、幼稚園の教室のような名前が沢山できたのです。これは日本の文化の小児性をあらわす。また日本の民主文化の程度の低さをあらわしていて、先人が我々に送ったメッセージとしての地名の意味は全くなくなってしまった。

この法律は実は、戦時中から戦後にかけて、地番が乱れていたので、それを整理するという目的があったのです。この当初の意味は、時世のしからしむる所としてやむを得ない措置だと考えられます。ただ昭和二八年、住居表示法が発令される一〇年前に、国語審議会の土岐善麿会長が吉田内閣総理大臣に決議書を出した。その中に、「政府は、今後全国の市町村の合併を促進することとなった。そこでこの機会に、合併後の市町村名の書きあらわし方ができるだけ分かり易く、読み違えの起こらないようなものに決定されるよう、適当な措置をとられることを希望します」と言っているわけです。要するに、当用漢字の精神を地名に当てはめたのです。

日本には、難しい、読み方の分かりにくい地名があります。例えば丹後半島にある「間人」ですが、タイザと読みます。対馬の一番南端にある「豆酘」は、ツツと読みます。こういう例があると非常に読みにくいので、読みやすい地名にして欲しいと言ったのです。しかし、こういう難しい地名こそ、一度読み方を覚えたら、もう忘れられないと思うのです。山形県に「左沢」という所があって、アテラザワと読みます。これなども、一度読み方を学んだら忘れない。

現在の住居表示法では、丁目の次に三の五の六という書き方をさせられますが、これは覚えにくいし忘れやすい。例えば三《み》—五《こ》—六《ろ》とか何かに当てはめて覚えざるを得ない。それならば漢字のままで構わないということなのですが、今度の住居表示法では、こういうやり方をして、非常に覚えにくくなった。

最初、国語審議会で地名を分かり易くしようというときは、戦後、いわゆる民主化の波があって、できるだけ難しい漢字はやめよう。人名も、当用漢字の中でしかつけられないという時代があり、地名もできるだけ分かり易い、読み違えの起こらないものにするというわけで、例えば、滋賀県にマキノ町というカタカナの町ができますが、これなど、こうする必要は全くなかったのです。東京でも、春日区というのを文京区にした。これは読みにくいという理由からです。ばかげたことです。

地名と文化

そういうことを許容していると、文化とは何かを克服しながらかち取っていくという精神でなくて、むしろ川の水が低きにつくようなことを助長する精神になってしまう。もちろん、国語審議会だけではなく、地名改変の背後には郵政省とか、新聞協会も関係していた。今では新聞は、地名を変えてはいかんという論調を張っていますが、当時は地名を変える方の論調だった。デパートやガス会社まで地名を変える方向に動いた。一九六二年、あたかも高度成長を前に控えて、日本の経済が飛躍的に伸びようとするとき、流通、コミュニケーションを自由にするための方便手段としてこれが考えられたのです。

ところが、地名は、単に流通をよくすることだけが問題ではない。岡山県に「吹屋」という地名がありますが、フクというのは「真金ふく吉備」といって、銅や鉄を精錬することをいう。吹屋という地名があれば、そこはかつて銅や鉄を精錬した所だということが分かる。同じ岡山県に福岡という所がありますが、そこは備前長船が名刀をつくった所です。それが幸福の「福」という名前に変わっていったのです。もともとは「吹」だったと思います。岡山市には伊福町という所がある。そこで国体が行われたので、国体町と名前を変えてしまった。ここで銅鐸のミニチュアが出ているのです。伊福という地名があれば、銅鐸のミニチュアがなぜ出土したかということが、よく分かるのです。また、敦賀市には、永大産業という、もう倒産した会社があったのですが、そこを永大町と変えた。会社は倒産しても、名前は残ったのです。

住居表示と行政対応

こういうふうに、非常に恣意的に、分かりやすく、今風にやればいいんだという考え方のもとに行われたのが、住居表示に関する法律実施の赤裸々な姿です。最初は、町名、地番を変えろとは言わなかった。地番を整理しようと言った。自治省のOBなどと話をすると、「私達は町名を変えようとは思わなかった。それが、我々の及ばない所で町名を変更する方向にどんどん発展してしまった」と、非常に嘆いている。要するに、自分たちの精神を拡大解釈されて、大町名主義が唱えられ、一丁目、二丁目と勝手につけると、嘆いているのです。

林修三氏といえば、当時の内閣の法制局長官だったのですが、林さんも、「地名変更というのは戦後最大の愚行である」と言われるものですから、「あなたが法制局長官のときに住居表示に関する法律が国会を通過したのに、なぜチェックしなかったか」と聞きましたら、「法制局という仕事は、憲法上その法律に疑義があるかどうかをチェックする機関であって、その法律の内容にはコミットできない」と言っておられました。その説明はほぼ納得しましたが、あと一パーセントぐらいは、引っかかるところがあります。

自治省の役人自体が、地名改変のゆきすぎを反省しているのですが、法律が一度制定されて、住居表示課などが作られますと、どうしてもそれを実施する方向に動いていく。また自治省が実施基準の要項を出したのですが、それが非常によくなかった。

法律だけなら、非常に抽象的な面があって、いろいろ解釈できます。あるいはその中でチェックもできるが、こうしなさいと実施基準の要項を出した。例えば、川とか道とかを町の境界にせよと実施基準の要項には出ている。しかし、ヨーロッパでは広場があって、そこが町の中心になりますが、日本にはそういうものはなくて、道が、いわゆる公共的な広場になっていた。ですから、家は道に向き合いながら建っていて、これが一つの町内を形成している。その道を境界にしろと自治省が指導を始めたのです。

これは、街区方式というヨーロッパの方式にならわせようとしたもので、日本の歴史的な町づくりのプロセスを全く無視し、それを破壊していった。

一九六二年の二年あと、東京オリンピックのとき外国人が日本にやって来ても、街区方式ならば道に迷わないだろうという発想がその根源になっていた。一握りの外国人が来たことは確かでしょうが、そのために日本全国をこのように変える必要は全くない。また、東京をこう変える必要もなかった。むしろ外国人を案内するタクシーの運転手は、町名を変えたことによって、全く案内ができなくなってしまった。日本の歴史の過程を無視したものであるし、外国人に対して媚を売っているような、情けない発想から出発しているわけですから、決していい表示であるとは言えないのです。

また小町名を無視して、大町名にしたので、だいたい一丁目の単位は大きくなり、江戸時代以来の村落共同体的な集落は完全に破壊されてしまった。こういうことを平気で行ったのが住居表示法です。

今までの地名は無残に消滅しました。手掛りがなくなった。日本人の人名の約八割は地名からきています。自分たちの先祖がどこから来たかを探すひとつの手掛りは地名です。その地名を変えてしまおうというわけですから、それがもう不可能になってしまった。そういうことを平然とこの二十年近く法律の名の下にやってきているのが現状です。

地名を守ることは我々が過去の遺産を未来に渡すときの義務なのです。決してそれは左翼的でもなければ革新的でもない。むしろ、最も保守的な運動なのかも知れません。ところが、日本の保守も革新も、特に近代になってからは、明治政府の方針、要するに、新しいものが善で、古いものは悪という考え方に則って、西洋に追いつき追い込せという方針をとってきた。古い読みにくい地名など変えて新しい町づくりに適応する地名をつけようと難解な地名はまるで仇敵のように思われていた。そこに日本の近代化の政策が、明治以来、今に至るまで貫かれている。

「地名を守る会」発足

そこで私は同志の人達に声をかけて昭和五三年に「地名を守る会」というのを結成したのです。またそれが大きな反響を呼んで、五六年には日本地名研究所を川崎市につくったわけです。そういう過程を経て、地名が重要であるという認識は社会に浸透し、地名改変の動きは最近は非常に鈍くなっている。

五六年一〇月、秋田県が主催して、「文化と風土」というシンポジウムが開催されましたが、全国から四〇〇〜五〇〇名の地方自治体の人が参加しました。そのとき私は地名の重要さを話し、その中で、「文化の問題とは何かを考えるとき、何をすべきかということは重要ではない、何をしてはいけないかということが、文化行政の一番根本だ」ということを述べました。参加していた住居表示課の人達の賛意も得たと思います。

行政の人達もこれからは、地名を変えない方向に立場を変える必要があるのです。例えば東京の新宿に歌舞伎町という繁華街がありますが、周辺住民も歌舞伎町と名前を変えて欲しいと考えています。そうすれば、商店街としても、自分は歌舞伎町に店を構えているということでカッコもいいし、地価も上がる。そこでどんどん歌舞伎町が広がっているのです。

大阪市も大規模な地名変更をしていますが、心斎橋だけは古い由緒ある町名だから残そうとした。ところが、周辺の人達がそれに便乗して、自分達の町は東心斎橋というふうに変えようとしている。軽井沢でも、沓掛が中軽井沢ということになった。そこの別荘地区を高く売ることを目的とした地名改変です。

このように住民のエゴとか、大規模な土地開発業者の要望などがあるときには、むしろ自治体の住居表示課などは、歴史的に由緒のある地名は、必ずしも有名でなくても、その地名を残しておくことが大切だということを説く側に回る必要がある。

こういうように余りにもひどいものですから、住居表示法が実施されて五年後の四二年に一部、法の改正があって、歴史的な地名、由緒ある地名は尊重するという一項が加えられたのです。これは非常に重要な条文です。東京都でも、鈴木知事は〝ふるさとの文化づくり〟ということで、都議会でも町名を残すようにという発言をするようになりました。やはりこの住居表示法は、考えてみると、高度成長経済の時期の落とし子だと言っても差し支えないでしょう。地名改変の動きは非常に鈍くなってきている。これは大変喜ばしいことだと私は思っています。

では消えた地名はどうするかという問題です。旧町名を残す方法は、またもとに戻すのが一番簡単なのです。地名は戻せるわけです。地名は物ではなくて、名前ですから、変えようと思えば変えられます。そこに地名の面白さがあるのです。しかしお役所の場合には、帳薄や原薄を書き換えたりしなくてはなりませんので、大変ですから、その場合は何とかして、「何々町ありき」といった旧町名の立札でも立てる必要があると思います。また、バスの停留所や小学校、公園等に小字の名前をつける。いろんな方法があると思いますが、公共的なものには、どんどんそういう名前をつけていくべきです。

神奈川県三浦半島の先端に剣崎というところがありますが、本来はツルギ崎と呼んでいたのですが、あるバス会社が入って、剣崎《つるぎ》というのは読みにくいので「ケンザキ」というバス停留所にした。それがいつの間にか一般的な呼称になって、ツルギ崎灯台もケン崎灯台になった。しかし地元の漁師たちはどうもぴったりこない。なぜかといいますと、剣崎には剣崎大明神というのがありまして、沖合を通る船は帆をおろして敬意を表して通ったそうです。というのは漁師たちに親しまれた地名なのですが、剣（ケン）崎に変わってしまった。そこで横須賀市の市役所に勤めている人が大変熱心で、その復活運動をしたわけです。それが功を奏して、今は剣（ツルギ）崎というふうに戻った。しかし地名の大切さを教えなければならない小学校だけが「ケンザキ」という名前を残している。

大規模な土地開発が東京及びその周辺では行われていますが、例えば多摩ニュータウンは、そこのところを配慮して、小字名を団地のブロックごとにつけている。それは賢明な方法です。

しかしまだまだ安心はできません。何とかして町づくりに古い地名を残しておきたいという、一国民としての願いがひろく理解されて、できうべくんば、住居表示法を廃案にするとか、一時的にその実施を見合わせるとか、あるいはまた、緩慢な実施を行うとか、そういうふうになって欲しいと考えています。

（「地域開発」二二〇号　日本地域開発センター、一九八三年一月）

地名はよみがえる

守る運動　博物館に結実へ

リクルート事件以来なにかと新聞種になることが多い川崎市であるが、その中には明るいニュースがない訳ではない。日本地名研究所が川崎市の一隅に設立されたのは昭和五十六年十月のことで、今年でまる八年経ったことになる。桃栗三年柿八年のたとえがあるように、大地にまいた一粒の柿の種がようやく実を結ぶまで成長したというべきであろうか。私どもの長い念願であった日本地名博物館（仮称）の建設が具体的な日程に入ってきた。神奈川県と川崎市の援助の下に、その建設候補地も最終的にしぼられてきた。日本地名博物館が実現したあかつきには、川崎市は日本の中でもユニークな博物館をもつことになる。地名博物館は日本だけでなく、世界にもその類例を見ないのである。

日本人の誇り

日本地名研究所の理念は日本地名博物館に集約され、結実する。日本地名博物館は地名資料を保存すると共に、その研究の成果を後世に伝えていくための中核になる存在である。

私どもはこれまで地名は日本人の誇りのしるしと考え、その消滅や改変をくいとめるためにささやかな努力をつづけてきた。昭和三十七年に制定実施された住居表示法によって日本の各都市の町名や地名が大幅に変えられていくのを見かねて、私はおそまきながら昭和五十三年に「地名を守る会」を結成し地名保存の運動をはじめた。その運動の中で痛感したことは、地名についての無知が安易な地名改変を許しているという事実であった。これは当事者である地方自治体にだけあてはまるものではない。住民の側にも耳ざわりのよい地名に変えることを望む傾向がある。このことから地名を守る運動には、地名についての知識が必要であり、研究する機関が不可欠であることを思い知らされたのであった。

今日では地名を守ろうとする風潮は世間の大勢になっている。しかし当時はかならずしもそうではなかった。地名を守る運動は政府の施策にあらがうものとして、煙たがられる存在であった。そうした中で、私は昭和五十五年の秋に神奈川県の長洲知事と同席することがあり、日本地名研究所設立の意図を訴えた。長洲知事はその趣旨に即座に賛同し、川崎市の伊藤市長（当時）に伝えた。他にさきがけて地名研究の重要性をみとめ、日本地名研究所設立に援助と協力を惜しまないことを約束した二人の自治体首長の英断を私は高く評価している。

こうして私は八年前に川崎市に日本地名研究所を設立したのであったが、当初から地名資料を収集し保存する施設の必要性を痛感してきた。途中紆余曲折はあったが、それが今やっと具体化する段階にこぎつけた。昭和五十三年の「地名を守る会」の結成から昭和五十六年の「日本地名研究所」の設立を経て「日本地名博物館」の実現を数年後には期待できる地点に達した。ここにいたるまで十年以上を費やしたのであった。

全国に研究会

この間、私ども日本地名研究所は毎年四月に川崎市で「全国地名研究者大会」を開き、今年で八回目をかぞえた。新潟市や佐倉市でも開催した。このほか、地名研究会は、北海道から沖縄まで三十余に及んでいる。今年だけでも群馬県に「群馬地名研究会」、沖縄県名護市に「山原地名研究会」、また岐阜県郡上郡に「郡上地名を考える会」が誕生した。横須賀市と鳥取市では有志が結成を準備中である。両方とも今年度中には発会式が開かれる見通しである。

神奈川県には、川崎、藤沢、横浜の地名研究会があり、私どもと共催で毎年「神奈川県地名シンポジウム」を開いている。鎌倉、小田原、横須賀の順で、今年で三回目である。めざましい活動を展開しているのは『熊本地名研究会』で毎年地名シンポジウムを開き四年目になるが、つねに数百名の参加者を集めている。日本地名研究所と協力関係にあって活動している各地の地名研究会は年々増加の傾向にあるが、日本地名博物館が実現すると、その数も増加することは必定である。こうしてみれば日本地名博物館の役目は地名資料の収集・保存・展示だけではない。地名というかけがえのない文化を守るための精神の塔であり、地名研究者の心の拠点である。全国からよせられている熱い期待に日本地名博物館はこたえねばならない。

（「読売新聞」夕刊、一九八九年一一月二八日）

風土を思う伝統に沿って

近代日本の地名研究は柳田国男にはじまった。柳田の「地名の研究」はその源泉にあたるものである。しかし不幸なことに、柳田の地名研究はその後とぎれてつづかず、また柳田傘下の民俗学者も地名に関心を払うことがなかった。地名は民俗学の一部門にとり入れられず、たしかな位置を占めることができなかった。

このことが日本の地名研究に不幸をもたらした。

乏しい研究資料

私が地名研究の重要性に気がついたのは一九六〇年代の後半以来、地方に民俗調査に出かけることが多くなってからである。文書にとぼしく、古老の証言が得られないとき、地名だけが頼りになるという経験をしばしば味わってきた。しかし地名研究の伝統は民俗学だけでなくどの学問分野にもなく、民間の篤志家が孤独にむくいられることの少ない研究をおこなってきたのが大半であった。そのため地名研究はややもすれば独断と個人的な偏向に陥りやすかった。

この弊を是正するには、個人研究にまかせず共同研究へと変えていかねばならない。また歴史、地理、民俗そのほかさまざまな学問分野からの多角的、総合的研究が必要である。日本地名博物館は「学際的な共同研究」のための広場を提供する。また研究部門を設け、若い研究者の養成を心がける。そうしてはじめて地名研究の伝統が国民の共同遺産として後世に受けつがれていくのである。

これまでの地名研究のもう一つの問題点は地名だけが研究の対象とされて、風土への関心が薄いということである。そこで地名研究に豊かさの感じられるものがすくない。

風土を果肉にたとえると、地名は種子にあたる。種子である地名は、風土という果肉にしっかりとくるまれ、保護されている。風土を無視して地名をとり出すことはできない。日本人は古来風土への関心をもちつづけてきた。それはおびただしい紀行文芸にもあらわれている。風土の中で、とくに各地の物産・土地の肥沃状態・地名の由来・古老の伝承を記したのが八世紀の官撰の「風土記」である。江戸時代に各藩で編纂された地誌類も、おおむね、その線に沿って記述されている。それら地誌類は古代の「風土記」の伝統を受けついでいる。それは日本人の風土に対する関心の在り方が、古代から近世まで一貫していることを示している。そこで私は、これからの地名研究も「風土記」―「近世の地誌」の線を見失うことなく、その延長上につづけるべきではないかと考えている。

私は無いものねだりをしているのでは決してない。すでにその実行者がありすぐれた手本が残されている。

吉田東伍の業績

吉田東伍の「大日本地名辞書」は明治二十八年の冬から同四十年八月まで、十三年の歳月を費やして完成した。八十年以上まえの産物であるのに、今なお新鮮で光彩を失わない。吉田東伍の集中力と忍耐は常人の域をはるかに超えている。しかも、おびただしい史料の集積から玉石を振るい分け、一々裁断を下していく天才的な直感力はみごとというほかはない。だがこのすばらしい成果は天賦の才だけに帰せられる問題ではない。吉田東伍は贅肉《ぜいにく》を徹底してそぎ落としながら、風土の精髄としての地名を記述している。したがって地名辞書でありながら、風土の骨格と全体性は鮮やかに残している。このような視点からすれば、「大日本地名辞書」はむしろ地誌の部類に入れても差しつかえないものである。

「大日本地名辞書」の特色は日本の風土の魂をしっかりとつかんでいるということである。そこで吉田東伍の精神を原点とし、そこに帰ることを、今後の地名研究の道標とすべきであると私は思う。そうしたわけで日本地名博物館には、地名資料にとどまらず、全国の地誌類をできるかぎり集めてみたいと考えている。

地名と風土は魂と身体のような関係にある。分離することはむずかしい。自分の地域風土への愛着心を植えつけるには、その地域の魂である地名を学ばせることが一番肝心であると私は思っている。小、中学校でも地名教育を教科としてとり入れるべきである。私も青少年の地名教育を日本地名博物館の重要な仕事の一つと考え、力をそそぎたいと思っている。

（「読売新聞」夕刊、一九八九年一一月二九日）

歴史を明らかにするカギ

地名が歴史的事象を明らかにする鍵となる一つの例を挙げておこう。十月十四日、北九州の宗像市で「海人シンポジウム」がおこなわれた。私も講師の一人として出席したが、宗像《むなかた》・安曇《あずみ》・住吉《すみよし》などの海人とその奉斎する神の呼称が問題になった。

宗像というのは胸に入墨をほどこしていることから起こった名称であるとする金関丈夫の説に異論をはさむものはなかったが、住吉の神については意見が分かれた。それも住吉の神である底筒男命・中筒男命・表筒男命の「筒」の解釈が従来まちまちだからである。

（一）ツツは夕星《ユウヅツ》のツツで星の意、（二）帆柱の下部の船玉を納めるところを筒と呼ぶからそれに関連がある、（三）津の男のことである、（四）対馬の南端の豆酘《ツツ》の男の意である、など諸説がある。これらの説はどれも弱点を抱えこんでいて充分な説得力をもっていない。

海に連なる「筒」

私もこれらの説のどれにも納得ゆかなかった。そのうち折口信夫の有名な「水の女」という論文の中で次の個所に出会った。

「住吉神の名は底と中と表とに居て、神の身を新しく活した力の三つの分化である。つつという語は、蛇（＝雷）を意味する古語である」

折口はいつもの流儀でこの推論の典拠をまったく示していない。古典を探してもツツを蛇として扱っている記述を見いだすことはできない。そこで私は吉田東伍の「大日本地名辞書」を開き、筒の名のつく地名に当たってみることにした。するとたいそう興味のある記載にぶつかった。たとえば筑前国糸島郡の雷山には山頂に雷神社があり、雷山のふもとを筒原というと説明されている。雷神は筒神とも称され、筒神は海神とも共通する意味をもつともある。筒神は住吉の筒男神とおなじであると思われるとも言っている。なお雷山の山中には、この雷神が作ったという筒城《ツツキ》がある、ともつけ加えている。この筒城は香合石《こうごいし》と呼ばれて今も残る石塁を指す。

これらのことからして、筒神＝雷神＝海神という等式が成り立つことは明らかである。その筒神は筒男神というのだから、それは住吉の神のことである。筒男神が雷神とも称せられていたことがこれで分かる。また筒城と呼ばれる石塁の造営は、住吉神を奉斎する古代豪族の手によるものであることが推測される。筒城の他の例を探すと、壱岐の石田郡石田郷に筒城崎があって、そこには式内社の海神《わたつみ》社がある。

筒の名をつけた地名に丹後国与謝郡筒川がある。浦島伝説の主人公はその筒川村の水の江の人とされる。「万葉集」の長歌にうたわれた浦島の子は竜宮からふるさとの墨の江に帰ったことになっている。「大日本地名辞書」の説明では、丹後国竹野郡網野の水の江は「万葉集」の長歌にでてくる墨の江のことであるという。スミヨシはもとはスミノエと称していた。

そこで墨の江の浦島の子が一方では筒川の人であると記されているのは合点がいく。住吉海人の根拠地に筒という地名がつけられたのである。対馬の南端の豆酘という地名も筒男神の筒と解することができる。豆酘には亀卜《きぼく》で有名な雷神社がある。この雷神は筒神のことであろう。亀卜は、対馬や壱岐の海人族の間に伝わったと考えられる。豆酘には住吉神を祀る神社はないが、そのかわりに雷神社がある。

倭の水人の伝統

このように「大日本地名辞書」に記載された筒の地名を拾うことで、筒神が住吉海人の祖神である筒男であることがはっきりした。「大日本地名辞書」は筒が蛇であるということには触れていないが、「常陸国風土記」の晡時《クレ》臥山《フシヤマ》の伝説や「日本霊異記」の道場法師の説話から、蛇と雷が同一物であることは明らかである。かくして「ツツ」を蛇と解する折口説は、「筒」という地名を吟味することで、その正しいことが証明された。筒が蛇であれば、筒男というのは蛇の入墨をした男ということになり、倭の水人の伝説にふさわしい。

ちなみにスミノエのスミというのはどのような意味をもつか。水にもぐることをスムと呼んでいる地方が九州・中国・四国から琉球弧全域に及んでいる。私の調べたところでは九州ではスムとカツグ（カズク）の双方にわかれる。その説明は別の機会にゆずり、結論だけを述べるが、水にもぐることをスムという方言は広範囲であり、古代には今よりも更にひろがっていたと考えられる。私の考えでは、スミノエは水にもぐる海人の住んでいる北九州の海辺ということになる。

（「読売新聞」夕刊、一九八九年一一月三〇日）

古代人の仕事と祭りの場

十一月二十六日、鳥取市で「鳥取地名シンポジウム」が開かれた。鳥取という地名の由来及びその特徴をめぐって討論するといういっぷう変わった試みであるが、さまざまな意味で興味のある集会であった。鳥取という地名は平安時代の「和名抄」にも鳥取郷として七か所記載されている。現在の鳥取市は「和名抄」では因幡国邑美郡鳥取郷である。

鳥取と金属精錬

この鳥取の地名の由来については、鳥取部と呼ばれる古代の部民の居住地であるとするのが通説である。また鳥取部の仕事は白鳥を捕らえて朝廷に貢上する役であるとするのが一般的解釈である。ところで鳥取という地名を追っかけて鳥取部との関連をこまかく調べていくと、以上のようなかんたんな説明では適合しないところが出てくる。私は『青銅の神の足跡』と『白鳥伝説』を書いたとき、そのことに気がついて追求していくと、鳥取部は物部氏の管轄のもとで金属精錬に従事していた集団であることが判明した。ところで今回の「鳥取地名シンポジウム」に私とおなじく講師として出席した山本明氏は、全国各地の鳥取と称する地名を調べて、考古学の立場から、そこが鉱産あるいは鍛冶と関連のあることを明らかにし、鳥取氏は鉄や銅などの精錬にかかわりのある氏族であると規定した。

鳥取氏の先祖のアメノユカワタナと呼ばれる人物は、垂仁天皇の皇子でものの言えないホムツワケのために、白鳥を出雲の宇夜江で捕らえて朝廷に貢上した。白鳥を見てホムツワケはものを言うようになったので天皇はアメノユカワタナに鳥取連という姓《カバネ》を与えたという。これは「新撰姓氏録」に記されている。ところで出雲国の宇夜江というのは、今日では宇夜谷と呼ばれており、大量の銅剣や銅鉾を出土した島根県簸川郡斐川町の荒神谷とは谷一つをへだてたところである。私もそこを訪れてみたが荒神谷と宇夜谷（宇夜江）は、直線距離にして数百メートルしかはなれていない。したがって鳥取氏の先祖のアメノユカワタナが宇夜江で白鳥を捕らえたという故事は、荒神谷の銅剣や銅鉾の所在をなにがしかの形で示唆しているにちがいない、という山本氏の見解に私も賛成である。

表記の変化たどる

荒神谷のある地名は斐川町の神庭である。この地名からしてそこが神祭りの場所であったことを物語っている。「播磨国風土記」によると、讃容郡（兵庫県佐用郡）の鹿庭山の四面には十二の谷があって、すべて砂鉄を産するとある。そこに神場神社がまつられている。祭神は鍛冶の神の天目一箇神である。砂鉄をとって鉄を精錬した人たちが奉斎したのであったろう。そこで神庭が神場に変化し、それがさらに鹿庭の地名になったと考えられる。また「出雲国風土記」によると、大原郡の神原郷はもともと大国主命が神宝を積み置いたところと伝えられ、神財《カムタカラ》の郷というべきものが、神原の郷と誤ったとある。

そこに神原神社があるが、その境内の古墳の中から戦後、景初三年銘の鏡が出土して人びとを驚かした。景初三年とは魏の年号で二三九年にあたる。そこで、大国主命が神宝を積んでおいた場所という伝承は、その鏡を埋納した事実を知る者の生きていた時代から伝わっていたと見るべきである。このように地名はとてつもなく古い時代の埋蔵された金属器や地下資源の所在を暗示することがしばしばである。

このほか鳥取の地名と製鉄との関係について言えば、京都府竹野郡弥栄町鳥取で製鉄遺跡が発見され、大がかりな発掘作業がおこなわれている。穴一杯に詰まった砂鉄も見つかっている。ここは「和名抄」にいう丹後国竹野郡鳥取郷にあたっている。

今回の「鳥取地名シンポジウム」でひとしお感銘を受けたのは、地元の代表の古田恵紹氏の話であった。鳥取部とか鳥養部《とりかい》と呼ばれる古代の部民は、強制的に顔に入墨刑をほどこされた犯罪者であるというある歴史家の説に対して、古田氏はそれが充分な根拠をともなわない説であると反論批判した。私は古田氏の反駁《はんばく》を聞いていて、自分の住んでいる土地への愛着はそのまま地名への愛着にほかならぬことを、まざまざ感じたのであった。土地の魂である地名に誇りをおぼえる人びとがいるかぎり、地名はつねによみがえる、という印象を今回の地名シンポジウムでもつよくもったのである。

（「読売新聞」夕刊、一九八九年一二月一日）

国語学からの地名研究——吉田金彦『古代日本語をあるく』

本書は地名研究を国語学の分野に導入し、古代日本語の語源を明らかにしようとする意欲的で興味ある書物である。「足柄」「宇治」などの地名、または「あしびきの」「たまぼこの」「とぶとりの」などの枕詞、さては、「火のかぐ土の神」などの神名が、著者の手で次々に解明される。それに対して賛意を表する者も、留保する向きも、著者の切り拓こうとする学問上の方法論には注目せざるを得ないであろう。

私のように民俗学の立場から地名研究の重要性を痛感している者にとって、国語学の分野からのこうした試みはまことに貴重に思える。著者も指摘するように国語学の立場にある学者の地名研究はごくまれであり、地理学者によって書かれた地名辞書の欠陥を補う作業はなされていない。

その点、本書は未開拓の分野に挺身する先駆者の軌跡を示している。

本書の中で私がもっとも興味をそそられたのは、香具山、耳成山、畝傍山の大和三山の妻あらそいについての解釈であった。諸説紛々の中で、著者はウネビ山が女で、カグ山とミミナシの二山が男であるという説をとっている。

まずウネビ山のウネは田畑を耕した時、筋をつけて土盛りを高くした所で、山の背や峯など、広く高所にもいう。ウネビ山はウネリのある山（池田源太説）で、三山の中ではもっとも高く（一九九メートル）、しかも形が変っていて特色がある。東の方から見ると一峯だが、真西から見ると、一峯は二峯に分かれ、あたかも二《ふた》こぶラクダの背のようになっている。

尾根が二つになっている山で、いちばん有名なのは、大和と河内の国境にある二上山である。二上山は二つの峯の間がくぼんでいて、水がしたたり、そこが女性の陰《ほと》と見られている。ウネビ山もこうした女性の特徴のある形相をそなえている。安寧天皇の御陵が「畝火山の美富登に在り」と古事記に見え、また「畝傍山の南の御陰《みほと》の井上陵」にほうむられたと日本書紀にあるのも参考になろう。ただしそこは山頂ではない。

ウネの同根の話にウナジ（後頭）がある。ウナジはウナジリのリが脱落した形で、人間の頸の後の部分、俗にボ（ン）ノクボのあたりをいう。ボ（ン）ノクボのように、目立つ所に凹んだ所があるのは、人間のウナジであると同時に、そのような地形は土地のウナジになる。人間の心情移入が土地にほどこされて、ウナジの感情がウネビという山名にこめられているのではないか。

ウナジに髪を垂らした童女はウナヰという。天皇の身辺に奉仕した采女《うねめ》は、髪上げしてウナジを見せ、首筋がすっきりと美しい女性のことである。日本書紀には、新羅の使者がウネビをウネメと呼んだのを、采女に通じたと誤解した話がある。これもウネビ山のウネメ的一面を示したものである。

ウネビ山からは、カグ山へもミミナシ山へもおなじ三・一キロである。ところが、カグ山とミミナシ山の間は二・四キロで短い。三山の位置は正三角形にはならず、ミミナシ山はカグ山の近くにある。だからこそ、カグ山にとって、ミミナシ山はミミ（縁）の位置にある山という意味になり、ミミナシ、カグの並ぶ二山はウネビを念頭に置いて、互いにライバルとなる。

これに対してカグ山はカガヒ山であった。カグ山を中心に伝わったカガヒの習俗が背景にあって、三山の妻あらそいの歌が生まれたのではないかと、著者は主張するのである。

（「國文学―解釈と教材の研究」一九八四年一月号）

地名は郷土の魂

私は郷土教育の第一歩は地名教育からはじめるべきである、と思っています。小、中学生に限りませんがまず地名の勉強をさせ、そのために地名を実地に検証、踏査させるならば、おのずと土地の地形が分かり、その土地を開拓した足跡が辿れ、また人びとの営為にまつわる伝承を聞きとることができます。さらにはその土地と周辺とのつながりに心を配り、書物と照らしあわせて土地のはるかな歴史を身につけることも可能なのです。学問が机の上だけのものでないこと、それを実感として知るには、地名教育は最上のものであります。

地名を研究するには土地の古老の記憶に依存することが大きいのですが、それは老人の知識に敬意を払うことを体得するのに最適の方法です。そればかりではありません。地名が遠い昔からとだえることなく今日までつづいている事実を知ることは日本人としての共同感情を養わせることになります。一つの地名を幾十世代もの数限りない人びとが使用してきました。その地名のなかには古代中世からのものもあれば、それ以前の縄文・弥生の時代からのものもあります。もちろん石器や土器、木器や陶器も古い時代のものは珍重すべきでしょうが、それらは今日まで使用されてきたものではなく、博物館のガラスケースに入れて大切に保存されるべきものです。しかし地名は違います。はるか千年も前につけられ、当時の人たちが使ってきた地名を今日の私たちも使用しているのです。それは、たとえば、古代の人びとが使用した井戸を現代でも使っているのと同じです。地名は日本人の感情の共同井戸です。

およそ伝統文化と称するもののなかで、このような特性をもつのは地名以外にまったくありません。そこで地名には数多くの人びとの足に踏まれた敷石のようなつややかな丸みが見られます。無名の人びとの営為によって、すりへった敷石のうつくしさが地名にはあるのです。地名のうつくしさ、それは無名の人びとのくらしのうつくしさです。

私たちが受けつぐべき伝統文化と言っても、ことごとしいものを考える必要はありません。自分の身近なところを見渡せば、足許の大地にどこでも蟻が動いているように、そこには地名が見付かるのです。日常生活に不可欠な、地名という身辺の重要な問題を省みないところに、今日の教育の堕落があり、学問の自己疎外があると言っても差し支えないでしょう。

本書を開くときに、熊本の山河に刻まれた地名が、魂を吹きこまれて、身を起こしてくる印象を抑えることはできません。まさに地名は郷土の魂であります。私ども「日本地名研究所」とつよい友情の絆でむすばれた「熊本地名研究会」が結成後、幾年もたっていないのにこのような実績を示されたことに、私は少なからずおどろいています。昭和五十三年には井上辰雄氏の『熊本の地名』が熊本日日新聞社から刊行され、私はそれをなつかしく読んだことがありますが、教示されることの多い井上氏の地名解釈はあくまでも個人的見解につらぬかれたものでした。それから十年余を経て刊行された本書は複数の人びとの執筆に関わるものであり、したがってさまざまな角度からの検証を経たものであります。つまりそれには多面体の結晶のような特色がうかがわれます。本書の執筆と編纂に当たられた「熊本地名研究会」の有志の方に感謝するとともに、地名の連載に紙面を提供され、さらに本書を刊行された熊本日日新聞社に敬意を表する次第です。

昭和五十九年十一月朔

（『くまもと地名散歩』熊本日日新聞社、一九八四年一二月）

邪馬台国の地名と民俗

交通手段は船だった

『魏志倭人伝』で、もっとも問題になる箇所の一つは投馬国、あるいは邪馬台国にいたる方角と日数である。「南、投馬国に至る水行二十日」「南、邪馬台国に至る、女王の都する所、水行十日陸行一月」という条は多くの論議を呼び、今日も決着がない。これをどう解するかによって、邪馬台国の九州説と近畿説に大別される。また九州説でもその所在地についての意見が分かれる。

私の考えを率直に披瀝するとなれば、私は、大体において榎一雄氏や井上光貞氏の説にしたがって、伊都《いと》国からの放射説をとる。また、方角は間違われることがすくないから、南でよいと思う。「水行十日陸行一月」のよみ方も、「水行ならば十日、陸行ならば一月」という風に解する。そして陸行一月は帯方郡から女王国にいたる一万二千里のうち伊都国までの距離をひき、残りの千五百里を一日の行程五十里（約二十四キロ）で割って得た机上の計算にすぎないという井上説を支持する。

だが、井上氏が博多から船で東松浦《ひがしまつうら》半島、西彼杵《にしそのぎ》半島、島原半島など長崎県を迂回して、有明海から筑後川の南の山門《やまと》郡に到達するのに十日を要する、というとき、井上説に反対せざるを得ない。

その理由は、直木孝次郎氏も述べていたように、そこは危険な海路だからである。波風の烈しい玄界灘《げんかいなだ》を航行するよりは、もっと安全な内陸部の河川を利用するほうがましである。井上氏は、帯方郡から郡使がやってきて邪馬台国までいったとして、そのときは自分たちの乗ってきた大きな船を使ったとする。だが、郡使のもってきた文書を伝送したりするのは、伊都国においてなされたのだから、わざわざ邪馬台国まで郡使が出かけていく必要もなかったのである。

『魏志倭人伝』の末盧《まつら》国の条には「草木茂盛し、行くに前人を見ず」という描写がある。そこで末盧国から「東南陸行五百里にして、伊都国に到る」場合でも、先導者の姿も見えないような山地はさけて、波打ちぎわや岬の鼻をつたっていったにちがいない。

弥生時代、陸地をあるくには尾根筋か、けものみちしかなかった。見通しは利かず、どんな危険が待ち伏せしているかもわからなかった。そこで当時の旅行は、第一次的には海や川や湖沼などの水路を利用して、目的地に達したと思われる。陸地を通ることは第二次的であった。それはアイヌはもちろん、明治になって北海道の入植開拓者がもっぱら川を交通路として、舟で移動していたことからもわかる。川の利用法は上げ潮を利用してさかのぼり、引き潮を利用して川をくだるというものであり、せまい水路では岸から舟を曳いて行くことも可能であった。夜間はもちろん動けないから、昼間だけの行動であった。

では邪馬台国への道はどうであったかを考えると、伊都国から博多湾ぞいに航行し、博多港に川口をもつ御笠《みかさ》川をさかのぼって不弥《ふみ》国に行ったと思われる。そこは今日の福岡県粕屋郡宇美町や太宰府市付近であった。そこからは筑後川の支流である宝満《ほうまん》川を下って久留米付近に着いた。

村山健治氏の『誰にも書けなかった邪馬台国』には次のような貴重な証言が紹介されている。明治二十二年以前には、久留米にながれる宝満川と博多にながれる御笠川が両都市をむすぶ主要な交通路で、舟底が川底につっかえて動けなくなると、川底の砂をスコップで除き、舟を深みに押していった。また、宝満川と御笠川の上流で荷を積みかえるときには、陸地を荷を担いで渡していった。そこに舟越、瀬越の地名が残っているという。

博多と久留米とをもっとも抵抗なくむすぶ最短距離は、御笠川と宝満川の両河川を辿っていくことである。

邪馬台国は筑紫平野にあった

私は、邪馬台国は久留米市を中心に放射線状にひろがる筑紫平野に所在したと考える。

久留米市の高良《こうら》山にある高良神社の境内から俯瞰《ふかん》すると、壮大な景観が展開する。平野のまんなかを、筑後川が蛇行しながら流れている。その両側は福岡県と佐賀県とに分かれるが、元来、川をはさんだひとつづきの平野であり、佐賀市のはるか遠方の小城《おぎ》市まで指呼できる。この筑紫平野を制するものが、倭国の中で、もっとも強大な国であったという感想は誰しも否定できないであろう。それに対して、筑後国山門《やまと》郡山門郷にあたる瀬高《せだか》町は、土地は狭小であり貧弱であって、邪馬台国の中心となり得べき土地柄ではない。では投馬国はどこに比定すべきだろうか。

伊都国から水行二十日というからには、邪馬台国よりも、さらに水行十日の遠距離であることはたしかである。太田亮は『高良山史』の中で、投馬国を上妻・下妻・三潴《みづま》の三郡の隣接する地域に求めている。そうなると筑後川を利用しないわけにはいかなくなるが、久留米からさらに水行十日の舟旅というと、それこそ有明海につきぬけてしまう。

三潴の三は美称であり、上妻・下妻の妻は投馬に由来すると説く太田亮の説には反対もある。吉田東伍によると、最初は八女《やめ》郡であったのを、のちに上・下陽咩《やめ》郡にわけ、和銅年間（七〇八～一五）ののちに、上妻・下妻に改めたという。そうなればカミツヤメがコウヅマに、シモツヤメがシモヅマに変化したのであって、妻（投馬）という地名が奈良時代以前にあったことにはならない。また三瀦は、水間あるいは水沼に由来する地名であり、三は美称でツマ（瀦）が本来であるというわけにもいかない。こうしたことから太田説は成立しにくい。

しかし八女という語が、もとは山《やま》に由来しているとすれば、その山の入口に山門《やまと》（山戸）があるのはとうぜんである。ともに、記録にこそあらわれていないが、ツマという地域名があったのかも知れない。ツマというのは末端や側面をあらわす語で、地名としても各地に残っている。

ここで水行二十日というのを漠然とした大づかみな表現と受けとれば、投馬国が筑後川の下流地方にあったという想像も私には捨て切れない。しかし日向の妻に比定する説をとってもかまわない。その方が矛盾がなくてすむ。

ミヌマからウマシマへ

さて、『和名抄』には筑後国に三瀦郡三瀦郷が記載されている。これはミヌマとよませている。『日本書紀』に登場する筑紫水沼君、水沼県主、筑紫水間君などは水沼または水間という地名に由来する。そこは筑後川下流の沼沢地であり、縦横にめぐらされたクリークによって舟運がはかられる特異な地形であった。『先代旧事本紀』「天孫本紀」に、物部阿遅古連公《あじこのむらじ》は水間君等の祖なり、と記されていて、物部氏と水間地方の密接な関係を物語っている。

『和名抄』の三瀦郡の八郷には、三瀦郷のほか鳥養《とりかい》郷と夜開《よあけ》郷がふくまれている。「雄略紀」に水間君が十羽の白鳥と養鳥人《とりかい》を天皇に献上した話がある。養鳥人は鳥養部のことである。三瀦郡の鳥養郷もこれに縁由があると思われる。物部氏と鳥取部もしくは鳥養部との関係はふかい。

鳥養郷は筑後川畔の久留米市大石町あたりと比定されている。この大石に式内社の三井郡伊勢天照御祖神社がある。「大日本地名辞書」によると、伊勢は石の訛であって、つまりこの土地の名を指す。そして天照御祖というのは物部氏の祖のニギハヤヒを祀ったものであろうという。

鳥養郷にとなりあわせている夜開郷については、次のように興味のある事実が見つかる。久留米市高良内町坂口に赤星神社がある。そこは高良山の南麓であり、赤星神社は明星岳と向かいあっている。「天神本紀」にニギハヤヒが天磐船《あまのいわふね》に乗って河内に降臨したとき同行した五部人の中に、筑紫弦田物部らの祖の天津赤星の名が見える。この赤星神社は、三瀦郡の夜開郷（久留米市夜明）から十キロメートル真東にあたっている。赤星は明星であり、明け方の東の空にかがやく金星のことである。

これが夜明（夜開）という地名とつながるとすることは、あまりにもできすぎの感がしないわけでもない。しかし、天津明星が筑紫の弦田物部の祖ということになると、たんなる天空の星を地名としたものでないことは明らかである。

『和名抄』には肥後国菊池郡夜開郷が記されている。そこは隈府《わいふ》（現在の菊池市）の南の赤星あたりと「大日本地名辞書」はいう。ここにも夜開郷と赤星との関連が見える。

このほか、『和名抄』には豊後国日向郡と肥後国山鹿郡に夜開郷の地名が見える。そこで、黛弘道氏は、『古代学入門』の中で、この『和名抄』に記載された四つの夜開郷をむすんだ地域内が、邪馬台国の主要部分ではないかと推定している。おもしろい視点であるが、私にはそれ以上のことはいえない。ただ、夜開郷と赤星とは物部氏を通して関係があるらしいことを書き添えておく。

ところで、「天孫本紀」には饒速日尊《にぎはやひ》の十八世の孫の宇摩志麻治命《うましまじ》は味間見命《うましまみ》ともいうとある。『古事記』によると、ニギハヤヒがトミビコ（ナガスネヒコ）の妹を娶《めと》って生んだ子がウマシマジであり、ウマシマジは物部連の祖となっている。こうしたことをふまえて、水間《みぬま》（水沼）→水間《みま》→味間《みま》→味間《あじま》→味間《うましま》と変化していった、と私は見るのである。

奈良県田原本町の大字味間《あじま》にある木村という旧家の座敷には、味間見命《うましまみ》が祀られている。以前は近傍の人たちの尊崇をあつめたものであったという。今も多神社の神官が出向いて、祭祀をおこなっている。また、尾張国春日井郡（現在の名古屋市北区）の式内社の味鋺《あじま》神社がある。これは味間見命を祀るとされている。また、その東北二町のところに物部天神がある。このように、ミヌマから出発してウマシマに落ちついた経緯がたどれる。

筑前と筑後に、物部氏に関わる神社や古地名のおびただしく存することは、明白な事実である。これを磐《いわ》井《い》の乱に大功をたてた物部麁鹿火《あらかび》が筑前・筑後に勢力を扶植した影響とみて、それ以前の九州における物部氏の痕跡を無視する向きもあるが、私はそうは考えない。継体天皇が物部麁鹿火を九州につかわしたこと自体、それまでの物部氏の九州における勢力を見越してのことだったと思われる。

それはともかくとして、私は高良神社の祭神の高良玉垂命を祀る祠官が、物部氏の流れを汲んできたことを重視する。高良神がどの神を祀るか諸説は紛々としているが、その中には、物部氏神説または物部胆咋《いくい》連説がある。こうして見るとき、邪馬台国の中心部分である筑後国の御井郡とそのとなりの三瀦郡とが、物部氏の勢力の領域と重なり合うことを誰しも否定しがたいであろう。

もし邪馬台国の東遷ということをみとめるとすれば、その東遷時の首長をハックニシラススメラミコトである崇神帝に比定することは、多くの論者が主張してきたところである。崇神帝すなわちミマキイリヒコを「倭人伝」に記された邪馬台国の官職の弥馬獲支《みまかき》と見るのは内藤湖南の説である。ただし湖南は、これを筑後の水間郡とむすびつけていない。

私は「倭人伝」にいう邪馬台国の官の弥馬升と弥馬獲支というのは、水間または水沼という地名を反映したものと考える。つまり邪馬台国は、筑後国の三井郡と三潴郡にまたがる地域を領していた。

邪馬台国の東遷より前に物部氏の東遷があった!

邪馬台国の東遷の時期はいつであったか。それは榎氏その他の論者が述べているように、四世紀の初頭、楽浪と帯方の両郡が消滅した三一三年前後のことであると思われる。この両郡は、そのころ、朝鮮半島に新しく抬頭してきた高句麗《こうくり》と百済《くだら》の支配下に吸収されることになった。朝鮮半島における大きな政治変動は、倭国の情勢にも決定的な影響を与えずにはすまなかった。それまで帯方郡の管理下に置かれていた倭国は混乱に陥り、混沌の中から、朝鮮半島の諸国とおなじように統一の気運が急速に芽生えた。それは、倭国の中心が九州島から日本列島の中央部へと移動する契機ともなった。こうして邪馬台国は東遷を開始した。

そのころ、中央部である畿内地方はどのようであったか。邪馬台国の東遷という史実が「神武紀」に反映していることを多くの史家は指摘している。私もそれに賛同する。しかし、「神武紀」を尊重する論者が、その中に記述されているニギハヤヒの東遷について考慮をはらおうとしないのは、私にはまったく合点のいかないことである。

『日本書紀』によると、神武帝は東征にあたって、次のようにいう。「東の方によい国があって、青山が四周している。その国は天下の政治をおこなうにふさわしい中心の土地である。その中に天磐船に乗って飛び降りる者があった。それはニギハヤヒと呼ばれている者である。そこに行って都をつくろう」

これは大和国にすでにニギハヤヒがいることをみとめる発言である。ニギハヤヒは物部氏の泰斎する神であった。神武東征軍に激しく抵抗したナガスネヒコは次のようにいう。「むかし、天神の子が天磐船に乗って天から降りてきた。それをニギハヤヒといった。自分（ナガスネヒコ）の妹を娶って、ウマシマジを生んだ。自分はニギハヤヒを主君とあおいで今日まできた。それなのに、神武帝は天神の子と名乗って、自分（ナガスネヒコ）が治めている国を奪いにやってきた。天神の子に二種類あるはずがない。これはきっといつわり、自分をだまそうとするものだろう」

これに対して神武帝は、「天神の子は数多くある。お前が主君とつかえる者がほんとうの天神の子であれば、その証拠となるものがかならずあるはずである。それを見せてみよ」と迫る。ナガスネヒコは、ニギハヤヒの天羽羽矢《あめのははや》とヤナグイを見せた。天皇は「ほんとうだ」といって、自分の身につけている天羽羽矢とヤナグイをナガスヒネコに見せた。「神武紀」はそのあと次のように記している。

「天皇、素《もと》より饒速日命は、是天より降れりといふことを聞《きこ》しめせり。而して今果して忠効《ただしきまこと》を立つ。すなはちほめてめぐみたまふ。これ物部氏の遠祖なり」

これまで述べてきたやりとりの場面で「神武紀」、いや『日本書紀』の中でも、格別に重要な箇所である。先行者の居住領域を後来者が侵犯するというのは、先行者に落度があればともかくとして、儒教倫理からいって、けっして名誉なことではない。にもかかわらず、それをくりかえし明記しているというのは、『日本書紀』の編纂者が抹殺しようにもできなかったからである、と見るほかない。それは、神武東征に先立つニギハヤヒ、すなわち物部氏の遠祖の東遷が否定しがたい史実として、八世紀初頭まで伝承されていたことを物語る。

それにもかかわらず、邪馬台国の東遷論者が、神武東征説話をその史実の反映とみとめつつも、ニギハヤヒの東遷を無視している。このことは不当である。邪馬台国の東遷に先立つ物部氏の東遷があったにちがいないのである。

その時期はいつか。朝鮮半島の不安定な政情が倭国にかならず波及することを考えると、楽浪郡の支配力がよわまり、それが朝鮮半島に混乱をひきおこし、その影響を受けて倭国が大乱におちいった二世紀の後半にちがいない。

物部氏と太陽信仰

邪馬台国とおなじように、筑後川の下流地帯にいた物部氏の集団は、東へ動いた。九州から四国の北岸と東岸をとおって、摂津《せっつ》、河内《かわち》を目指した。「国造本紀」によると、伊予の越智《おち》、風速《かざはや》の両国造は物部氏である。また、伊予の北宇和郡に『和名抄』の宇和郡三間《みま》郷がある。阿波には吉野川ぞいに美馬《みま》郡がある。また阿波の名東郡の佐郡河内には御間都比古《みまつひこ》神社があり、長の国の祖神をまつる。

物部氏の東遷については太田亮と大場磐雄が、ごく短くではあるがふれている。鳥越憲三郎氏は、物部氏が東遷して畿内で邪馬台国を建設したといっている。すなわち、鳥越氏は邪馬台国の東遷はみとめていない。ニギハヤヒと神武帝の東遷をみとめているのは田中卓氏であるが、田中氏はそれを物部氏ならびに邪馬台国の東遷とむすびつけて考えようとはしない。しかし、わずかながらも、物部氏の東遷について言及した論者がこれまでいるということは、私の仮説がけっしてひとりよがりでないことを証明している。それどころか、物部氏の東遷と、それにつづく邪馬台国の東遷が、おなじ筑後川の下流を故国としておこなわれたと仮定することは、「神武紀」のもっとも忠実な解読であると信ずる。

東遷した邪馬台国の首長の人格は、ハツクニシラスという称号をもつ二人の天皇、すなわち神武帝と崇神帝に分割されて『日本書紀』に記述されている。すなわち「神武紀」の四年から「崇神紀」の四年へと接続し、「崇神紀」の六年の条に、天皇が倭大国魂神をヌナキイリヒメに祀らせたが、ヌナキイリヒメは髪毛が落ち、身体がやせて祀ることができなかった。そこで倭直の祖の長尾氏に祀らせたとある。

これは、崇神の娘のヌナキイリヒメには、倭大国魂神を祀る資格のなかったことを意味している。なぜならば、倭大国魂神は、崇神天皇が大和に入国する以前に、物部氏によって大和地方に祀られていた神だからである。

折口信夫は、ニギハヤヒは大和の国魂であったといっている。「垂仁紀」には、倭大神が穂積臣の遠祖の大水口宿禰《おおみくちのすくね》によって神がかりして、先帝の御間城《みまき》天皇（崇神帝）は天神地祇を祀ったが、くわしくその根源をさぐらず、おろそかにしたために、御間城天皇の命は短かったと神託をつたえている。

穂積臣は物部氏の同族である。大和《おおやまと》神社のある旧朝和村大字新泉《にいつみ》（現在の天理市）は、初穂を積み置いたところという意味であろうか、と「大日本地名辞書」は述べているが、そこに穂積の地名がある。そこで倭大国を祀る大和神社は、物部氏の同族が奉斎する神社であり、その祭神はニギハヤヒであったことがわかる。つまり、ニギハヤヒは先住の神であり、崇神の一族にとっては「他神《あたしかみ》」であった。その「他神」を祀るのに崇神の娘のヌナキイリヒメをあてたことから、崇神天皇は短命であった。その祭主は物部氏があたらねばならなかった。

このようにして物部氏が邪馬台国よりもはやく大和国に東遷し、その国魂を祀っていた事実が浮かびあがるのである。

物部氏の東遷後の最初の根拠地は河内の草香《くさか》であった。そこを起点として物部氏は河内大和に勢力をのばしていった。物部氏がトミノナガスネヒコと連合したことは『日本書紀』に見える。日下と記してクサカとよむのは、もと日《ひ》の下《もと》の草香という表現があったためである。明日香が飛鳥と記してアスカとよませるようになったのとおなじように、日下と書いてクサカとよませるように変化した。

では、なぜ草香に「日の下の」という枕詞が冠せられたか。それは河内の草香が太陽の出るところという信仰があったからにちがいない。東大阪市の日下町善根寺には、今日でも日ノ川という名称をもつ小さな川が流れている。その源《みなもと》は、生駒山脈の主峯ニギハヤヒ山であるとみられる。ヒノモトノという枕詞は草香が流れている。河内潟のもっとも東の奥まった入江にあるという地理的位置からして、とうぜんであると考えられるが、もう一つの理由は、そこに根拠地をもうけた物部氏が、太陽信仰をもっていたからである。

弥生時代の青銅器、たとえば銅剣と銅鉾《どうほこ》とはフツノミタマとしてあがめられ、フツヌシは物部氏の奉斎する神である。これの青銅の利器を製作する職業に物部氏が関与していたと私は考えるのである。できあがったばかりの銅鉾がきらきらとかがやくさまを形容するのが「日矛《ひぼこ》」という言葉であった。そこからして、物部氏は太陽信仰と関係ある氏族と考えられる。天照御魂神《あまてるみたま》は、ふつう尾張氏の祖である天火明命《あめのひあかり》を祀るとみられているが、しらべてみると、物部氏の祖のニギハヤヒを祀る天照御魂神もかなりある。物部氏の祀るアマテルミタマから崇神天皇にはじまる大和朝廷の祀るアマテラスへの移行は、日本の統一国家の成立を考える際に一つの手がかりを与える。

こうして邪馬台国の東遷の背後には、物部氏の東遷という重大な事実がひそんでいると私は考えるのである。

ついでに邪馬台国の南にある狗奴国については、隼人と関係のある国であると私は考える。狗奴の狗は犬をあらわす文字であり、隼人が犬祖伝説をもち、のち宮内で犬吠えをして奉仕したということも、その領する国に狗奴という名称がつけられた理由の背景にあると私はおもう。隼人が服属のしるしに顔や手のひらに朱を塗ったというのは、倭国の風俗として身体に朱丹《しゅに》を塗るという「倭人伝」の記事を想起させる。

（「歴史読本」一九八四年九月）

白と黒の地名

万葉集の中の東歌に「上毛野《かみつけぬ》久路保《くろほ》の嶺《ね》ろ……」とうたわれたのは、今日の赤城山のことである。久路保は黒穂である。穂は波の穂などとおなじく、尖って抜んでたものを指す。万葉時代には、今日の榛名《はるな》山（一四四八メートル）を伊香保と言った。いかめしい山の意の「厳《いか》つ穂」の省略形である。また今日の足尾山を芦穂と呼んだ。黒穂の黒は黒雲が山頂に垂れこめ、しばしば雷が鳴る山の意であろう。赤城山の雷は渡良瀬川沿いに、群馬県邑楽《おうら》郡板倉町の雷電神社の方に流れていくという。

黒穂の命名のいわれについては別の説がある。それは大陸渡来の四神思想とむすびつける解釈である。北は黒、南は赤、東は青、西は白という色の割ふりからして、赤城山の中で北にある主峰の黒檜山（一八二八メートル）は玄武である。南が赤城で朱雀である。西に流れ出す川が白川で白虎である。それでは東の方位に青竜をあらわす地名はないか。

今は亡き尾崎喜左雄氏から聞いた話では、赤城山麓にある勢多郡の黒保根村の医光寺には、もともと赤城山頂の東の峰に祀られていた虚空蔵菩薩がある。この菩薩は東方の仏土に関係が深いといわれる。そのことを暗示するように、利根郡川場村にある吉祥寺の本尊は虚空蔵菩薩であり、その山門には青竜山という額がかかっているという。こうしたことから黒、赤、白、青の四色がそろうと尾崎氏は言った。

では、万葉集の東歌に見られる黒穂の嶺と黒檜山とどちらが古いかといえば、それはいうまでもなく前者であろう。万葉時代の北関東地方には葦穂、厳つ穂、黒穂などのように穂のつく山があった。そのあと、四神思想による命名がおこなわれ、かつては赤城山を黒穂の嶺と称していたのに、そののち、赤城山の北の高峰を黒檜山と称するようになったのではないか。

地名にはこのような五行説にもとづくものが少なくない。たとえば和名抄に河内国丹比郡黒山郷がある。黒山には天武天皇の御廟があると「大日本地名辞書」は言う。天武天皇が易学《えきがく》に通じていたということからして、この黒山は風水思想に則《のっと》って、北に位置する墓域という意味かも知れない。黒が不吉な意味をあらわす例としては、謡曲の黒塚で知られた奥州安達原がある。

東北地方には黒森という地名が点々と残っている。その一つ。陸中の宮古には磯鶏《いそけい》というところがある。そこには黒森と称する地名が残っている。昔、推古天皇の弟が宮古に配流され、入水したが、死骸が見つからなかった。そこで鶏を舟にのせて探しまわると、黒森というところでトキをつくった。古来鶏が鳴いたところに死骸があるという言い伝えがあるが、果して帝の弟君の死体が見付かった。そこで死者の霊を黒森神社に祀り、その村を磯鶏と名づけたという。この場合の黒森は明らかに死と関連づけられる地名である。

これに対して宮城県白石市の南にある黒森は銀山として知られているが、そこは宮城県刈田郡と福島県伊達郡の境である。また福島県の北会津郡の黒森峠は北会津と安積の郡界をなしている。このほか青森県と岩手県の県境に黒森がある。もちろん黒森という地名がすべて境目にあるとはいえないが、黒田日出男氏が黒山は平安時代においては境界の山であり、他界とこの世の境目をなす場所であったという主張をしているのと考えあわせると興味がある。

黒はまた黒潮の黒でもある。伊豆七島の御蔵島と八丈島との間を黒潮が烈しく流れている。これは黒瀬川と呼ばれて舟びとはおそれている。鹿児島県の阿久根市と長島の間の海峡は黒瀬戸と呼ばれている。「隼人の薩摩の迫門《せと》」と万葉集にうたわれたのは黒瀬戸のことである。ちなみに、黒潮は醤油のような濃紫色をしているが、黒瀬戸の渦潮は青色をしていることを私は知っている。

黒に対して白のつく地名もある。さきに上州赤城山の西を流れる川を白川というと述べたが、熊本市の市中を流れる川も白川である。この白川の名の由来の一つとして、「肥後国誌」には檜垣嫗の伝説とむすびつけた説明がなされている。檜垣嫗は藤原清輔の「袋草紙」には「肥後の遊君で年老いて落ちぶれた女」とある。

「年ふればわが黒髪もしら川のみつはくむまでなりにけるかな」

という檜垣媼の詠んだ歌は世に知られている。彼女は筑前太宰府にも住んだと伝えられ、右の歌は太宰府を流れる白川のほうがふさわしいという説がある。この歌では、黒い髪が白くなるまで、という意にかけて白川をもち出しており、また「みつはくむ」とは瑞歯が生えるほどの老齢になったと解されている。

しかし折口信夫の説くように「みつは」つまり、「水汲女《みずはめ》」とか「みぬ女」とよばれる水の女神が、神聖な水を汲むというのが原義であるとすれば、この一首の様相はがらりとかわってくる。

みつはの水というのは若返りの聖水なのであって、それと白川の「白」とが対応することになる。折口信夫は皇子誕生の場合に、とりあげ婆さんの役目をする「くくりひめ」は「みつは」のたぐいの神ではないか、と言う。ここで加賀の白川がきくり（くくり）姫を祀っていることを思い起す。つまり、白山の白は雪をかぶった山という意味とはちがって、よみがえるとか、生まれかえるとか、若返るとかの意味がこめられている。この白川ぞいに黒髪という地名が今も残っている。白川という言葉と黒髪という言葉とはさきの檜垣媼の歌の中で対応する。かつて旧制五高の寮歌にうたわれた立田山は、ふるくは黒髪山と呼ばれていたが、清原元輔が肥後守となって下向したとき、立田山と名を改めたといわれる。

（「自然と文化」新春号　日本ナショナルトラスト、一九八四年一二月）

風土記と地名

一

常陸国風土記には、常陸の国の名の由来についてのいくつかの説明が見られる。

その一は、直通《ひたみち》の意をとって常陸としたというのである。

その二は、倭武《やまとたける》の天皇《すめらみこと》が、東夷の国を巡狩して新治《にいはり》の県をすぎたとき、国造の毗《ひ》（比）那良珠命《ならすのみこと》を派遣して、新しく井を掘らせた。そして、乗っているかごをとめて、手を洗ったところ、衣の袖が泉の水に濡れたので、袖を漬《ひた》すという意味から、この国の名を常陸《ひたち》としたとする説である。風俗《くにぶり》の諺《ことわざ》に「筑波岳《つくばね》に黒雲挂《くろくもかか》り、衣袖漬《ころもでひたち》の国」とあるのはこれである、という。

常陸国の国名のほか、郡名についても説明がある。

茨城《うばらき》郡については、黒坂命が蝦夷を滅ぼそうとして茨で城を作った。そこで茨城という、とある。また黒坂命が蝦夷たちの穴を茨棘で塞いで置いたので、蝦夷たちはその茨棘にかかって死んだ。そこで茨棘《うばら》を郡名とした。風俗諺に「水泳《みづくぐ》る茨城の国」という（水泳るは水依るという訓み方もおこなわれている）。

新治《にいはり》郡については、新治の国造の先祖である比奈良珠命が新しく井戸を掘ったところ、水が清く流れた。新しく井を治《は》（掘）ったということで、それを郡の号《な》とした。風俗諺には「白遠《しらとほ》ふ新治の国」という。

行方《なめかた》郡については、倭武の天皇がその風土や地形を賞でて「行細《なめくわ》しの国」と呼ぶがよいと言ったので、行方郡と号づけた。風俗諺に「立雨零《たちさめふ》り、行方の国」という。

香島郡《かしま》については、天の大神の社、坂戸の社、沼尾の社の三処をあわせて香島の天の大神という。そこで香島の名を郡名とした。風俗諺に「霰零《あられふ》り香島の国」という。

多珂郡《たか》については、多珂の国造の建御狭日命《たけみさひ》が、そこの地形を見たところ、峯がけわしく山が高いので多珂の国と名づけた。風俗諺に「薦枕《こもまくら》多珂の国」という。

筑波郡《つくは》については、筑簞命《つくは》が自分の名をつけて後代に残そうと言った。そこで前には紀の国と呼んでいたのが、筑波の郡と改めるようになった。風俗の説に「握飯筑波《にぎりいひつくは》の国《くに》」という。

このように常陸の国名や郡名の由来の説明に風俗歌や風俗の説を多く用いているのは、他の風土記には見られず、常陸国風土記のきわ立った持色となっている。

このほか、常陸国風土記逸文には、信太郡《しだ》について、黒坂命の柩をのせた車を日高見国（信太郡）に送ったとき、葬具の赤幡青幡がひるがえったので、当時の人は「赤幡《あかはた》の垂《しだり》の国」と言った。後の世に、それを信太の国と呼ぶことになったとある。

この「赤幡の垂の国」もまた諺に準ずべきものであろう。

諺はコトバの業《ワザ》（技）である。つまり言葉の呪力を発揮するのがコトワザにほかならぬ。そして常陸国風土記の場合、それが地名とむすびついているところに、重要な意義が認められる。つまり、それは枕詞の原義を暗示しているのである。

では、それを一つずつ見てみよう。

「衣袖漬《ころもでひたち》の国」

衣袖《ころもで》が常陸にかかるのは、おそらく濡れる意味のヒタチとの掛け詞によるものであろう。「衣手常陸の国の二並ぶ筑波の山を」（万葉集一七五三）とある。

「水泳《みづくぐ》る茨城の国」

水潜《みづくぐ》る鵜《う》とかかる意であろう。

「白遠ふ新治の国」

地名の小新田山の新治にかかる枕詞。「志良登保布小新田山の守る山の」（万葉集三四三六）がある。シラトホフは、トホシロシという語と関係があるか。トホシロシは偉大、雄大をあらわす形容詞。シラトホル（白透）ニ（土）とつづく言葉とする解釈もある。

「立雨零《たちさめふ》り、行方《なめかた》の国」

俄雨の雨脚が同じ方向に並んでいる意で、ナメ（並）とかかり、ナメカタの地名に冠する称辞としたもの。

「霰零《あられふ》り香島の国」

これにはいくつもの掛り方がある。

一、あられがふってカシマシ（やかましい）の意で、地名カシマにかかる。

二、アラレがふってキシムの意で、地名キシムにかかる。「霰零《あられふり》吉志美《み》が高嶺《たけ》を険《さか》しみと」（万葉集三八五）

三、あられのふる音がトホトホと聞えるところから、遠《とほ》にかかる。「霰零遠《あられふりとほ》つ大浦に寄する波」（万葉集二七二九）

四、地名キシマにかかる。「阿羅礼布縷杵島《あられふるきしま》が岳《たけ》を峻《さか》しみと」（肥前国風土記逸文）

「薦枕《こもまくら》多珂の国」

まこもを束ねて作った枕が高いということから、タカにかかる。「苫《こも》枕有レ宝国」（播磨国風土記逸文）

「握飯《にぎりいひ》筑波の国」

飯粒が手につきやすい性質をもつということから生まれたのであったろう。

以上は「日本古典文学大系」の『風土記』の頭注ならびに、『時代別 国語大辞典』上代編の説明を参考にしたものである。

二

風俗諺《くにぶりのことわざ》というのは、その土地の人が言い伝えてきた、いいならわしのことである。しかしそれだけでは充分な説明ではない、と折口信夫は言う。祭祀の前の行事である鎮魂の呪術に関連のふかい詞章で、その詞章の全体ではなく、その一部分なりとも唱えれば即座に発動する威霊力によって、神秘が現われると信じたのだという。折口によれば、常陸国風土記の風俗諺は、枕詞や序歌とも称すべき従来の型となった詞であって、土地についてのほめ言葉が多い。国ぼめはその土地の現状を讃美するのが本旨でない。そうあって欲しいという願望を言葉にあらわして、土地の精霊に言い聞かせると、その言葉通りの国になるという信仰にもとづくものである。それぞれの土地についている霊、すなわち国魂《くにたま》は詞章のその部分に寓《やど》るものと見られていた。呪詞の中から諺が生まれ、諺の中で土地や家の人に関するものが枕詞の源となった。つまり、諺＞序歌∨枕詞という順に変形をしていく。

「筑波岳に黒雲挂り、衣袖漬の国」というのは諺（風俗諺）である。そのうち「筑波岳に……衣袖」までは、ひたちを起こす序歌系統の古い形の詞である。それがついにはたんに「衣袖《ころもで》（衣手）常陸国」という風に枕詞化していく。そのほか「しらとほふ」でも「こもまくら」でも単に語から語への連絡というのではなく、地名の本縁譚をもって繋いでいたおもかげが感じられる。ただ、そこではもとあった筈の諺から引き出された序歌が見失われているので、なぜ「しらとほふ」が新治の、また「こもまくら」が多珂の枕詞になったかが分らなくなってしまっている。そこで「しらとほふ」だけで「にひ」を呼び起こす理由があるように考えてしまう。

「水泳る茨城の国」の場合でも、「水泳る」が「鵜」につながるという解釈をかんたんにしてしまう。しかしそれは、後代の合理的な解釈、つまり本質的には付会である場合が多い。つまり枕詞と地名とが一体になっていた時代があったが、序歌が見失われ、枕詞が分離され、その本来の意味が忘れられてしまう。そのあげく枕詞に新しい意味が付与されることがあるとするのである。

三

折口のこうした指摘は、枕詞や地名を考えるのに、きわめてするどい洞察力に満ちたものである。私たちはややもすれば意味不明の地名解釈に出会うと、それを荒唐な理解しがたいものとして拒けてきているが、しかしそこには呪詞としての深い意味がかくされているかも知れないのである。

常陸国風土記の新治郡の条には、笠間村に越え通う道を葦穂山という、とある。これは今の足尾山で真壁・新治両郡の堺の山である。万葉集巻十四に「筑波嶺《つくばね》に背向《そがい》に見ゆる葦穂山……」という歌がある。筑波嶺は万葉集巻九に「時となく雲居雨降る」と歌われている。それは常陸国風土記の「筑波嶺に黒雲挂《かか》り、衣袖漬」を思い起こさせる。

葦穂の穂は、伊香保（厳つ穂）などのように抜きん出て尖った山の形容である。筑波山や足尾山を毎日仰いでいる人たちの中に、それを取り入れた風俗諺が生まれたのは一向にふしぎではない。それがまた枕詞の発生とつながるという折口説も、生活民の感情によく添うのである。

常陸国風土記の香島郡の条には、鹿島の神の話を述べたのち、「俗《くにひと》いへらく」として「豊芦原の水穂の国を依さしまつらむと詔《の》りたまへるに、荒ぶる神等《かみたち》、又、石根、木立、草の片葉《かきは》も辞語《ことど》ひて、昼は狭蝿《さばえ》なす音《おと》声《な》ひ、夜の火の光明《かがや》く国なり。此《こ》を事向《ことむ》け平《やは》定さむ大御神と、天降り供《つか》へまつりき」という文章が記されている。

これは「荒ぶる神等」すなわち国つ神を天つ神が平定するときの有様を伝えたものであるが、この文章は神代紀の「芦原中国は、磐根・木株《このもと》・草葉《くさのかきは》も、猶よく言語《ものい》ふ。夜は熛火《ほほ》の若《もころ》に喧響《おとな》ひ、昼は五月蠅《さばへ》如《な》す沸き騰る」という記述と酷似している。

また神代紀にはタケミカヅチとフツヌシの二神が「諸の順《まつろ》はぬ鬼神等《かみたち》を誅《つみな》ひて」復命したとあるが、一説にはこの二神はついに邪神や草木石のたぐいを誅殺平定した。不服従の者はただ星の神の香香背男《かかせお》だけであった。そこで倭文神《しどり》の建葉槌命をつかわして降服させた、とある。この香香背男は天津甕星ともいう、とある。

ところで、茨城県日立市の大甕《おおみか》に大甕神社がある。この祭神の建葉槌命は、さきに述べた日本書紀の倭文神建葉槌命である。伝説によると、香香背男はこの地一帯を支配して、烈しく抵抗した。そこで静《しず》の里で機織を教えていた建葉槌命が駆けつけて討伐した、という。

常陸国風土記には、久慈郡の条に、郡の西方十里に静織《しどり》の里がある、と記されている。そこは今日の那珂郡瓜連《うりづら》町静《しず》とされている。

ところで大甕という地名は磐城国相馬郡（福島県相馬郡原町）にもある。行方郡の式内社日祭神社は、ここの地に比定されている。このように、常陸と磐城とに大甕という地名のあることは双方に関連があると見てよい。おそらく常陸から磐城への移住の跡を示すものではなかろうか。

香香背男に限らず、常陸は先住民族である蝦夷の巣であった。それは土雲、国栖、佐伯、八握脛などさまざまな異称で呼ばれている。たとえば、常陸国風土記の久慈郡の条には、太田（常陸太田）の里の北に薩都《さつ》の里があって、かつて土雲と呼ばれる異族がいた。それを兎上命《うなかみのみこと》が兵を発して誅滅したと記されている。その次の文章は「北の山に有《あ》らゆる白土《しらに》は畫《え》に塗るべし」とある。この一条は興味ぶかい。勝田市の虎塚古墳に見られる装飾壁画の顔料は、ここから得たかも知れないのである。

さきに黒坂命が茨で柵のごときものを作って蝦夷を討伐し、それが茨城《うばらき》の名の起こりとなったと述べたが、その黒坂命は陸奥国の蝦夷を征伐しての帰途、病を得て死んだ。その棺をのせた車が黒前《くろさき》を出発して、日高見国に到着した。黒前という地名は、多賀郡十王町竪割山のふもとに今も残っている。またここでいう日高見国は信太郡のことである。

常陸国風土記逸文によると、孝徳天皇のときに、物部河内や物部会津などが願い出て、茨城郡の七百戸を分けてもらって信太郡を置いたとある。つまり物部氏の勢力下にあったところである。そこに朝夷郷がある。

喜田貞吉はヒナとヒダは相通じると言っている。たとえば夷守《ひなもり》を越後国の頸城郡の美守（夷守郷）のように、美守《ひだもり》と訓じる場合がある。さらにはヒナがヒダと訛《なま》るだけでなく、ヒダはシダと訛る場合があるという。つまり、ヒナ、ヒダ、シダは異族に縁由ある語という。この喜田説にしたがえば、信太郡も朝夷郷も異族である蝦夷の居住地ということになる。

しかも常陸国の信太郡は物部氏が建てた郡である。物部氏の勢力は絶大であった。そのことは常陸国風土記の信太郡の条に、古老の言として、天地のはじめ「草木《くさき》言語《ことど》ひしは、天より降り来し神、み名は普都《ふつ》大神と称《まを》す」とあり、普都大神は芦原中つ国を平定し、山河の荒ぶる神を鎮圧し、天に昇っていったが、その際、身につけていた甲冑や剣、玉のたぐいを一切脱ぎ捨てて、この信太郡に置いていったという伝承を記していることでもわかる。普都大神は物部氏の奉斎する神である。

では、信太郡を日高見国と呼んだのはなぜか。景行紀四十年の条によると、ヤマトタケルは上総から陸奥国に入った。そうして、竹水門《たかのみなと》で抵抗する蝦夷を平定して、日高見国から常陸をへて、甲斐国にいった、とある。

ここにいう竹水門は常陸国の多珂郡や和名抄にみえる陸奥国行方郡の多珂郷に比定される。常陸国風土記の多珂郡の条にも、多珂の国造の統治した地域は多珂・石城の両郡にまたがっていたと記されている。そこで、そのあたりが日高見国と呼ばれていたことが分かる。

ところで、延喜式の大祓詞には、天孫降臨大和平定の事情を叙して、

「かく依ざしまつりし四方《よも》の国中《くぬち》と、大倭日高見国《おほやまと》を安国《やすくに》と定めまつりて……」

とある。

ここにいう大倭は、大和の国の美称となっている。その大倭と日高見国とを並べたのは、どうしたわけか。さきに見たように、常陸国信太郡も、また景行紀に見える蝦夷の居住地も日高見国と呼ばれている。そこで喜田貞吉は、日高見国の名をもつ大倭もまた、かつては蝦夷の居住地であり、そこで大倭を日高見国と呼んだのである、とする。神武紀には、大和を長髄彦が支配したと記されており、大和がもと蝦夷の国であったことは、これで立証されるという。

喜田は豊後の日田郡が和名抄に日高郡と言ったということからして、日高、日田、飛彈を連想する。つまり日高はヒナ、ヒダと同じ意味をもつ、とする。ヒダカのカは在処《ありか》のカである。ではミは何か。ミは山の高みとか、水の深みというように、「そのあたり」というぐらいの意味であるという。

だが、私は喜田説には賛成しがたい。

まず日高見という語は、日高という語とまったく異なっている、と私は考える。日高見はヒノカミ（日ノ上）に由来する、という松村武雄の説がもっとも納得がゆく。すなわち日高見（日の上）は太陽の出る方向で、東方の地を指す。天孫の降臨した日向から見て、東方にあたる大和の国をほめたたえて、大倭日高見国と称したのである。大倭という語は、もともと大和国中《くんなか》でも、その東辺の山辺郡を指していた。そこは三輪山のふもとで、東から日の昇る場所で、日の上であったのである。

それがいつしか大和よりも更に東方に移動し、常陸国信太郡の別称となり、あるいは常陸国多珂郡や陸奥国行方郡多珂郷あたりの呼び名ともなった。それがついには陸奥国の北上川の流域の呼称となった。北上川はもとは日上の湊と表記されていたことが、延暦八年の日本紀略の記事にうかがわれる。すなわち、ヒノカミ（日上）がヒナカミになり、ヒダカミ（日高見）に転じたのである。岩手県水沢市の東辺には日高見妙見《ひだかみ》堂がある。また陸前には式内社の桃生郡日高見神社がある。このヒダカミがキタガミになったのは、後のことである。北上川の名は「吾妻鏡」の文治六年二月の条に、はじめて見える。

では、大倭日高見国と併称されていたものが、のちには蝦夷の居住地に日高見国の名が記されるようになったか、という疑問が湧く。それは、大和国の支配者であった物部氏と蝦夷の連合体が、東遷した邪馬台国のために敗退して、東へと移動した痕跡であるという仮説を私はもっているが、くわしくは近刊「白鳥伝説」を見てほしい。いずれにしても、日高見国の別称をもつ常陸国信太郡では、物部氏と蝦夷との「華夷同居」の状態が一時期あったと私は考えている。

（「えとのす」第二八号　新日本教育図書、一九八五年一〇月）

地名と道行文

日本人がいかに地名を大切にしてきたかということは、日本の古典をひもとけば直ちに分かります。とくに年記物や謡曲や浄瑠璃に見られる道行文は、地名を重ねるだけですが、それだけで、その文章を読んだり、聴いたりする人びとの情緒を喚起し、高めていく作用をもっています。それが可能だというのは地名が日本人の伝統的な共同感情を刺戟するからです。たとえば、「平家物語」の中でもっとも愛誦される重衡《しげひら》の東下りの箇所を見てみましょう。

逢坂山《あふさかやま》をうち越えて、瀬田《せた》の長橋駒《ながはしこま》もとどろと踏みならし、雲雀《ひばり》のぼれる野路《のぢ》の里、志賀《しが》の浦波《うらなみ》春かけて、霞《かすみ》にくもる鏡山《かがみやま》、比良《ひら》の高根《たかね》を北にして、伊吹《いぶき》が岳も近づきぬ。心とまるとはなけれども、荒れてなかなかやさしきは、不破《ふは》の関屋《せきや》の板《いた》びさし。いかに鳴海《なるみ》の潮干潟《しほひがた》、涙に袖はしをれつつ、かの在原《ありはら》のなにがしが「唐衣《からころも》着つつなれにし」と詠じけん、三河《みかは》の国八橋《やつはし》にもなりしかば、「蜘手《くもで》にものを」とあはれなり。浜名《はまな》の橋《はし》を過ぎれば、松の梢《こずゑ》に風さえて、入江にさわぐ波の音。さらでも旅はものうきに、心をつくす夕まぐれ、池田の宿《しゆく》にぞ着き給ふ。

ここに挙げられた地名は物語や歌によって多くの人びとに親しまれ歌枕や名勝になった地名です。そこでこの地名を綴りこんだ七五調の文章がつづいていくと、それを読みもしくは聴く者は、旅の進行につれて、主人公の運命と一体化していく感情をあじわうことになるのです。

「平家物語」の重衡の東下りよりも、さらに人口に膾炙されているのは「落花の雪に踏み迷ふ、片野《かたの》の春の桜がり、紅葉《もみぢ》の錦《にしき》をきて帰る、嵐の山の秋の暮」ではじまる「太平記」の中の俊基《としもと》の東下りの一節です。

憂きをば留めぬ逢坂《あふさか》の、関の清水《しみづ》に袖ぬれて、末は山路を打出の浜、沖を遥かに見渡せば、塩ならぬ海にこがれ行く、身を浮船の浮き沈み、駒もとどろと踏み鳴《し》らす、勢多《せた》の長橋うち渡り、行きかふ人に近江路《あふみぢ》や、世のうねの野に鳴く鶴も、（その）子を思ふかと哀れなり。時雨《しぐれ》もいたく森山の、木の下露に袖ぬれて、風に露散る篠原《しのはら》や、篠《しの》分くる道を過ぎ行けば、鏡の山は有りとても、涙に曇りて見え分かず。物を思えば夜の間にも、老蘇《おいそ》の森の下草《したくさ》に、駒を止《とど》めて顧みる、故郷《こきやう》を雲や隔つらん。番場《ばんば》・醒井《さめがゐ》・柏《かし》原《はばら》・不破《ふは》の関屋は荒れ果てて、なほもる物は秋の雨の、いつかわが身の尾張なる、熱田《あつた》の八剣《やつるぎ》伏し拝み、塩干に今や鳴海潟《なるみがた》、傾く月に道見えて、明けぬ暮れぬと行く道の、末はいづくと遠江《とほたふみ》、浜名の橋の夕塩に、引く人も無き捨て小船《をぶね》、沈みはてぬる身にしあれば、たれか哀れと夕暮の、入り逢ひ鳴れば今はとて、池田の宿《しゆく》に着きたまふ。

この文章の次に「元暦《げんりやく》元年の頃かとよ、重衡《しげひら》中将の、東夷のために囚《とら》はれて、この宿《しゆく》に着きたまひしに、「東路《あづまぢ》の丹生《はにふ》の小屋のいぶせきに、故郷《ふるさと》いかに恋しかるらん」と、長者の娘が詠《よ》みたりし、そのいにしへの哀れまでも、思ひ残さぬ涙なり」とあるので、「太平記」が「平家物語」の東下りを下敷にして、それをさらに精細な叙述の道行文にしようとしていることがうかがわれます。

こうした「平家物語」「太平記」の有名な道行文のほかに、私がとくにすぐれていると思うのは、上田秋成の「雨月物語」の冒頭をかざる「白峯」のはじまりの箇所です。

あふ坂の関守《せきもり》にゆるされてより、秌《(あき)》こし山の黄葉《もみぢ》見過しがたく、浜千鳥の跡ふみつくる鳴海《なるみ》がた、不《ふ》尽《じ》の高嶺《たかね》の煙《けふり》、浮島がはら、清見が関、大磯《いそ》小いその浦々。むらさき艶《にほ》ふ武蔵野の原塩竈《しほかま》の和《なぎ》たる朝げしき、象潟《きさがた》の蜑《あま》が苫《とま》や、佐野の舟梁《ふなばし》、木曽の桟橋《かけはし》、心のとゞまらぬかたぞなきに、猶西の国の哥枕見まほしとて仁安三年の秋は、葭《あし》がちる難波を経て、須磨明石の浦ふく風を身にしめつも、行（く）々讃岐の真尾坂《みをざか》の林《はやし》といふにしばらく筇《つゑ》を植《とゞ》む。草枕はるけき旅路の労《いたはり》にもあらで、観念修行《くはんねんしゆぎやう》の便《たより》せし庵《いほり》なりけり。

ここにも数多くの歌枕の地名が鏤められています。「白峯」の物語の主人公は、この文章だけでは誰か分かりません。仁安三年という年号が出てきて、さらに「観念修行の便せし庵なり」とありますので、どうやら「諸国一見の僧」らしいことは見当がつくのですが、それが西行法師であることは、後で知らされる仕組になっています。この文章は主格が伏せられています。「誰が」ということが書いてないにもかかわらず、この文章は歌枕の地名を並べただけで、旅への誘《いざな》いの、あまく、物哀しい感情が読む者の胸をかき立て、心の波立ちを押えることができません。土地を踏んで、土地の精霊の名を呼び、目ざめさせるときの日本人に独特な伝統的な美意識が喚起されるのをおぼえるのです。

道行文の中で、もっとも親しまれているのはいうまでもなく、近松門左衛門の「曽根崎心中」です。そこでは、情死寸前の男女のたましいは、すでに地上を離れていますので、「梅田の橋を鵲《かささぎ》の橋を契りていつまでも、我とそなたは女《め》夫《おと》星」という風に、地名が天空とむすびつけられています。

道行というのはさまざまな土地をたどることですが、その背景には信仰をもちあるいて漂泊した古代の信仰や葬送の儀礼があることを指摘しておきたいと思います。

たとえば、武烈帝は太子のとき、影媛《かげひめ》という名の女をめぐって恋敵とあらそいました。一方の男は殺されました。そこで影媛は石上の地から愛する男の殺された今の奈良市の北まで、死んでしまった愛人にそなえるために、美しい食器には飯まで盛り、美しい椀には水まで盛って、それをささげもちながら、泣きぬれて歩きました。「日本書紀」にはそのときの情景を次のように伝えています。

石《いす》の上《かみ》　布留《ふる》を過《す》ぎて　薦枕《こもまくら》　高橋過《たかはしす》ぎ　物多《ものさは》に　大宅過《おほやけす》ぎ　春日《はるひ》　春日《かすが》を過《す》ぎ　妻隠《つまこも》る　小佐保《をさほ》を過《す》

ぎ　玉笥《たまけ》には　飯《いひ》さへ盛《も》り　玉盌《たまもひ》に　水《みづ》さへ盛《も》り　泣《な》き沾《そほ》ち行《ゆ》くも　影媛《かげひめ》あはれ

この歌は今日では、葬送儀礼の光影をあらわしたのだと言われておりますが、私の考えではおそらく日本の道行の文章はここにはじまると思われます。そのさらに背後には神を祀る場所を求めて漂泊、彷徨する信仰が横たわっています。

たとえば「倭媛命世記」にはヤマトヒメがアマテラスを祀る場所を求めて諸国をさまよいあるいたことが、くわしく記されています。これもまた道行のもっとも古い形態と考えることができます。さまざまな土地を通過することが神の課した試錬なのです。そこで、地名が重要なものとなります。祭りのとき諸国の神々の名を記した神明帳をあげるように、地名がその背後にある神意を示唆しているのです。

こうしたことを考えると道行文に地名を羅列する意味がはっきりしてきます。私が地名を重視するのは、最初にも申しましたように、地名が日本人のもっとも奥深い共同感情を触発するからです。今日地名をおろそかにする風潮があるのは、日本人の意識の衰弱にほかならない、と私は考えています。

（「東西文化」創刊号　国士舘大学東西文化研究所、一九八六年三月）

楠神の足跡

紀伊半島に楠が多く、それに対する信仰が存したことは、南方熊楠の幼時を回想した文章にもうかがわれる。彼の名の熊楠は紀伊藤白王子社の境内にある楠神にあやかってつけたもので、それ以来、熊楠は楠を見るたびに名状しがたい気持に襲われると告白している。楠の字を人名につける風習が紀州と土佐にとくに多いことを熊楠は指摘している。

日本書紀にもスサノオの子の五十《い》猛《たける》命が船材にするための楠（櫲樟《くす》）や杉の木種をもって紀伊国に渡ったとある。楠で作った船がいわゆる天磐楠船《あまのいわくすぶね》である。

私は伊豆半島になんどか旅行して、伊豆が熊野を小型にした気候風土であるという印象を受けた。土佐沖から熊野灘へ、さらに伊豆半島の南端の沖合をかすめて黒潮が西から東へと流れており、高温多雨な風土であるから、伊豆にも楠の大樹が繁茂するのはあたりまえのことである。

日本書紀の応神天皇五年と三十一年の条には、伊豆国から枯野という名の船を貢納したと記されている。この船はおそらく天城山中から伐り出した楠材で作ったものであろう。楠は天城九木の中にかぞえられている。天城山はむかし狩野《かの》山と称した。東鑑には、頼朝が寺を建てるために伊豆国に人を派遣して、狩野山の良材を求めたことが記されている。狩野山またはそこに源を発する狩野《かの》川の名は、枯野という船名に由来する。

ところで、和名抄に記載された伊豆国田方郡久寝《くすみ》郷または式内社の田方郡久豆弥《くつみ》神社の所在地をどこに比定するかで、説が二つに分かれている。一説では伊東市の葛見《くずみ》神社にあて、もう一つの説は熱海市の木宮神社に置く。木宮神社は西相模から伊豆にかけて分布しており、その祭神はスサノオの子の五十猛命または、句句廼馳《くくのち》命である。句句廼馳は木々《くく》の霊《ち》と解せられ、霊木崇拝から発生した神社と考えられている。そしてその霊木が楠であることは想像がつく。

賀茂郡河津町の杉桙別命神社は現在来野宮《きのみや》神社と呼ばれているが、そこの境内の大楠は天然記念物となっている。また伊東市の葛見神社にも大楠があり、国の天然記念物となっている。このほか賀茂郡賀茂村の宇久須には式内社の那賀郡宇久須社がある。宇久須は小楠の訛であろうといわれており、楠神を祀ったものである。賀茂村にはまた大久須の地名もある。

こうしたことから久寝郷にせよ、久豆弥神社にせよ、それが楠と縁由があることが察せられる。

古事記によると、スサノオは天照大神の左の手に纏《ま》いた珠を嚙んで吹き棄てたところ、その息吹が霧のようになって、熊野久須毘《くすひ》の名が誕生したとある。久須毘は奇霊《くしひ》であり、霊妙不可思議なさまをいう。ここの熊野は、出雲国意宇郡の熊野神社と考える説が宣長以来有力であるが、果たしてそうであろうか。

私は古事記の熊野久須毘を日本書紀には、熊野櫲樟日《くすひ》命と記してある点を重視する。櫲樟日の日は霊《ひ》と見てもよく、それは楠の樹霊もしくは楠神にほかならない。とすれば熊野は出雲の熊野ではなく、とうぜん楠の繁茂する紀伊熊野に求めるべきであろう。熊野の那智大社の祭神は熊野夫須美《ふすみ》命であることも参考になる。フスミとクスヒとは音が近いので同一神と見なして差支えない。そこで熊野夫須美も熊野久須毘も楠を神体とする熊野の神ということになる。

こうしたことから熊野櫲樟日命の楠神が伊豆国においても信仰され、田方郡に久寝郷または久豆弥神社が置かれたと推測できる。これは海上の道による伊豆と熊野の密接な交流を物語るものではないだろうか。その場合、信仰が伝播したということは人間の移動を意味する。人間の移動は人名と地名の移動をも伴うのである。

たとえば南伊豆町の妻良《めら》はすでに東鑑にも記されている。妻良は妻浦ともいう。房総半島の突端にある安房の布良《めら》は館山市に属する。この布良の布はアラメ、ワカメなどの布《め》をあらわしている。したがって布良はもともと布浦であり、それが布良となったものであろう。ところで紀州の海草郡下津町にも女良《めら》という地名が残っている。紀州の女良《めら》、伊豆の妻良《めら》、安房の布良《めら》が紀州漁民の移動によってつけられたものか、あるいは海藻の採れる浦にはどこでもつけられる地名であるか——福井県には三国湊の近くの海岸に和布《めら》の地名がある——興味ある課題にちがいない。

（「第六回全国地名研究者大会紀要」一九八七年四月一八日）

実現する「日本地名博物館」

昭和五十六年秋、川崎市の一隅に私が「日本地名研究所」を設立してから、まる五年半経った。そして今年になって、研究所設立当初からの念願であった地名資料館建設の構想は大いなる飛躍の段階を迎えることになった。「日本地名研究所」の活動は、地名研究の拠点をきずくと共に、散逸の危機にさらされている地名資料を収集し保存することを目指してきた。そのために微力を尽くしてきたが、その蓄積が川崎市の認めるところとなった。

川崎市が建設決定

川崎市当局者は市議会において資料館建設の意志を明らかにし、この四月から建設にむけての具体的な第一歩を踏み出すことを決定した。いずれこの数年のうちに、川崎市の一角に、外国にも日本にも類例のない、ユニークな「日本地名博物館」(仮称)が実現することは疑いない。かけがえのない伝統文化であり、民族の遺産である地名を後世にまで保存することを、日本人の義務と考える私どもの意図に対して、川崎市と神奈川県の首脳はすぐれた英知をもって対応した。資料館建設の幸福を享受できるのは、ひとえに川崎市民、神奈川県民だけではない。日本全国、いな外国の人びとにも、分かち与えられる。

次に日本地名博物館の構想を簡単に紹介しておこう。それは地名資料の収集、保存、展示、活用、研究の五部門から成り立っている。収集する資料としては地名研究論文はもとより、近世の地誌類、さては地籍図や村絵図などの地図類も含まれる。展示にあたってはとくに青少年の地名への関心をかき立てるためにさまざまな工夫をしたい。たとえば地名を星座に見立てた地名プラネタリウムの考案とか、日本全国の二十万分の一の地勢図を全部フロアル展示する試みなどがある。それは一例にすぎない。

電算処理が威力

「日本地名博物館」でのもっとも重要な部門は、コンピューターによる地名情報の処理である。従来の地名研究者は一々地名を拾い出し、記入し、整理していたが、そのような苦役から一挙に解放される。また地名についての新しい設問と答えとが可能になる。これは研究者だけでなく、一般市民にもまたジャーナリズム関係者にも絶大な便宜をもたらすことになろう。

従来の日本の学界では観念的な机上の学問を偏重する傾向がつよく、それが主流となってきた。地名軽視の風潮がながくつづくなかで、地名の学問的価値を見抜き、地名研究のために苦闘した先駆者たち、吉田東伍、柳田国男、一志茂樹、鏡味完二、知里真志保などの業績を顕彰し、ながく保存するための特別室を設けたい。

またアイヌ語地名、南島の地名資料の収集を特色の一つとしたい。これについてはアイヌ語地名研究家の山田秀三氏や、仲松弥秀氏を代表とする南島地名研究センターの全面的な協力の申し出がなされている。そのほか、とかく見すごされがちな海中、海底の地名の収集にも力を入れたい。

地名が歴史学、地理学、民俗学、言語学などにまたがる学際的な学問の場を提供するだけに、各分野の若い研究者をひろくあつめて養成していくという研究部門の確保も「日本地名博物館」には不可欠である。このようにして地名研究の拠点が川崎市に誕生したあかつきには、日本の地名研究の地平が一新され、画期的な前進を見せることはまちがいない。

「海民」のパネル討論

さて、今年も川崎市で開く恒例の全国地名研究者大会の季節がやってきた。私ども日本地名研究所は、過去に九回の全国地名シンポジウムを開いた。そのなかには新潟市、佐倉市、熊本市と共催したものもある。

今春の大会のテーマは「海民の文化と移動」である。第一日の午前には、中世史家で海民の歴史に関心をよせる網野善彦氏の記念講演があり、同日の午後には、紀伊、伊豆、三浦、房総の各半島をつなぐ海民の文化と移動の痕跡《こんせき》をめぐって、パネル討論がおこなわれる。五人の地元研究者がお互いの研究成果を交換しながら、海上の道を自在に往来する海民の歴史をたどる試みは、これまでになく、今回の大会がはじめてである。これが民俗学、歴史学、地理学などの海民研究への刺激剤となることを願っている。

これまで海民または海村社会の研究はいちじるしく立ちおくれていた。民俗学の分野では羽原又吉、宮本常一、桜田勝徳、瀬川清子などの名を挙げることができるが、その流れも一時中断していた。しかし近年亡くなった野口武徳、河岡武春の業績がまとめて最近刊行され、ふたたび研究者の注目を集めるにいたった。両氏の研究が海の漂泊民である家船を対象としている点も興味がある。家船に限らず、海民の行動半径は農民とは比較にならないほど大きい。その代表例は紀州漁民で、彼らは西は九州から東は関東まで進出し、その信仰や習俗、そして漁業の技術を伝えたが、それと共に人名や地名も遠方に運んでいった。その事実を知ることによって、定住農民の生活意識にとらわれた旧来の日本人の世界観から解放されることができるだろう。

今日、霊感やオカルトが流行する頼りない世相が見られるとき、私たちはもう一度、むせかえるような潮の香りと烈しい波の音の世界に帰る必要があるのではないか。そして大地に刻まれた地名という存在への信頼が回復されるべきではないだろうか。

（「読売新聞」夕刊、一九八七年四月八日）

「渡辺」という地名

大阪市東区渡辺町は来年二月を期して大阪市中央区久太郎町四丁目と変更されるという。由緒のある東区や南区を中央区に改称することにはすでに反対運動が起きているが、渡辺町の町名の消滅についても、坐摩《ざま》神社の宮司の渡辺氏や全国の渡辺姓の人びとは言うまでもなく、多くの人びとがいきどおり悲しんでいる。大阪市の地名を改変するとあれば、現在、堂島川にかかっている大江橋と渡辺橋の名称を変えることからまず着手して貰いたい。この二つの橋は元禄頃にはじめて架った橋であって、古代の大江、渡辺の地とはまったく関係がないかけはなれたところにある。これこそは、後世の人びとを混乱におとし入れている地名の濫用である。

坐摩神社の鎮座する東区渡辺町の町名は、豊臣秀吉の大坂城築造のとき、現在地へ神社と共に移されたものである。それ以前は坐摩神社は東区石町《こくまち》にあった。そこは今も坐摩神社の御旅所になっている。石町は天満橋と天神橋の中間にあたっており、天満橋を中心とした古代の渡辺の津に含まれるところである。そこは万葉集に見える難波小江《おえ》の地であった。小江が大江に訛って、古歌には「わたのべや大江の岸」と詠まれている。大江と渡辺とは同一地域を指すとみて差支えない。

渡し船の発着するところが渡《わたり》である。阿武隈川の川口に近い亘理《わたり》の地名もそれに由来する。渡辺というのは渡《わたり》の辺《あたり》という意味であろう。そこには渡船を職業とする人びとが屯集しており、そうした部民を渡部（ワタナベ、ワタリベ、ワタベ）と呼んだ。摂津の渡辺に住んでいた渡部は淀川べりで生計を立てていたので、つねに波浪の静かであることを願っていた。その信仰はとうぜんのことながら、水神を対象とするものであった。

古くその地にあった式内社の坐摩《ざま》神は延喜式の頃にはイカスリの神と呼ばれていた。吉田東伍はイカスリを井之後《イカシリ》と考えたが、事実そこに祀る五座のうち、生井《いくい》神、福井《ふくい》神、綱長井《つながい》神の三神は文字通り井戸をあらわす神である。井戸の神は水神である。井戸の底が川と通じていることもたしかである。九州から南島にかけて井戸や泉をカワまたはカーと呼ぶのはそのことを暗示している。

摂津の渡辺の地で渡し船を業とする人びとはそこに鎮座した坐摩神社の祭神をふかく崇敬したにちがいない。ところで、そこは大江山の酒呑童子を退治した源頼光の四天王の一人である渡辺綱に由縁のある土地である。渡辺綱はもともと武蔵国の箕田の住人であったが、のちに養子となり、摂津の渡辺に住んだので渡辺綱と名乗った。渡辺は渡辺綱を先祖とする武士団の渡辺党が抬頭し活躍したところである。

その綱が京の一条堀川の戻橋で鬼の手を切った。鬼が養母（伯母）に化けて、摂津の渡辺からやってきて、鬼の手を取り返したのは有名な話である。ここで思い出すのは、河童が人間にいたずらをして、手を切られる話である。その切られた手を返して貰った恩返しにと、河童の膏薬をくれた話は、柳田国男の『山島民譚集』の中に収められた「河童駒引」の条に、かず多くの例が集められている。河童が手を切られてそれを取り返すというのは、渡辺綱が鬼の手を切ったものの、やがて奪い返されたという話とよく似ている。また渡辺と大江とが同一地域であることも仔細があり気である。おそらく丹後の大江山の鬼退治伝説は、渡辺党の居住地である摂津の大江から出発したにちがいない。それがいくつかの変転と習合を経たのち、今日見るような物語となったものであろう。中世の物語や伝説の中に登場する地名には、深い意味が隠されていることが少なくない。

（「第七回全国地名研究者大会紀要」一九八八年四月一六日）

地名と枕詞

地名は俳句や短歌の世界と深く関わりをもっている。これを短歌に限っても、記紀万葉以来、地名はおびただしく歌のなかに詠まれている。そして地名には枕詞のついたものが少からず存在する。枕詞をともなう地名が歌に登場すると、私たちはなにがしかその地名にひきよせられ、その地名と同化するというふしぎな感情を体験する。たとえば、万葉集巻三の富士山を歌った長歌の冒頭は

なまよみの　甲斐の国

である。なまよみという枕詞がどのような語義をもつか、明らかではない。真淵は「こは生弓《なまゆみ》の返《かへ》るといふを、かひにかけたるなるべし」と「冠辞考」で述べているが、それでは説得力が甚だ不足している。「古義」には「生善肉《なまよみ》の貝」とあるが、これもすこぶるあやしい。福井久蔵は「この国は峡間にありて籠り国なれば、うすぐらき義の隠蔽《なまよみ》の語を冠らせたるものか。隠るを古くはなばるともなまるともいへり。るの音は省かるる例多し。よみは黄泉の義ならむか。闇もその語源は黄泉と同じことならむ」（「枕詞の研究と釈義」）と言っている。私には諸説のなかで福井説が一番理解しやすい。しかし、それとても理に落ちた解釈のような

気がしないでもない。
それはともあれ、私には「なまよみの　甲斐」という語義未詳の枕詞のなかに、四方を山でかこまれた甲斐の風景が思い出されてくる。数年まえ、甲府の街を車で走り抜けたことがあった。白い建物が並んでいて、それに晩秋の陽がかっと当っている風景をいまだにおぼえている。一度も甲斐の国を旅したことのない人も「なまよみの　甲斐」と言えば、自分はすでに甲斐を知っている気持におそわれるにちがいない。枕詞は、私たちに「既知」の感情を喚起する。それは一体どういう理由にもとづくものだろうか。このことを問うのは、日本人が古来歌を詠むという心情を解き明かす作業とおなじことであると私には思われる。

（「青藍」第一巻第四号　青藍短歌会、一九八八年八月）

地名の研究と保存

悪名高い「住居表示法」が実施されたのは昭和三十七年（一九六二）のことである。これによって、日本の由緒ある歴史的地名の大方が消滅したことは周知のことである。私はそれに抗議するために、昭和五十三年に「地名を守る会」を結成し、その三年後、神奈川県川崎市の一隅に日本地名研究所を設立した。地名保存の運動を通して、地名研究機関の必要性を痛感したからである。国立の地名研究所を設けることは、つとに歴史家の一志茂樹氏の提唱されたところであるが、私はまず川崎市と神奈川県の援助を受けて、川崎市を拠点として活動の基礎を固めようと考えたのである。

昭和五十六年の四月には、日本地名研究所設立のための全国地名シンポジウムを、川崎市の市民プラザで開いた。その大会の席上、挨拶に立った坂本太郎氏は、このシンポジウムの開催は「空谷《くうこく》に跫音《きょうおん》を聞く思いがする」と、祝辞を述べた。坂本氏は一志氏と共に地名の重要性をみとめた歴史家であり、しかも歴史学界の重鎮であったから、私ども地名の保存と研究に志す者にとっては大きな味方を得たように心強かった。ついで坂本氏は、戦後しばらく住んでいた東京都杉並区の沓掛《くつかけ》町は、その名の示す通り交通の要衝であり、またそのとなりの神戸《ごうど》町は、吉田東伍の『大日本地名辞書』では郡家《ぐんか》のあとのようにいわれている。またそのとなりの天沼というのは、『続日本紀』に出てくる乗潴《あまぬま》駅にちなむといわれているが、これら古代・中世の重要な地名が地名表示の変更で全部なくなり、清水〇丁目ということになってしまった、と痛嘆した。してみれば、空谷に跫音云々もけっして誇大な褒辞ではなかったのである。

つづいて、翌年の昭和五十七年、日本地名研究所は「柳田国男没後二十周年記念シンポジウム」を開いた。そのときも、坂本太郎氏は「橋と地名」と題する講演をした。橋の名のつく地名にハシモト・ハシヅメの二つがある。ツメはいうまでもなく指先にある爪で、先の方を意味し、つけ根の方は本《もと》である。本と爪は一体をなして、手の指などの称呼となっている。これを、ハシモト・ハシヅメにあてたらどうなるか。ハシモトはそこにある神社や仏寺または城に近い方であり、その反対側がハシヅメであるという考えに立つのではないか、という見解を披露された。このように、さりげない地名にも関心をよせるところに、坂本氏の歴史家としての面目があった。私は今ここに、「住居表示法」が「地名に対する抹殺の行為、損傷をさせたという罪は償いきれないものがある」と極言した、在りし日の坂本太郎氏の姿を改めて思いかえすのである。

さきに触れたように、一志茂樹氏も地名の重要性に早くから着目した歴史家であった。一志氏の歴史家としての独自性は、文献至上主義を排したという点である。一志氏は、地方史の研究は歩く研究である、といっていた。とうぜんのことながら、歩く学問、すなわち民俗学と地名研究とを重視した。そのことは『地方史の道』（昭和五十一年、信濃史学会刊）を見れば、随所に明らかである。同書の中で一志氏は、民俗学・歴史学・地理学には地名研究が必要であることを説き、しかも、それが充分の成果をあげていないことを嘆いている。それは、この三者が何の関連もなく、またいずれの分野でも、必ずしも地名研究が重視されていない実情のせいである、と述べている。

たしかに民俗学の分野に限っても、一志氏の指摘は妥当である。日本の本格的な地名研究は柳田国男から始まった。柳田は『地名の研究』（昭和十一年刊）につづいて『分類農村語彙』（十二年刊）、『分類漁村語彙』（十三年刊）、『分類山村語彙』（十六年刊）などの分類語彙を刊行し、その中に数多くの地名語彙を収めた。すなわち、柳田は日本の地名研究に一時期を画したのであるが、それにひきつづいて地名研究を志した民俗学徒はきわめてとぼしい、と一志氏はいう。こうしたことから、一志氏は地名研究の国家機関を作ることを提言したのであったが、昭和五十六年十月に、川崎市に地名研究所を設立したとき、一志氏はすでに身体を悪くして入院中の身であった。その四年後の昭和六十年二月末、この硬骨の歴史家は不帰の人となった。元気であれば、私どものささやかではあるが、たゆまない活動に大きな激励を与えていただけたことと思う。一志氏につづいて、坂本太郎氏も六十二年二月に亡くなり、地名に理解をよせた歴史家の高峰を失ったのである。

しかし、私ども日本地名研究所の努力は、ようやく実を結ぶ段階を迎えようとしている。川崎市は神奈川県と協力しながら、昭和六十五年度に「日本地名博物館」（仮称）を川崎市に完成させる方針を固めている。そのあかつきには、館の運営は日本地名研究所があたることになる。私どもは、柳田国男・坂本太郎・一志茂樹の諸氏の志をひきつぎ、これを後生《こうせい》に伝えるべく微力をつくしていく所存である。

ふりかえってみれば、住居表示法の制定された昭和三十七年は柳田国男の没年にあたる。これは、私にはすこぶる象徴的に見える。ときあたかも、日本の社会は高度成長期を迎えようとしていた。この時期を境にして、日本の近代史は二分された観がある。どの地方の生活も画一化され、旧来の慣習はいちじるしく衰退した。このとき、残存文化を知る手がかりとして、地名の学問的な価値は相対的に増大していることは明らかである。それにもかかわらず、地名を研究対象の部門の一つに加えようとする積極的な動きは、歴史学界にも民俗学界にもまだ現われていない。それには種々の理由があるであろうが、私にいわせると、地名に触発される日本人の感受性を、学問の場において検討する努力の試みに不足していることが、その最大の原因である。

もし、歴史学や民俗学が日本人の共同感情や共通感覚と無縁に成立し得るものであれば、それでよいであろう。しかし、地名は有史以前の社会から二十世紀末の今日にいたるまで、日本人の毎日の生活に不可欠のものであった。それは最も古い起源をもち、最も持続する固有名詞であり、各時代を貫くものである。地名は記号ではなく、日本人の思いを滲みこませた土地の名である。それが日本の歴史や民俗に関係のないはずはない。このことに思いいたるならば、地名を軽視するという風潮は、歴史や民俗の研究者に許されるべくもないのである。

（「史窓余話」九　吉川弘文館、一九八八年九月）

地名は地の塩

古代の日本人は言葉に霊魂があると信じていた。これを言霊《ことだま》と呼んだ。自分がそうあって欲しいもの、また、そうあって欲しくないことを口にすると、願い通りの事態になると考えた。「言霊《ことだま》の幸《さき》ふ国」というのはそれを指した。その言霊を土地にむすびつけたのが地名である。古代人は土地にも人格があると考え、霊魂の存在を認めていた。それは土地の霊、つまり地霊を信じたということである。地霊の発する言葉が地名である。地名をつぶやくとき、私達は地霊に触れる。地名は場所の弁別のための記号という定義を超えた或物を感応する。もしそのことがなければ、私もこの十余年、地名に取り組むということをしなかったはずである。

またそのことを前提としなければ私たちは万葉の歌をよく理解することができない。

巻二に掲載された有間皇子の有名な歌

磐白《いはしろ》の浜松が枝《え》を引き結びまさきくあらばまたかへり見む

有間皇子は孝徳天皇の子で、斉明四年、謀反のかどで海南市藤白《ふじしろ》の坂で殺された。年十九。まだ成人にならない若年であった。そのことを考えると、無事を祈って枝をひき結んだというこの松さえもが何か傷ましく、絞首刑に処せられたときの木の枝に見えてくるのである。磐白の地名は和歌山県日高郡南部町岩代として残っているが、それはもはやたんなる地名ではない。

それを追慕する長忌寸意吉麻呂《ながのいみきおきまろ》の歌がある。

磐白の岸の松が枝結《え》びけむ人はかへりてまた見けむかも

磐白の野中に立てる結び松情《こころ》も解けずいにしへ思ほゆ

この二首は、斉明四年から四十三年経った大宝元年、持統・文武両帝の紀伊行幸に長忌寸意吉麻呂が供奉した折の歌と見られている。

更に山上憶良が追和した歌

天がけりあり通《がよ》ひつつ見らめども人こそ知らね松は知るらむ

歌の大意は処刑された有間皇子の霊魂が大空を飛んでいつもここへ通《かよ》って御覧になっていましょうが、そのことは人にはわからなくても、松は知っていましょう、というのである。ここでは松もまた有情の存在である。

このように磐白という地名は後人の歌にも詠みこまれて、感懐をさそいだし、感情を触発していったのである。

藤白という地名もそうであった。万葉集巻九に

藤白の御坂を越ゆと白栲《しろたへ》のわが衣手は濡れにけるかも

とある。これは明らかに四十余年まえ、有間皇子がこの坂で絞殺されたことを慟哭する歌である。

以上は有間皇子の事件にちなんだ地名であるが、こうした有名な事件でなくても、どのような辺鄙な地方においても、地名にまつわる土地の人の思い出は残っているはずである。それを取り去ったら個人の歴史もまた共同体の歴史も残らない。塩が人間の生活に欠くことができないように、地名もまた欠くことができない。それは日常の用を果すために地名が不可欠というだけではない。個人の、あるいは日本人の感情も思い

出もすべて地名にまつわっているからである。地名がそれを保存しているからである。

（第三回神奈川県地名シンポジウム横須賀大会、一九八九年九月一七日）

地名の価値——大地に刻まれ生き残る

日本地名博物館川崎市に建設へ

私ども日本地名研究所は川崎市との共催で四月二十一日と二十二日の両日、「全国地名研究者大会」を川崎市で開いた。今年は第九回である。全国から三百人にのぼる地名研究家、地名愛好者が参集し、熱心な討論がおこなわれた。毎年出席するなつかしい顔もふえていく一方である。

今年の大会で特筆すべきことは、冒頭、挨拶に立った高橋清川崎市長が、日本地名博物館を川崎市に早急に建設すると明言し、確約したことである。

私が川崎市に日本地名研究所を設立したのは一九八一年のことである。そのとき以来、前市長は日本地名博物館（日本地名資料館）を作ることを口にしながら、それは一向に実現のきざしを見せなかった。

だがリクルート事件で前助役が失脚し、新しい市長が誕生したことが、私ども日本地名研究所に幸いをもたらした。逆風の中にあった私どもにやっと順風が吹き始めた。私は市長の言葉をききながら、その風が頰にあたるのを感じた。

手放しでよろこぶのは早く、これからも多くの困難が待ち受けているであろう。だがそれを突破したあかつきには、川崎市の一角に、地名資料を保存し、研究し、活用するための拠点が誕生する。そこでは日本の古い地名資料がコンピューターの力を借りて、地名研究の新しい地平を切り開くことは疑い得ない。それは前近代と現代とのあざやかな結合の成果をもたらす。

とはいえ日本地名博物館の任務はそれにとどまるものではない。その施設は、日本人が日本人であることを証しする精神の塔でもあるのである。民族の伝統文化の第一の条件は何であろうか。それは持続する文化であるということである。そしてとぎれなく持続するという点において地名にまさるものはない。もっとも古い時代に使用されていた地名が、現代日本人の生活の中に生きている。記紀万葉時代の地名はおろか魏志倭人伝の頃の地名を今も人びとが日常に使用している光景は感動的ですらある。日本は石造の建物でないから古来焼亡が烈しいが、大地に刻まれた地名は残ったのだ。

失われた過去の復元に威力発揮

重要視されるべきは発掘された遺跡の柱穴だけではない。残された地名もまた失われた過去の復元に威力を発揮するのである。遺跡の柱穴は建物の大きさや用途を推測するには役に立つ。だがその土地に住む人びとの感情や考えまでは伝えない。これに反して地名は、千年もまえに生きた人びとがどう考え、どう感じたかをつかむ手がかりを与えるのである。とぎれなくつづいてきた地名には、日本人の共同感情がこめられており、それゆえに何ものにもまして伝統文化の名に値する。

地名は美術館や博物館に陳列される高級文化財とは違っている。あくまで庶民の生活の中にあるものであり、しかも日常に使用される道具としての言葉である。日本では豊富な飲料水にめぐまれているために、かえって水のありがたさが分からないように、地名もまたあまりにおびただしく、かつ古くから存するので、その価値に一向に気が付かない。そのために何十億も出して泰西の名画を購入する企業や自治体が、地名の破壊には何の痛痒も感ぜず、地名研究に冷淡なのである。このようなおぞましいブランド志向を是正しないかぎり日本の社会は狂ったまま崖ふちまで突き進むことは必定である。戦後の経済復興のために企業優先、経済優先したツケがまわり、日本国民の精神を腐蝕させてしまったのだ。

だがその一方では、日本の風土や文化の将来を憂える人びとの抵抗がおもむろに始まっている。それは歳月が経つにつれて加速されるであろう。地名はささやかな存在であるが、名も無い民の心と同様に、それを大切にしない民族は滅びると私は断言してはばからない。

江戸時代の地誌類など基礎資料収集

これから川崎市に建設を目指している日本地名博物館は、できるだけ多くの人びとが利用できる施設にしたいと考えている。集める資料は地名研究に必要な論文はいうまでもなく、江戸時代の地誌類と明治初期の地図類の収集に力を入れたい。それらは地名研究に不可欠な基礎資料である。

地名研究には多くの学問分野からの参加が必要である。地理、歴史、民俗、国語、考古などあらゆる学問分野の学際的協力なしに、地名研究の成果を挙げることは困難である。そのために日本地名博物館は、利用施設としての機能を果たすだけでなく、地名研究機関としての役割をも併存させねばならない。若く優秀な研究員を置く制度が不可欠である。

土地や国土への愛着に地名教育

また小、中学生の地名教育にも力を注ぐ所存である。自分の住んでいる土地や国土に対する愛着を植えつけるには、地名を抜きにしては考えられない。風土と地名との関係は、あたかも果物の果肉と種子との関係にあたる。種子は果肉にしっかり包まれている。種子を取り出すには果肉を無視する訳にはゆかない。したがって地名研究と風土研究は車の両輪のごときものである。

これまでの地名研究がおおむね痩《や》せていて、豊かな実りをもたらすことに不足していたのは、地名研究だけに終始し、風土をかえりみなかったからだと私は思っている。日本地名博物館が風土資料の収集にも力を入れるのはそうした理由があるからだ。

（「産経新聞」夕刊、一九九〇年五月八日）

地名における「野」と「原」

加藤義成氏によると「出雲国風土記」では野といえばすべて草山である、という。「出雲国風土記」の中には野とある山が一三ほどある。たとえば、意宇《おう》郡では神名樋《かむなび》野（松江市山代町）が高さ八〇丈、周六里三二歩で、今の茶臼山である。島根郡では虫野（松江市持田町）に樹木なし、とある。秋鹿《あいか》郡では高野（松江市大野町）が高さ一八〇丈、周六里、都勢《つせ》野（松江市大野町の十膳山）が高さ一一〇丈、周五里、飯石郡に木見野、野見町、石次《いわすき》野、城垣野、仁多郡に志努坂《しぬさか》野、城紲《きせ》野、大内野があり、菅火《すがひ》野（今の城山）は高さ一二五丈、周一一里とある。出雲では現在でも草山のことを野山《のやま》と言っているそうだ（「地名の話」）。

神名樋野は岩波の「日本古典文学大系　風土記」では神名樋山となっているが、私は加藤氏の校訂にしたがう。加藤氏は島根県に住み「出雲国風土記参究」というすぐれた本を残した篤学の士であった。現地を熟知し、右の結論を引き出したのである。意宇郡の神名樋野は「出雲国風土記」では高さ八〇丈となっているが、現在は高さ二三八メートルで山といっても差し支えない。それを野と言ったのは、立ち木の少ない草山だからというのが加藤氏の解釈である。

野が傾斜地をあらわすというのは柳田国男もつとに指摘しているが、次の例がある。

　　さねさし相模の小野に燃ゆる火の火中《ほなか》に立ちて問ひし君はも

この「古事記」の中の相聞歌は、もとは焼畑のために草を焼くときの労働歌に由来する民謡と言われている。「さねさし」の「さし」は「むさし」の「さし」と同じように焼畑をあらわす語とされている。サスという語は東京都西多摩郡で今も使用している。焼畑をサスハタと言う。指ケ谷という地名もそれと関係がある。焼畑は主に傾斜地でおこなわれる。「さねさし相模の小野」というのは、焼畑をおこなう相模の国の小さな草山の傾斜地、という意味である。

ところで、焼畑を開墾することを古代には墾《は》ると言った。「万葉集」巻十四に

信濃《しなの》道《ぢ》は今の墾道《はりみち》刈株《かりばね》に足ふましなむ履《くつ》著《は》け吾背

という歌がある。刈株というからにはまさしく焼畑を開墾する時の歌である。

墾道《はりみち》というのは開墾した焼畑につけた道のことである。これを今に伝えるのが沖縄の原道《はらみち》で、畑にとおる畦道を原道と称している。沖縄で原《はる》といえば畑のことであり、それはやがて沖縄の小字の単位となった。草山の傾斜地の「野」を開墾して平坦な「原」にすることから、両者はおのずから異なる地形の地名となった。これが「出雲国風土記」では厳密に使い分けられているのである。

「常陸国風土記」も常陸国の地勢を説明するのに「左は山にして右は海なり。後《しりえ》は野にして前は原なり」という風に野と原を区別している。山に近いところが野で、海に近いところが原であると言っている。つまり、両者は傾斜地と平坦地の違いがある。傾斜地の「野」を開墾し、平坦にしたところが原（畑）である。

（第五回神奈川県地名シンポジウム相模原大会、一九九二年三月八日）

地名と金属

私は「青銅の神の足跡」の中で地名と金属との関係を追求した。垂仁帝の皇子のホムツワケは大人になってもものを言わなかったが、白鳥を見てはじめて口を動かした。垂仁帝はアメノユカワタナをつかわして白鳥を捕えさせた。ユカワタナは白鳥を献じ、ホムツワケがものを言った功績によって、ほうびをもらい、鳥取造という姓をたまわった。そこで鳥取部、鳥養部《とりかいべ》、誉津部《ほむつべ》を定めたと、日本書紀は伝えている。

また日本書紀によると、垂仁天皇のもう一人の皇子の五十瓊敷《いにしき》命は、茅渟《ちぬ》の菟砥《うと》川上《かわかみ》宮に拠をかまえて、千本の剣をつくった。そこでその剣を川上部《かわかみのとも》と名づけた。また裸伴《あかはだかとも》という、とある。裸伴というのは真裸になって銅や鉄を精錬する労働者を思わせる。

日本書紀の菟砥川上宮は古事記では鳥取の河上の宮となっている。そこは和泉国泉南部の鳥取郷に比定される。「新撰姓氏録」に「和泉の鳥取はアメノユカワタナの後なり」とある。また「大日本地名辞書」は鳥取連の祖である「アメノユカワタナはこの地の人なりしか」とある。

こうしたことから私は「白鳥伝説」の中でアメノユカワタナを先祖とする鳥取部や鳥養部の役割は、金属器を精錬することであると推断した。私はそこに鍛冶師の匂いを嗅ぎつけたが、鳥取氏の居住地あるいは鳥取郷は銅や鉄などの金属精錬に関係のある土地である、という推論を出すにとどまっていた。

ところが考古学の研究者である山本昭氏は諸国の鳥取氏の居住地を詳細に調査し、私の推論を実地に裏付けた。山本昭氏のもう一つの功績は、「新撰姓氏録」の中にアメノユカワタナが白鳥を捕えた場所は出雲国宇夜江《うやえ》であるという記事に注目した点である。そこは昭和五十九年と六十年に大量の銅剣や銅鐸の出土した「神庭《かんば》荒神谷」のとなりの谷であって、直線距離にすれば数百メートルしか離れていない。これは宇夜江にまつわる白鳥伝承が、近くに埋もれた青銅器の所在を暗示しているとも考えられなくない。青銅器の作られた弥生時代からすれば、アメノユカワタナの伝承は後から生まれたもののようであるが、「出雲国風土記」の大原郡神原《かむはら》の郷の条に「古老のいい伝えるところでは、天の下をお造りなされた大神の神宝を積んで置き給うた場所である」という記事に符合するかのように、神原神社の境内の古墳の中から、景初三年銘の鏡が出土した例もある。つまりそれは古い伝承だったかも知れないのである。

ちなみに荒神谷のある斐川町には求院《ぐい》という地名があって、それはクグイ（白鳥）にちなんだものとされている。また白石昭臣氏に教えられたのであるが、出雲では赤んぼがはじめてものを言うことを、今でも「クグイが鳴く」と言っているそうである。私はこのとき伝承のもつ無気味さを肌にヒシと感じた。

（「第一一回全国地名研究者大会紀要」一九九二年四月一八日）

「猫」と「野良犬」

私はこの十数年地名に関心を抱いている。昭和五十六年には、川崎市に日本地名研究所を設立し活動をつづけている。やがて数年もすれば川崎市に日本地名博物館が誕生する。私が地名に興味を抱くのは、何も地名が日本の伝統文化を伝えているからだけではない。私たちが日頃予想しなかったような地名に出会うからである。地名の意外性が私をひきつけて離さない。今回はそのごく一端を「猫」にちなんだ地名に限ってお知らせしよう。

能登半島の西海岸にある石川県羽咋《はくい》市を旅行していて、交通信号のある十字路に差しかかったとき、ふと前方を見ると「猫の目」という地名が標示してある。信号機の青色と赤色が交互に点滅するので、たわむれにそのあたりに「猫の目」という地名をつけたのではないか、と勝手におもしろがったが、ふと気がつけば、信号機が羽咋市に設置されたのはごく最近のことである。

あとで調べてみると、このあたりがまだ邑知潟《おうちがた》とつながり、漁をする小舟や稲をはこぶ舟が往来していたころ、暗夜でも二軒の家の灯火が見えた。その灯火が猫の目のように光って、目印になった。そこでそのあたりを「猫の目」と呼ぶようになった、という。そうして見ればずいぶんむかしからある地名であった訳である。

「猫の目のように変わる」というが、むかし時計のない時代には、猫の瞳孔の開き具合を見て、およその時刻を計るという風習が民間におこなわれていた。瞳孔は光の分量が多ければ小さく、少なければ大きく開く。当然のことであるが、太陽が天頂にかがやくときが瞳孔はもっとも小さくなる。

私は鹿児島市にある島津旧藩主の別邸である磯庭園を散歩しているとき、猫神を祀《まつ》る小祠《しょうし》に出会ったことがあった。立札の説明には、島津義弘が文禄の役で朝鮮に出兵したとき、猫七匹を連れて彼の地に渡った。猫の目で時刻を見るためである。そのうち二匹が生きて還ったので、その霊を祀ったものであるという。今日でも六月十日の時の記念日には鹿児島市の時計商たちがここに集まって、祭りを行っているという話であった。

もう一つの話。利根川の上流に沿った群馬県勢多郡赤城村大字敷島には、かつて猫という地名があった。おなじく利根川沿いの前橋市清野《きよの》町には野良犬という風変わりな地名もあった。「猫」と「野良犬」の間は直線距離で四里位しかはなれていない。そこで赤城村方面では「猫の子が野良犬の子を嫁に貰った」という冗談もあったという。この二つの地名は住民のこだわりがあったためか、戦後になって姿を消してしまった。

赤城村には猫城という城跡がある。これは根子屋城に由来すると思われる。根子屋は中世の山城またはその城下を指す地名として、各地に分布している。

では野良犬とは何か。前橋市清野町にある如来堂が野良犬になったというのが一説である。如来堂のある村であったから、はじめは如来野村と称した。その付近は狼がしきりに出没する場所であったので、あとになると、「狼」という字を割って、野良犬村と称することにしたのだという。たしかに狼は犭（ケモノ）と良の合わさった字である。だが如来野のような好字をわざわざ野良犬という粗野な地名に変更した理由として納得できるものではない。今のところ定説は見付からないようである。このようにふしぎな地名が、日本各地に点々とあり、謎めいた微笑で私たちに問いかけている。

（「ＮＥＸＴ」十月号　講談社、一九九二年一〇月）

地名博物館を考える

私が地名に興味をもつきっかけとなったのは、民俗調査で日本各地をまわっている時、バスの停留所などに、万葉集・風土記で読んだことのある地名に出会うことが多々あった。そんな時、非常に懐かしいものに出会った思いがしたものである。

また、小さな集落に調査に出むいた折、文書などがほとんど残っていない場合は、過去への手がかりとなるのは、古老の言い伝え、民俗習慣であったが、一九六〇年代なかば、高度成長期に入ると、急速にこれまでの民俗習慣が失われ、古老たちも亡くなったり、あるいは前の年に元気だったのが病臥していたりで、だんだんと手がかりが失われてゆくのが現状だった。そんななかで、唯一の手がかりとなったのが地名だった。地名が残っていれば、民俗習慣が失われ、古老たちのいなくなった集落のむかしを思い描くことができると、ますます地名の重要性を痛感させられた。

地名には、各時代のさまざまな意味と曲折がたたみこまれている。地名を掘りおこすことで、失われた過去にさかのぼることができる。地名は大地に刻み込まれた人間の過去の索引である。生活・民俗・信仰・文化・政治・経済・交通・社会など、各時代の人間のいとなみを伝えるものであるとの思いを新たにした。

その頃、古代に関心を持ちはじめていた私にとって、民俗学だけでなく、『和名抄』などに出てくる地名、『延喜式』に出てくる古い神社、平安初期の『新撰姓氏録』の氏族・氏名、そして地名や神社や氏族にまつわる伝承・説話、これらの組み合せによって、古代に肉薄できるのではないかと考えた。それも、ただ単に古代史というのではなく、古代の生活史、民俗史をたどることが可能ではないかとの思いを強くしていた。

たとえば、下関のすぐ近くの六連島《むつれ》にある由緒の古い青海神社《せいかい》（青に座《いま》すわたつみの神社）は、福井県大飯郡高浜町にもある。そこに青という地名があり、青海神社がある。履中天皇の姪にあたる飯豊《いいとよ》の青の皇女をまつるともいわれている。この皇女の青という名前は地名を冠したものである。そこで、青海神社も、もともとは青という地名を冠した神社であることが分かる。このように、地名を冠した神社の例は全国各地にある。

地名が第一義で、神社、氏族名は、地名からつけられたもので、それにまつわる伝承も地名がベースになっている。

私たちは、難波の枕詞の「葦が散る」から、葦の花が散っていた当時の難波のイメージを思い描くことが出来る。大阪平野は古代には沼沢地の多い平野であった。

北原白秋の生まれ育った筑後の柳川には、川の水を生活用水として汲むために、川におりる石段のごく小さな場所につけられたクミズという地名がある。クミズは汲水のことである。その地名をとおして、かつての主婦の苦労が彷彿とし、月夜に洗濯をしている女たちのうしろ姿が思いうかんでくる。このごく小さな地名が私たちに豊かなイメージを与えてくれる。

耳取峠は鹿児島県にも、東北の岩手県にもある。耳が千切れるように寒い峠とか、耳切り坊主が出る峠とか、台地のフチを耳と呼ぶところから、台地をふちどる峠が耳取峠のもとの意味だとする地形地名説など、いろいろの説がある。だが、どうして遠隔の地にこのような同一の地名がつけられたのか。民俗習慣が旅人や移住者によって運ばれることはあるが、地名までもわざわざ運んだのか。地名の謎の一つである。

最近、北海道のある小学校で、郷土教育の一環として自分の住んでいる地域の地名の由来の調査を生徒に行わせたところ、そのほとんどがアイヌの人たちがつけた地名だったことを生徒たちは知った。その命名が地形にそった、自然にかなった命名だったというので、アイヌの人々に対する見方が変わり、その賢さを尊敬するようになったという報告もある。

アイヌ語の地名について、現在二つの見方がある。極端なのは、日本本土のすべての地名をアイヌ語で解釈する人が跡をたたない。明治の頃から現在まで、民間研究者にままみられるアイヌ語による本土の地名は一切認めない学者がいる。認めるにしてもせいぜい東北地方の北部のみに限定、関東地方にはないと断定する研究者もいる。これも行きすぎである。

日本の地名研究の草分けの一人である柳田国男が、アイヌ語で湿地を意味するトウマという地名が、静岡県の西部などに残っていると書いているように、一概にアイヌの地名はないと断定できないのではないか。といって、何もかもアイヌ語で地名を解釈できるかというと、それも危険で見分け方は非常にむずかしい。

伊福部という地名は、金属の主題を扱った私の著書『青銅の神の足跡』(昭和五十四年六月刊)のテーマの一つだが、『和名抄』には伊福郷が六ヶ所記載されている。安芸国佐伯郡、備前国御野郡、大和国宇陀郡、遠江国引佐《いなさ》郡にある四ヶ所の伊福郷から銅鐸が出土している。残りの二ヶ所は銅鐸が出土していないまでも、伊福部氏と関係のある場所だということを確認している。

伊福部というのは、製鉄、製銅に関わりをもつ氏族である。伊は発語で何の意味もない。福は吉備の枕詞「まがね吹く」の〝吹く〟、銅・鉄を製錬するという意味である。部は部民、そしてこれらの土地には鉱山があったことも調査によって分かった。

『青銅の神の足跡』を執筆していて気がついたことは、各地を調査して歩いていると、地名がどんどん変りはじめていることだった。駅前の風景がどこも同じようになってゆき、生活が都会風になり、テレビの影響で言葉も画一的に、方言が失われてゆく。そうしたなかで地名だけが変わらずにあるから、その土地の特色がつかめることができたのに、その地名すらも変ってしまう。なんとかしなければならないと思うようになった。

そもそも地名が急激に改変されたのは、明治政府による廃藩置県とそれにつづく県の統廃合、または明治二十一、二年に実施された全国町村合併と、戦後昭和三十七年に制定された「住居表示に関する法律」によってである。特にこの法律は、大幅に、一斉に、短期間に、全国各地の地名・町名を変え、由緒ある地名、親しまれた町名、文学地名が消えてしまった。その背景には、企業、公社からの要請があったからで、企業優先、経済第一主義の下に強制的に行われたものであった。

日本の山河はきりくずされ、無残に埋め立てられ、先祖伝来の土地があとかたもなく抹消させられ、変容させられてゆくだけでなく、従来の古い地名を守らず新しい地名が勝手気ままにつけられていった。それはなぜか。みんなが地名の重要性に気づいていないからではないか。地名の重要性を知ってもらい、変更するべきではないと警告を発することが必要であると思いたち、友人らと語らって、「地名を守る会」を結成するにいたったのである。

昭和五十三年三月十一日、東京一ツ橋の如水会館において「地名を守る会」の設立総会が開催された。全国各地の地名・町名改変反対運動のメンバー、学者、研究者が会場につめかけ、報告と主張がなされた。この時の模様はマスコミがとりあげ、さまざまな反響をよび、地名に対する関心をよびおこすこととなった。

地名・町名改変反対運動というと、文京区弥生町が有名であるが、弥生式土器が出土した歴史的な場所、故事来歴がなくても、古くから伝わる地名・町名には、住民ひとりひとりの思いがこもった、大切なものである。この設立総会に代表を送った、足立区内匠本町《たくみほんちょう》もその一つである。

甲斐国の武将芦川内匠が、武田家滅亡後一族を率いて一面の葦原を切り開いて定着し、その名を伝える足立区内匠本町が、昭和五十三年二月一日、隣接地区と一緒に足立区南花畑《はなはた》三丁目の一画に組み入れられた。突然の改変の通告に、祖先から受けついできた町名を、自分の子孫へ受け渡そうとの願いをこめて住民が立ち上り、反対運動に立ち上ったが、行政の前にはなすすべもなかった。

群馬県前橋市の近くに、かつて猫と野良犬という変った地名があった。吉田東伍の『大日本地名辞書』にも載っているが、お互いに近い距離であったので、猫村の若者が野良犬村の娘を娶ったとかいう、そんなおもしろい話が言いふらされたことがあった。戦後消えてしまったが、昔だったら野良犬という地名を、それ程気にすることもなかったのではないだろうか。「私は野良犬村の生れでして」などと、笑って言える雰囲気があったのではないだろうか。しかしそれも戦後は差別とか、美意識の範囲が狭くなったために変えざるをえなくなった。

アイヌ語も、明治以後、漢字表記によって変えられてゆくのが多かった。たとえばツキサップを月寒と漢字表記にしたところ、戦時中、当地の軍司令官の発議で、町議会がツキサムと読むように議決したことがある。私は「地名を守る会」の代表として活動していたが、地名を守る運動にはどうしても地名研究が必要だと思うにいたった。そのためには地名研究の根拠地を作らねばならぬと考えた。昭和五十六年四月、川崎市で「地名をとおして地方の時代を考える」全国シンポジウムを開催した。このシンポジウムは大成功をおさめ、出席した長洲一二神奈川県知事、伊藤三郎川崎市長の賛同を得ることが出来た。そしてその年の十月、川崎市の全面援助で、「日本地名研究所」が発足した。全国各地の地名調査の報告を蒐集、また、さまざまな分野の研究者たちが、各自で独自に行ってきた地名研究を、協力しあって進めていく機関が欲しいという願いが実現したのである。

さらに、蒐集した地名資料を保存し、活用するための地名博物館建設へと構想はふくらんでいった。博物館は、大阪の国立民族学博物館の梅棹忠夫館長が指摘しているように、ただ単に物を展示するだけの場ではなく、情報館としての機能を備えたものである。日本地名博物館も情報資料館を基本構想としている。地名に関する情報の拠点としての博物館である。

日本地名博物館の構想は、川崎市や神奈川県の全面的な協力がえられ、好スタートをきったが、一番の問題は用地の確保であった。なかなか適当な場所がみつからなかったが、今年になってやっと、溝の口の先、南武線津田山駅近くに川崎市が土地を確保することになり、実現の運びとなった。

一つの建物のなかに日本地名博物館（仮称）、川崎市中央図書館、青少年文化ホールの三つの複合施設が同居するが、さいわいに、駅の近くの便利な場所で、入館者数も見込めるのではないだろうか。

基本設計は今年中に出来上る予定で、現在のところ地下二階、地上四階の四階部分、約七〇〇坪を予定している。そのほかに中央図書館・青少年文化ホールとの共有部分約三〇〇坪、計一〇〇〇坪位になるのではないか。資料、文献、図書なども、図書館との共有という利点も見込める。

具体的イメージは、展示（特別・常設）と資料蒐集、特に地誌と地籍図を重点的に集めること。肥後国誌など、江戸時代各藩が細部にわたって調査した地誌が残っているがそれを徹底して集めたい。また、明治初期の地籍図は、特に神奈川県、川崎市のものはできるだけ揃えたい。もちろん地名研究資料、民俗史関係資料も。展示資料については、アイディアを出しあってこれから決めてゆきたい。

利用者は、研究者だけでなく、一般の人に地名の大切さ、おもしろさを分かってもらいたい。そのためには、大きな力がないと運動は前進しない、そのための拠点となる博物館をまずつくることが必要である。

青少年文化ホールとの共有の部分があるのであれば、教育委員会の協力で、子供たちに地名をめぐっての実習、遊びを通して、地名の意義、関心を体験できるような場として使ってもらう。粘土で日本列島をつくり、そこへ地名を書きこみ、山や川、道路、鉄道などなど、国生みのような気分になる。手の感触によって国土、地図、地名を実感できるような場所として、地名への興味をひきだしてゆくようなアイディアを、どんどん出し、検討してゆくつもりである。日本人の姓名の七、八割は地名からつけられている。自分の姓名と地名との関連をたどることなど、個人的な興味から地名への関心をひきだす。太古以来の民俗学の基礎となった地名の意義、現在進行中の地名改変の現状に対して、地名の保存・蒐集・一般活用を目的とした展示などを予定している。コンピュータによる予期しない地名の実用化、現代生活への応用をも含めて。たとえば、現在使われることのすくない小字《こあざ》などは小学校・消防署・バス停などに使えることで復活できるのではないか。地名は一度消えてしまっても、何らかの形で復活させることが出来るという利点がある。

「日本地名博物館」で最も重要なものは、研究者の養成である。これまで地名研究は在野の個人によってなされてきたが、それではどうしても偏向が生まれる。これからは歴史、地理、民俗、言語などの各分野にまたがる「学際的」な地名研究が確立されねばならない。そのために「日本地名博物館」のなかに研究部門を充実させていくことが一番大切だと考えている。

私の生れ故郷「水俣」は、私にとっては牧歌的な幼年時代の思い出と、それを黒く塗りつぶしてしまった水俣病と、愛憎二つの水俣が存在する。私にとっての「水俣」という地名は、私が選んだ地名ではない、〝与えられた〟さけられない地名である。そんな思いを今、実感している。

地名に秘められた魅力に呼応するには感性がなければならない。地名はイメージの発信体、増殖体である。地名が消えてしまったら、文学作品のイメージがわいてこない事態がおこりうる。地名・町名改変に、小林秀雄、山本健吉、江藤淳ら文学者が反対を表明しているのはとうぜんである。

私にとっての地名とは、原始的な直接反応母体のようなもので、一晩語りあかしてもつきないもので、多面性をもったものである。

「日本地名博物館」の実現にはあと数年かかると思われるが、全国の地名研究会の母体として、また地名への関心をたかめ、地名をともに語る楽しさを共有する場としての日本地名博物館の完成へむけて、夢は大きくふくらんでいく。

（「學鐙」第九十巻第一号、一九九三年一月）

海上から見た地名

今日は「海上から見た地名」という題でお話をします。

柳田国男の本の中でも名著と言われる『雪国の春』には、東北のことをいろいろ書いてあるんですが、この中で秋田県の男鹿《おが》半島と宮城県の牡鹿《おじか》半島のことに触れているんです。

この地名は、鹿がたくさんいるということからつけられたと思われがちです。特に牡鹿半島の場合は金華山に野生の鹿がいるとか、金華山から鹿が半島に渡ったから牡鹿半島とつけたという説があるんだけれども、そうじゃないんだと言っているんです。

牡鹿とか男鹿という漢字はあとでつけたんだというのが柳田さんの説なんです。地名の場合、漢字は原則として当て字と考えた方がよろしいわけで、いろんな当て字をいたします。奈良時代にも牡鹿郡という地名が出ておりますが、それだって後の命名だと考えることができる。

では男鹿とか牡鹿とかに、どういう意味があるかというと、柳田さんは、海の上から見た地名、つまり「オカ」だと言うんです。これは非常に単純な見方ですが、単純さというのは、古代人、あるいは古代以前の人々が非常にシンプルな気持ちで命名したということになるわけです。

海上から最初に目につく岬、半島というものを、「オカ」だとしたのが男鹿半島の最初の名前である。これは斉明天皇の四年に阿倍比羅夫が水軍を率いて男鹿半島に行って、飽田（秋田）の恩荷《おが》という者が降伏したということが、『日本書紀』に書いてありますが、それだって地名からきたんですね。

海から海への海上からの命名だということになりますと、古代の交通が海上に頼るものが多かったということにもなります。それからまた、海上から新しい土地に移住する者があったということにもなる。

男鹿半島にはナマハゲで有名な門前という所があって、海上からの来訪神の風習がみとめられる。赤神という中国の神を祀っている所もあります。

柳田さんは更に筑前の岡の湊、そこは『日本書紀』によりますと神武天皇が東征のとき舟を出した所なんですね。その岡の湊も、男鹿、牡鹿と同じく、海からつけた名前だということを言っているんですね。

地名は内容をことさらに難しく考える必要はない。できるだけ単純に考えればいい。庶民の命名ですから、学のある人間がああだこうだと考えてつけた地名ではない。地名を研究する場合、われわれは庶民の気持ちになって考えなくてはいけない。

まだほかにもいろいろあります。例えば、良寛が隠栖したという越後の国上山《くがみやま》、あれは佐渡から新潟港に船で帰るとよくわかるんですけれども、海岸線に弥彦山塊が突出していて、異様な感じがする。あそこは何か原生林のような感じがするんです。そこに国上山があるんですね。国上《くがみ》というのも、おそらくは国上《くにがみ》であると思います。この国というのもやはり海上から望見したものの命名と考えます。

八丈島、これは、日本本土の国に対する島なんですね。佐渡の島から見て、越後は国ですね、国の上の方にある山が国上山です。

それから丹後にも陸耳《くがのみみ》というのがいて、それを大和朝廷の軍隊が海上から攻めて殺したという話が『日本書紀』に出ておりますが、陸と書いてクガと読みます。国や陸という地名は、やはり海上からの命名ではないかと思うところがあるわけです。

豊後水道に面した大分県の国東《くにさき》半島、これもやはり豊後水道を通過する船乗りが、国の端、先端であるということから、クニサキと名前をつけたに違いない。先が後で東という名前に変わったんだろうと私は思うんです。

また伊勢神宮にアワビを奉納する国崎《くさき》という所があります。

そこは暗礁にみちた海岸であって船がのり上げる。そこもやはり海上からつけた命名であります。もちろん国のつく地名には小国《おぐに》のように山中の地名もありますが、しかし国という地名の中には、海から陸への視線、まなざし、そういうものがこめられているということが言えるんじゃないかと思うんです。海からの移住ということで考えると、庄内海岸にある金沢《かねざわ》、これは加賀の金沢《かなざわ》から移住してきた。酒田沖に浮かぶ飛島の法木《ほうき》、これは鳥取県の伯耆の人たちが江戸時代に難船して、そこに住みついた所なんです。そういうふうに、海から移住した人たちの住みついた地名が散らばっているんです。

私たちは岬というのは、陸から海へたどりその先端に岬があるという考えを持っているんですが、そうではなくて、海から最初に見えた陸地ですね。何日も海上ですごした人たちにとっては非常に感動的な瞬間だったと私は思うんです。「陸だ」という感動をおぼえたとき、これを「国」とか「オカ」、そういうふうに呼んだのではないかと思うわけです。

これは非常に単純な地名です。それじゃ「ミサキ」というのは何か。御というのはこれは敬語です。サキは先導するという意味ですね。天皇の行列には必ずその先導者がいるんです。そういう先導者がミサキなんです。ですから私たちが単に岬というものを、地理的に半島と同じぐらいに考えているんですけれども、そうじゃないんですね。岬というのは海から見たときに一番先に目印となる所には航海の安全のために神が必ず祀られております。三浦半島の先端を通るときには、船は必ず帆をおろして岬の神に敬礼をして通り過ぎると言われているわけです。

「岬は先導だ」という意味は更にこういうことでも確認されるわけであります。大隅半島の先端を佐多岬という。佐多というのは何かというと、先だつという意味なんですね。

沖縄では先だつことを「さだる」と言います。「先達」と書いて「さだる」です。結婚式の仲人が提灯を持って行列の先頭に立って歩くのも沖縄では「さだる」と言う。

そういうことで、先だつ神が「さだる」、それが「た」と「る」がひっくりかえりますと「さるた」となります。猿田彦《さるたひこ》。猿田彦は天孫降臨のとき、ニニギの命の一行を先導した神です。「さたる」が「さるた」になって、「さるた」が更に「さた」になります。ですから「佐多」というのは、先導するという意味です。ミサキと同じ意味です。陸地の中で一番最初に出てきた所が岬と命名されている。

四国の足摺岬、これもサタ岬ですね。蹉陀と書くんです。

なぜ、それじゃ蹉陀岬はそういう難しい字にしたかというと、あそこは上人がおりまして、その上人が補陀落渡海を弟子に黙ってやったので、弟子は足摺りしてくやしがったということから足摺岬という名前が生まれたという伝説なんです。

佐多はそういうことで、陸地先端のサタと言っていいのではないかと思います。しかも先導する神がいて、それが岬の神になるわけです。

私は御前崎《おまえざき》もそうではないかと思っているんです。今の静岡県の御前崎、あれは御前崎と書いてありますが、あそこに厩があったという説があるんですね。厩崎であったのが御前崎に変わったと。だけどそうじゃない。オマエというのはオサキですからね、前はサキと読みますから、御前《おんさき》、御前崎《おさきざき》、これがオマエザキになったんじゃないかと思うわけです。

御前崎の更に海上に地の御前というのがあるんです。神を祀る岩を地の御前と言うんです。それから御前崎。海の向こうからやってくる神が、そのオキの御前、ギノ御前に足をとどめて、そして御前崎の先端にやってくるというような考え方が古代にあったのではないかというふうに考えるわけです。

これは沖縄の例ですけれども、水平線の向こうからやってくる神は岬の先にまず上陸する。そういう例は沖縄ではこれはよく見られるのであります。

島根半島の東の神社にも地の御前、沖の御前があるんです。そういうことを考えますと必ずしも御前崎だけの問題ではないわけです。美保神社、美保の保は先端の意味です。ですから美保神社の保も、つき出した所から美保崎ということになった。

我々は陸上の生活に慣れきっておりますが、昔はそうじゃなくて、明治の初年はほとんど汽船なんですね、その前は帆船です。明治三十年頃から軍事的な意味を含めて鉄道が敷かれまして、我々は今は陸上交通に頼りきっています。ですけれども、地名を考える場合は、かつては海上交通が主であったということを抜きにはできません。そこで海上から命名された地名に注意しなくてはならないのです。近代以前の日本人の生活のあり方を考えるヒントになるからです。

地名というのは道徳的なものではないわけです。国に役に立つからといってつくられたものでもない。ただ生活のためにつくられているんですけれども、その生活のためというつくり方にもさまざまなものがあります。単に何か水汲みに行くだけのためにつくられた地名もあるし、ほかのいろんな意味でつくられた地名もある。それを我々は最早わかっている。

私たちが日本の国に生まれた、あるいは伝説が生まれた。これはよしあしの問題ではないんです。与えられているんですね。私たちがある母親から生まれたということは、母を選ぶんじゃなくて与えられることです。だからこそ母というのは、論理、倫理を越えて、私たちと直接のつながりを持つ。地名もそれと同じだと私は思います。

地名がなければ日本の歴史はないと言っていい。これから日本が地方の地名をなくして、ある物差しで統一した場合には、日本の歴史がすっかり消えてしまう。それは断言できます。地名があるからこそ我々はそれを手がかりに先人の心の感情というものをたどることができる。だからみちのくなどの歌枕を通して、あるいは枕詞を通してその地名への感情、あるいは土地の感情を味わうことができるということになります。

地名研究をやるからといって一文の得にもなるわけじゃない。地名をおたがい研究し合って権力に近づけやしない。骨董品のような場合は後でお金になるかも知れないけど、地名をあてたからって金にはならない。だからこそ地名研究は大事と言えるんです。一部の何かに利用したりされたりするようなものではないということに、地名の重要さというものがあるわけです。「無私の輝き」とでも申しましょうか。地名研究にはそれがあるんですね。

地名は、一個人の短い人生の何十倍も生きているわけです。日本は小さい土地でありながら、先人が、私たちの時代までその土地を利用してやってきているんです。それが地名の重要性です。日本語をやめてしまえなんていう時代が戦後の一時期ありましたけれど、やっぱり言葉というものは実に重要なんです。言葉がなければ文化はない。そしてまた歴史もない。地名がなければ歴史はない。歴史を説明するにはどうしても地名がかかわるわけです。

例えば前九年の役でも、『陸奥記』にあれだけの地名が記載されているからこそ意味があるわけです。安倍氏だとか源頼義だとか義家とかというのは主役のようでありながら、実は地名が主役だと考えます。おそらく地名はそういう主役をのせた大地そのものなんですね。ですから私は、この東北にぜひ地名研究会をつくっていただいて、東北の人たちの意識を掘り起こし伝えていこうと思ったわけです。

（「会報　地名研究」第一号　北上川流域地名研究会、一九九四年三月）

松永美吉『民俗地名語彙事典』上下

上

本書執筆の動機は昭和十年頃に地理学者である山口貞夫氏の「地名名彙」に触発されたことに始まるというが、著者はもと民俗学の研究者であり、また若くして熊本逓信局海事局に勤務し、海難事故関係の事務処理を担当したということもあって、本書に収録された地名はたぶんに民俗的であり生活誌的な匂いのするものを含み、あわせて気象、天象、海象に関する言葉もかず多く拾われている。風の方位名がそのまま地名となった例があることから分かるように、気象は地名と深いつながりをもっている。

事（辞）典には二通りの種類がある。一つは引く事（辞）典であり、もう一つは読む事（辞）典である。引く事（辞）典はその項目の定義が分かればそれで当座は用済みとなるが、読む事（辞）典はそうではない。項目の内容がゆたかに説明されているのでつい隣りの項目にまで目を走らせるように、読む楽しみを与えてくれる。そうしてさまざまな連想が湧き立つことを抑えられない。本書が後者であることはいうまでもない。

著者は自分の意の赴くままに語彙を探索した。自在なこころはどのページにも溢れている。しかも出典が明記されているので、読者は安心してその説明に付きあうことができる。

これまでの五十音引きに配列された地名辞典は、結論だけを強調して筆者の独断を押しつけるものが多い。利用者には一見便利なようであるが、むしろ有害な影響を及ぼしていることがすくなくない。本書は、多くの事例を並べて説明していて、その弊を免かれている。著者が手本にしかつ利用したのは、引用書目が明記されている柳田国男編『綜合日本民俗語彙』であった。

日本の地名は切子硝子のような多面体であり、地理、歴史、民俗、考古、動植物、地質、気象などのさまざまな分野の研究が参与してはじめて充分な解読ができるものである。日本の地名は気の遠くなるように長い年月をかけて生まれているが、それを命名したのは九割がたその土地に住む生活者である。このことから地名が生活者の習俗とふかく関わりあっていることは否定できない。地名と民俗との関係をこまかく叙した本書を、そうした意味で〝地名を通して見た庶民の生活誌〟ということもできるのである。

たとえば本書には次のような記載がある。

「クミジ　島根県、広島県の山間部で川端の物洗い場。高知県では飲料水を汲む所。クミデに同じ〔『綜合』〕。高知県安芸市土居では、武家屋敷の用水路の水を屋敷内に引き入れてあるのをクミジといい、洗いものをするためのものをいう〔「週刊新潮」昭和五四・一〇・一一号〕。」

ここにいう『綜合』は『綜合日本民俗語彙』を指すが、週刊誌の記事にまで注意を払っていることが分かる。

私の生国の熊本県の緑川や福岡県の筑後川には、「クミズ」と呼ばれる地名がある。それは民家の勝手口から降りていく川岸の石段のあたりを指す。それは、川のほとりのてのひらほどの小地名であるが、この地名があるために、朝夕飲料水を汲んだり、月夜に洗濯したりしてきた主婦や娘の姿を想像することができる。この「クミズ」は「クミジ」または「クミデ」と同一地名であろう。

それに似た地名として本書には次のような記載がある。

「カワジ（前略）佐賀市の多布施川で、川の土手の竹藪の所々が切れ、幅一メートルほどの道が水際に下って、そこに洗い場の棚《タナ》が作られている。洗い場の数だけ藪陰に人家がある。この洗い場をカワジ（ヂ）という。カワジ棚は水位が一定の所は一段だが、佐賀平野の堀（クリークという）は何段もあり、満水時下段は沈んでいる。多布施川は鍋島藩初期、成富兵庫が改修し、城下町佐賀に支流をクモの巣のようにめぐらし飲み水にした。藩主居城の本丸まで引かれたこの水は、市民も殿様も一様に飲むので、子供に至るまで川を大切に心得ていた。多布施川監視の川役人は常時見回って顔を洗ったり、裸足で川に入ったりする者があれば、厳罰に処した。肥桶《コエタゴ》でも洗おうものなら、その場で斬り捨てになったという。山裾の上流の家では、川頭《カワガシラ》と自慢していた。子供はカワジの石畳に両手をつき、顔を流れにつけて水を飲んだ。大人たちは風呂、洗濯、炊事の汚水は、素掘りの窪地に溜め、川へは流さない。しかしオムツや肥桶は部落の川下で洗う。下流の者がきたならしがっても、「三尺流れりゃ水清し」といい、下流では「見んこと清し」と鷹揚であった〔『ふるさと雑記帳』〕。」

ながい引用になったが、ここには近世の藩政時代の水利用が計画的に秩序正しく遵守されていた実態が生き生きと描かれている。本書が〝地名を通して見た庶民の生活誌〟に価することは、「クミジ」「カワジ」の二項目を見るだけで充分である。

地名の研究は、柳田国男によって先鞭をつけられたが、その後、民俗学界では地名研究はほとんど発展しなかった。むしろ地名研究のその細流を民間の篤志家がうけついだ。私は地名研究の重要性を認識して、昭和五十六年に日本地名研究所を設立したが、それ以来、日本各地にも地名研究の気運が生まれてきている。しかし前にも述べたように、私共は充分に信頼するに足る五十音引きの地名辞典をもっていない。本書は、六十年の歳月をかけて博捜された地名語彙の一大集成であり、その刊行の意義は大なるものがある。

本書の原本となった「地形名とその周辺の語彙上・下・補遺三巻」は、日本地名研究所が毎年開いている全国地名研究者大会の席上で、第九回の地名研究賞を受賞した。私はこのすぐれた労作が非売品として少部数自費出版されたことから、多くの地名研究者に利用されないで終わることを惜しみ、加筆増補の上、装いを新たにして市販することをすすめた。著者は当時八十歳を越す高齢であったが、私の提案を快諾され、内容の充実をはかることに孜々《しし》として余念がなかった。その成果をこのような形で広く頒つことができるのは幸いである。地名研究者だけでなく、多くの分野の研究者が座右に備えて置くに価する辞書であることは疑い得ない。

しかし本書といえども、それが完成されたものということはできないであろう。地名の研究がつねに未完成であると同様に、地名語彙の収集も無限につづけることが肝要である。そうすることによって地名の語源穿鑿につきものの独断から、いっそう自由になれるのである。私たちは松永氏が達成した偉業に心から感謝すると同時に、その上に自分たちの発掘採集した地名語彙をもちよって、内容を豊かにし深めていかねばならない。この大きな積石塚の上にめいめいの石を積んで更に大きく高くする必要があると思うのである。

下

松永美吉氏は若い頃に海難事故関係の事務処理にたずさわっていたこともあって、本書には地名のほかに海象や気象に関わる興味ある民俗語彙がかず多く収められている。本書は読む事典としての資格を充分備えている。その数例を紹介して置きたい。それはどの箇所を開いてもよい。上巻から見ていくことにする。

「イワオコシ」「山口県見島ではネハン（涅槃）のイワオコシ（岩起こし）」というのは、涅槃会は旧暦二月十五日、新暦で彼岸の頃で、その頃の突風は海中の岩もゆるがすほど激しいので漁師は用心した。二、三月頃の北風は冷たく、海が荒れることを「春のヤシェギタ（やせ北）」「春の北風はアバラトーシ（あばら骨を刺し通すほどだとの意）」という、とある。これは漁師の体験から出た風言葉である。

「エイノオ」「『江漢西遊記』に、長崎県北松浦郡生月島について、此海よりエイの尾といふもの天に登ることあり、是は竜なりといふ、登らんとすると黒雲下がりて海の瀬を巻き次第次第に天に登るに雲中よりエイといふ小魚の尾の如きもののひらひらと見え遠ざかる故にエイの尾が登るといふなり」とある。竜巻のことを指し、鱏の尾に似ており、壱岐では竜巻をエイノオといい、五島の三井楽の漁民たちは夏のベタ凪のとき沖合に真っ黒になって立つ竜巻を「エーの上がった」という。その形状がエイの魚に似ているからであると、同地出身の漁夫の談をわざわざ紹介している。

ふつう竜巻は竜が空にのぼると思われているが、鱏が空にのぼるというのは本書ではじめて知った事実である。宮良当壮の『八重山語彙』を開いてみると、竜巻は「イノー、カジ」という。「イノー、ヌ、ブー」は竜巻の水柱が中断して蛇尾の如く天上より垂下せるもの、とある。とすればイノーはエイノオが訛ったのかも知れない。沖縄ではイノーは海岸に近い浅い海をあらわす語であるが、この竜巻ではエイノオのつづまった言葉と解するほうが適切であるように思う。

「サカリ」は傾斜地（下《サガ》り）のことであるが、徳島県阿南市に十八女《サカリ》の字がある。十八歳が女盛りであるとし、それを下《さかり》のこととしたのである。ところで「ククナリ」という地名になると同じ十八をククと読ませている。宮城県に多く、牡鹿町白浜十八成《ククナリ》、また気仙沼市大島十八鳴《ククナリ》浜などがある。そのなめ向いの唐桑町無根には九九鳴浜《ククナキハマ》がある。これは海岸の砂が鳴るということでつけられた地名であるが、それのくわしい説明が下巻の「ナキスナ、ナリスナ」の項目に見られる。それによると、鳴り砂には、音楽的に美しい音色のシンギングサンド（ミュージカルサンド）と悲鳴にも似たかん高い音を出すスキーキングサンド（きしり砂）に分けられる。砂の表面が汚れるにつれて発音能力がしだいに低下、スキーキングサンドを経て最後は鳴らなくなると説明されている。また木内石亭の『雲根志』の文章を引いて、丹後国琴引浜《ことひきはま》が琴の音を発することを紹介している。この琴引浜は京都府竹野郡網野町にあるが、島根県邇摩郡仁摩町には二キロに及ぶ海岸があって琴ケ浜と呼ばれている。その鳴き砂にあやかって同町では平成三年に大きな砂時計をこしらえて話題を呼んだ。

「ナグラ」は沖に出たときに、風が吹いて立つ高い波を指す。神奈川県藤沢市では海がふくれたように見えることをナグロという。トカラ列島の中之島では波をナゴイといい、奄美大島では波をナゴリという。八重山では大波や波濤をナグイと呼んでいる。と説明されている。これから分かることは、古歌に見る「なごり」を波の余波、波残《なのこ》りと一概に解することが誤りであるということである。

『万葉集』巻七の

名児の海の朝明《あさけ》のなごり今日もかも磯の浦廻《うらみ》に乱れてあらむ（一一五五）

また「催馬楽」の

風しも吹けば名己利《なごり》しも立てれば水底霧《みなそこき》りてはれその玉見えず

という歌の「なごり」は波の余波ではなく、高い波を指すのである。

さきの『万葉集』の「名児の海」であるが、「ナゴ」の項目には、砂浜で波の音がおだやかな所を指す。また細かい砂などをナゴと呼ぶ。千葉県印旛郡では「ナゴが飛ぶ」などといういい方をすると説明されている。

「ナザ」は千葉県富崎、夷隅郡大原町、徳島県阿部《あぶ》で海岸のことをいう、とある。このなかで、徳島県阿部の事例が注目をひく。『阿波国風土記』逸文に次の記事がある。

「阿波の国の風土記に云はく、奈佐《なさ》の浦。奈佐と云ふ由は、其の浦の波の音、止む時なし、依りて奈佐と云ふ。海部《あま》は波をば奈《な》と云ふ」

ここに出てくる奈佐の浦というのは徳島県の南端にある海部郡海南町の海岸で、今日でも那佐という地名が残っている。その北どなりの由岐町阿部は潜り海女で知られた所である。その阿部でナサ（ナザ）は海岸を指すということであれば、『阿波国風土記』逸文の、波の音のやむときがないから奈佐というとする説明が、まちがっていることが分かるのである。

ナザに近い発音をもつ「ナダ」は房州ではオキに対する語で、岸辺を指すが、岩も島もない全体に砂の沖へ向いた所、また荒い海をいうとある。大分県南海部郡蒲江町では、海岸線のゆるやかに湾曲している所を指す。また岸近い海面をいうことも多い。それと反対に沖合のことをナダと呼ぶところが静岡県などにある、と説明されている。

このようにナダという語はさまざまな使い方をされる。ちなみに徳島県の海部郡では日和佐町を中心とした上灘地方、また由岐町を中心とした下灘地方という呼び方もする。

「ナハ」については、与論島では「ナ」「マ」「ハ」というのは地理空間を示す接尾語であることから、著者はこのうち「ナ」と「ハ」をむすびつけてナハ（那覇）という地名ができあがったと考えている。島では岩礁のことをシ、またはセと呼んでいるが、瀬名波《せなは》は珊瑚礁の干瀬《ひし》にとりかこまれた地理空間ということになる。伊波普猷はオキナハは沖漁場《おきなは》と解しているが、そこが漁場として格好の場所であったことも手伝って、ナハには漁場の意味が付加されてきたものと考えられる、といっている。

さきに述べた徳島県海部郡由岐町阿部では満ち引きのないときを「ユタ」とあるが、満潮時の頂点で、潮が停止した状態の時を指すものであろうか、と著者は説明を加えている。ユタケシ、とかユタカというのはこうした潮が満ちた状態から派生した形容であることが分かる。ゆらゆらとたゆたうさまをあらわすタユタニという古語はユタニに接頭語のタがついたものと理解されているからである。満々とした海を表現するのにユタニもタユタニも共通した雰囲気を備えている。『万葉集』巻二十に

海原のゆたけき見つつ葦が散る難波に年は経ぬべく思ほゆ（四三六二）

という大伴家持の歌がある。これまで見てきたように、海に関わる地名や気象にかず多くの示唆が含まれていることを知ることができる。ここに紹介したのはごくわずかにすぎない。民俗語彙をひろく、こまかにあつめた本書はこのように分類別に拾い読みするだけで充分楽しい。しかし読者のあじわう楽しさは、七百にのぼる参考文献に目を通し、半世紀を優に超える歳月を本書の編纂についやした松永美吉氏の根気と執念の賜物であることを忘れてはならないのである。

（『日本民俗文化資料集成』第十三巻、第十四巻、一九九四年一月、六月）

地名改悪の愚行——沖縄県沖縄市の場合

復帰前から沖縄通いをしている私がいつも残念に思うのは、コザ市が美里《みさと》村と合併して沖縄市と名前を変えたことである。それは沖縄の復帰直後の一九七四年のことであったから、市当局にアメリカ軍の基地であったコザ市の思い出をはやく消したい、という願いがあったからかも知れない。しかし私はアメリカ軍の占領時代の沖縄を記念するために、コザという地名は残して置いて欲しかったと思うのである。コザという片仮名書きの地名は割れたコカコーラの瓶のするどい切れ口のように、一時期の沖縄を大胆に反映し、尖鋭に象徴している。どこかアメリカ西部を思わせるような街に、渦巻く白人兵や黒人兵、売笑婦の群。だが一九七〇年には、アメリカ兵の度重なる人権無視にコザ市民が激昂し、コザ騒動が起った。それは復帰を前にした歴史的事件であった。

沖縄市となったコザ市と美里村は、首里王府時代には、越来《ごえく》間切《まぎり》に属していた。「おもろさうし」には「ごゑく」と表記されている。方言ではグイクというが、私はこの地名が大層好きである。コザ市と美里村が合併したときに、どうして越来市と改称しなかったか。コザの名を残さないとしても、古い王府時代の地名に帰ることはできた筈である。「おもろさうし」には「越来《ごえく》綾庭《あやみや》」（越来のりっぱな神祭の庭）とか「越来《ごえく》小照《こて》る曲《わ》」（越来の照り輝く城囲い）とか美しい表現が見られる。また次のような詩句もある。

越来《ごえく》世《よ》の主《ぬし》の（越来の領主の）
鷲の嶺ちよわちへ（高い嶺に居給いて）

東の海見居《みよ》れば（東の海を見ると）
白波や（白波は）
かなごり襲《おそ》う様《や》に（かなぐり襲うよう）

このような風景を想像すると、それにふさわしい地名が越来《ごえく》のほかにあろう筈はない。しかし市当局はコザを残さず、越来《ごえく》にも帰らず、醜悪というほかはない沖縄市の名を採用した。那覇市は沖縄県の中心都市としては沖縄本島の南にかたよりすぎているから、その北方二十二キロにあるコザ市に県庁を移転したいというのが沖縄市改名の下心にあったようだが、名前を変えたから、それで現実までうまくいくというのは、はかない願望である。ただ、わずかに慰められるのは、沖縄市の行政地名に越来が残り、またコザの名の由来とされる古謝《こじゃ》、胡屋《ごや》などの地名が見られることである。

（「日本地名研究所通信」第一一号、一九九四年九月一日）

落合重信先生の地名研究について

落合さんの仕事は書かれたものを通じてしか知らないので、業績を突っ込んで全般的に論じることはできないが、その仕事は深く敬愛している。

亡くなってから私が主宰する日本地名研究所の日本地名研究所賞を差し上げた。これまで奈良の池田末則さんやアイヌ地名の山田秀三さん、鏡味明克さんら全国の最高水準の研究者の方々にお贈りしてきた。本来なら亡くなる前に差し上げるべきだったが、こんなに早く他界されるとは思っていなかった。最後にお会いしたのは播磨の地名を語る会の準備会だった。だいぶ弱っておられたが元気だった。「日本地名研究所通信」に「信頼に足る地名辞典が少ない」と私が書いたことを覚えておられ、意気投合した。

地名研究は簡単なようで難しい。漢字は奈良時代の初めに良い漢字二文字を当てよと朝廷が指示を出したので、当て字である。その音訓でまた漢字が変わり、もとの意味が忘れられてしまい、色々な解釈が出てくるので語源研究は難しい。

さて落合さんの地名研究の特徴は、研究に不可欠な小字《こあざ》を集めて、これに立脚している点である。神戸の小字は七〇〇〇ほど集めたという。この結果、実に手堅い研究になっている。地名研究の先駆者に鏡味完二氏がいるが、鏡味氏の研究は、国土地理院の地形図で拾った集落名、すなわち江戸時代の村落名である大字《おおあざ》を対象にしていた。江戸時代の村落名は自然村のような印象をうけるが、そうではなく行政村の単位である。これに対し小字は生産活動、血縁関係などからみて共同体の最小の単位である。これを単位に地名を考えることが最も重要である。明治の初めに小字が統合されているので、厳密には小字は最小単位ではなくなるが、柳田国男も小字を研究の単位にしており、その意味では落合さんは柳田の研究を受け継いでいる。鏡味氏は五万分の一の地形図で大字を丹念に拾い分析しているが、小字が大字にならなかったものが圧倒的に多く、いくら大字を多く拾っても脱落する部分が多くなる。だから鏡味氏の地名分布説はあまり信用できない。この点は長野の著名な郷土史家・一志茂樹氏も同じ意見だった。

例えば鏡味さんは落合という地名が西日本に少ないという結論を出して、落合さんと論争になった。落合さんは今と違って公刊された小字資料が少ないなかで、丹念に小字の落合やそれに類する小字を集めて、大字の落合は少なくても小字の落合はいくらでもあることを示し、鏡味さんの仮説が間違っていることを立証した。「角川地名辞典」などでも小字集を掲載するところが出てきており、兵庫県でも落合さんの仕事を引き継いで小字集を完成させて欲しい。

落合さんの地名研究の第二の特徴は、現地をよく調べて論を立てていることである。アイヌ語地名研究者の山田秀三さんは必ず現地を訪れて地名を考えた。アイヌ語地名は地形に忠実な地名だからである。青森県の下北半島に尻労（シッカリ）という地名がある。これはアイヌ語で山の手前という意味で、現地にいってみるとやはり行く手を山が遮っていて道が大きく迂回している。これに似た地名はアイヌ語が語源になっている可能性があるが、そのためには大きな山がなければならず、現地踏査が欠かせない。その点で鏡味さんの仕事は机上の部分が多い。落合さんと吉田茂樹さんも地名論争をしたが、そこでも落合さんは現地調査をゆるがせにしないで語源を考えることを重視している。

加えて地名研究には歴史的な視点、民俗学的視点が求められる。落合さんの研究はこれらを総合的に盛り込んだもので教えられることが多い。例えば吉田さんとの論争であげられた篠山町の安口（ハダカス）。吉田さんは耕すことをハダスということから開墾地名だとしているが、落合さんはこの地方でサンショウウオをアンコウまたはハダカスと呼んでいるから、安口と書いてハダカスとよませたのだという。

サダ岬についても色々考察している。沖縄の祭りで行列の先頭を歩き誘導するおばあさんをサダル神という。サダルとは先導するという意味であって、これが天孫降臨の先導役を務めた猿田彦に繋がる。大隅半島にも佐多岬があり、足摺岬ももとは蹉跎岬であった。蹉跎をアシズリと読んで足摺の漢字を当てたのである。こうしてみると岬は神を迎える先端にあるという共通点があることが分かる。落合さんも同じ意見である。

小字で地名研究をしようというのは小さいものへ愛情を注ぐことである。これは権力とは対極にあるもので、地名研究をいくらやっても権力に近付くことはできない。権力に近付きたい人は天下国家を論じた方が得策なのである。落合さんはそうした道を歩まず庶民の世界へ愛情を持って顕微鏡で見るように研究をしたのである。また落合さんは、小説を書いたりもしたというから、文学者の心性ももっていたのだろう。

地名は名もない人々の足跡である。それだけに消え去りがちで意識して保存していくことが必要である。例えば熊本の緑川や久留米の筑後川沿いにクミズという地名がある。川に面した家の勝手口にある一坪ほどの平地をクミズと呼んだ。クミミズからきたのではないか。主婦が勝手口から出てクミズと呼ばれる所で、川の水を汲んで米をといだり洗濯をした風景がこの地名から浮かんでくる。手の平のような地名であってもかつての生活を思い描けるような地名は重要である。これが消えると生活そのものが後世に伝わらない。

そして小さなものへの愛情は、人への愛情にも繋がる。先程の吉田さんとの論争は色々書かれている。例えば、稲美町の蛸草（タコクサ）を吉田さんは高い草、落合さんはスベリヒユの別名説、社町の木梨（キナシ）や豊岡市の城内（キナシ）を吉田さんは梨の木、落合さんはアイヌ語の林野説、円山川東岸の舞狂（ブキョウ）を吉田さんは「前」と関連づけるのに対し、落合さんは陰陽師が舞々をして舞狂うことと結びつけるなど、ことごとく意見の対立をみている。これは歴史的視点や民俗的視点を盛り込んだためであるが、不思議と相手の人格を傷付けない書き方をしている。これは読んでいて本当に気持ちがいい。それも落合さんの優しさの賜物である。

（「歴史と神戸」第三五巻第三号　神戸史学会、一九九六年六月）

地名——地を継ぐもの

私が地名の問題にたずさわるようになった契機は単純である。私は五十代の半ばになったとき、残された時間を測りながら、一つだけ社会に有用と思われる仕事をしておこうと考えたのだ。人生にきまったルールがあるわけではないから、どのように生きようと、それは個人の勝手である。人生に意味があろうとなかろうと、それは個人の内側の問題で、外部に指図される筋合のものではない。しかし無用者として生きようとも、人は単独で生きていくのではない。社会的人間という規定を免がれることはできないだけでなく、なにがしか社会の恩恵を受けている。そこで、時間と空間に限定されたある社会に生きた証しとして、自分の力の及ぶ範囲で社会に一つだけコミットしようと考えたのである。

さりとて、私に大それたことのできる筈のないことは自分でよく知っている。義務感だけが先走るのもごめんだ。自分に性に合った仕事ということで、地名を選んだ。

地名は一九六二年（昭和三十七年）の「住居表示に関する法律」の実施以来、受難の時代を迎えていた。地域住民の心の支えであり、また学問的にもきわめて重要な地名が、ヘロデの嬰児狩のように大量に虐殺され、抹消されていた。それに対する抵抗がないわけではなかったが、いずれも敗北に終っていた。そこで私は昭和五十三年に、全国組織の「地名を守る会」を結成した。それは大きな反響を呼んだが、地名を守る運動にたずさわる中で、地名破壊の背後には地名についての知識のなさがあることに思い到った。そこで三年後の昭和五十六年に、私は日本地名研究所を川崎市の一隅に設立した。その活動は今日に及んでいるが、その間、地名研究のためには地名史料を収集し保存しそれをひろく活用できる地名資料館の必要を痛感し、その建設にむかって微力を傾けた。それにしても五十代の後半と六十代の全部をついやして地名の保存、研究のために時間を割くということは思いがけないことであった。今から十年まえ「地名を守る会」を作ったときには、地名に係わる問題にこれほど深入りするとは思ってもみなかった。

地名破壊の現状をなんとか食いとめたいという運動に参加したところで、地名を保存することは、私にとっては日本人のモラルの問題であると共に、いやそれ以上に美学の問題であった。日本人の美意識に係わるゆゆしい事柄として私は地名を受取っていたし、今でもそう理解している。

私は以前から地名に魅力をおぼえていた。研究の対象としてよりは、むしろ自分の仲間うちの話相手が地名であった。旅行すればゆく先々の地名が語りかけてきた。そのうち、私の関心が民俗学から古代史へと拡がっていくにつれて、地名が古代史を明らかにする重要な鍵であることに気がついた。記録文書が乏しくても、地名と地名に由縁のある神社や伝承、それに古代氏族の動きが摑めれば、その四つの柱で古代史の空白の部分を再構築することができる。そうした仮説にもとづいて、私は『青銅の神の足跡』つづいて『白鳥伝説』を発表した。これらはすべて私が地名を守る運動と日本地名研究所の仕事にかかづらわっている期間の所産である。地名がかけがえのない日本人の遺産であるという主張を私は自分の著作で裏付けたことになる。もちろんこれからも、地名に関わるさまざまな思索と研究をすすめたいと考えているが、地名こそ地を継ぐものであるという信念のゆらぐことはない。（昭和六十三年一月尽日）

（「地名——地を継ぐもの」私家版、一九九七年八月）

意義深い吉田東伍記念博物館の開館

阿賀野川の峡谷に起こる東南風は春夏のころ北蒲原郡安田町に吹きあれる。このところから安田ダシと呼ばれている。この名物安田ダシの地に十七日、「吉田東伍記念博物館」が開館する。このことは日本の地名研究にとっては画期的な事件である。

安田町に生まれ、その後中学校もろくに出ていないで、独力で「大日本地名辞書」を完成させた吉田東伍はその偉業にもかかわらず一部の人に尊敬されているだけであった。しかし、ここに彼の名を冠した記念博物館が設立されたことで、吉田東伍の名を全国にひろめるきっかけとなり、安田町は日本の地名研究にとって記念すべき象徴的な意味を帯びることになった。それはあたかも柳田国男の「遠野物語」によって、岩手県の遠野が日本民俗界にとって記念すべき場所とされているのと同様である。

「大日本地名辞書」は、全国の地名・地誌を網羅したものであるから、全国の人びとがこの辞書の恩恵を蒙《こうむ》っている。この辞書から多くのことを学んだ人びとが、吉田東伍を慕い集まり、感謝の念を表すのに、安田町はもっともふさわしいところである。

ある国の評価は、その国が文化を大切にするかどうかで定まる。これは県や市町村の自治体でもそうである。しかし、日本の国や自治体の文化行政は、その富の蓄積に反比例して貧困である。安田町は、人口一万数千の小さな自治体であるが、この「吉田東伍記念博物館」を設立したことで、その名をながく残すことになった。町長はじめ町民の努力は必ず酬《むく》いられるであろう。

それでは何故、今、吉田東伍ということになる。学歴社会である日本に、自主的な判断力が欠けていることが、外国から指摘されている。こうしたとき、私が思い出す人びとの中に吉田東伍がいる。彼は独学で歴史を学び、前人未到の「大日本地名辞書」の編纂を思い立った。明治二十九年、彼の三十二歳のときである。それから十三年かかって明治四十（一九〇七）年には、続編をのぞいて辞書の完結にこぎつけた。その間、正味十二年二カ月、盆も正月もなく、四百字詰めの原稿用紙に換算して一日に六枚の原稿を書き続けた。この六枚というのは、史料を集め、それを読み、いちいち吟味し、それを整理し、筆録するという四つの作業を同時にやってはじめてできることである。それを彼は独力でなしとげた。

ふつう、地名を調査するにはまず現地を踏むことが肝要とされる。しかし、彼の場合、そのようなことをしていたら、執筆する時間がない。吉田東伍は現地におもむくことなく、十年一日のごとく机の前に坐して、史料を取捨選択し、それに自分の判断を加えていったのである。「大日本地名辞書」のどのページを開いても、彼が見事に裁断する姿に接し、日ごろ、右顧左眄《うこさべん》する学者の文章を見せつけられている私どもは、胸のすく思いを禁じ得ない。

しかもその論断が正確なことにさらに驚歎するのである。明治四十年から九十年を経過して、学問的価値が少しも衰えを見せないということは日進月歩の学問の世界ではまさに稀有《けう》のことである。

吉田東伍は、天才的な直観力の持ち主で、しかも刻苦精励を貫いた。彼は「大日本地名辞書」の序文の最後に「悪戦僅かに生還するの思いあり」と万感をこめた短い文章を書きそえているが、彼を独りで戦場に駆りたてたものは何か。日本の風土を理解し尽くしたいという衝動であったか、あるいは地霊の叫びに応じたのか、それは分からない。

彼は「大日本地名辞書」の執筆の動機を語っていない。しかし、彼が三十歳をわずかに越した年のある日に、志をたてたことは紛れもない。

この志を一途《いちず》に貫こうとして、十数年を費やすことになった。それは日々の戦場であった。彼の志が誰に頼るものもない激戦の日々を支えた。志のない学問は、色はでやかで美しいが匂《にお》いのない花である。人目にはよくても、人の心をつかむことはできない。今日の日本人に求められるのはこの志である。志をもって、日本人の学問の深奥をきわめた吉田東伍に、今日の日本人は学ぶべき多くのものを負っている。

（「新潟日報」一九九七年九月一五日）

地名改変の愚行

拙著『日本の地名』（岩波新書）の読者の中には、恣意的な地名改変をいきどおり、なげいてきた日本各地の草の根の人びとが多くまじっていると私は推測している。

「住居表示に関する法律」は一九六二年に施行された。それによって日本の市街地の地名は、短期間に、しかも大量に改変を強制された。それに反撥する地域住民の異議申立ても活潑で、なかには裁判にもちこんだケースもかなりあったが、いずれも敗訴に終った。

それを見かねて私が全国的な抵抗組織、「地名を守る会」を結成したのは一九七八年で、その間、地名改悪は急激に進行していた。それがどれだけ乱暴なものであったか、若干例を披露する。

岡山市では先年国体があったというので、前に上伊福という名であった場所を国体町に変えた。秋田県能代市では城もない漁師まちに大手町という地名をつけた。長崎市では富士が見えるはずもないのに、富士見町を誕生させた。

奈良市は前に柴辻とあった町名の一部を、そこが辻で十文字をしているからというので、プラス町とつけた。またおなじ奈良市では、奈良県と京都府の県境のニュータウンに、朱雀町、右京町、左京町の新町名をつけた。これは平城京の朱雀大路、右京、左京にあやかった命名であるが、明らかに歴史地名の偽造である。岩波書店のある一ツ橋という地名は、徳川家康が入府したとき、そこに一本の丸木橋がかけられていたことに由来するといわれ、徳川の一門の一橋家の名もここに起った。こうした由緒ある、奥ゆかしい地名を消滅させるようなことがあってはならない。

（『図書』五八〇号　岩波書店、一九九七年九月）

風と潮のロマンを期待——「海上交通と地名」に寄せて

私ども地名研究に携わる者にとって、吉田東伍は柳田国男と並んでけっして忘れることのできない人物である。吉田東伍が独力で、十三年間を費やして完成させた「大日本地名辞書」は刊行されてから百年近くたった今日でも、いささかも価値を失うことがなく、光彩を放っている。日進月歩の学問の世界では、このことは奇跡に等しい。東伍の天才的な洞察力がどのようにすごいものであるかがこれで分かる。

吉田東伍を後世に顕彰する博物館が、昨年九月、その出身地である北蒲原郡安田町に誕生したとき、私は二十一世紀への最良の贈り物をした安田町長の英断と、それを支持した町民に心から敬意と感謝を禁ずることができなかった。

私ども日本地名研究所が毎年開いている全国地名研究者大会を、今年は新潟市と安田町で開催することにしたのは、それを記念してのことにほかならない。この大会を契機として、安田町が渾身《こんしん》の力をもって発足させた吉田東伍記念博物館が、より多くの人々に活用されることを願ってやまない。

今大会のテーマは「越後佐渡における日本海交通と地名」であるが、主として帆船時代をとりあげる。

かつて日本の交通は陸上よりも海上の交通が重要であり、それは日本海沿岸地方を中心に動いていた。北海道の西海岸から下関までの日本海沿岸は、大型の帆船が活発に往来し、上方の経済を動かす力をもっていた。そうした帆船の寄港地のほぼ中央にあたるのが越後佐渡であった。

直江津は中世のころから西国の船と東国の船とが交差する港として知られていたが、諸国から船びとによってもたらされた情報は新潟に集められ、諸国に散っていったに違いない。「風の便り」という言葉も、帆船のもたらす情報と考えればもっとも理解しやすい。民俗学者の宮本常一から聞いた話では、新潟にはよい造船業者がいて、そこで造った船は丈夫で船脚がはやく、安定していて航海に全く適していた。船乗りたちは船が帆を巻き上げるのを見ていて、それがどこで造った船であるかを「セミ」(滑車)の音を聞いて判別したというが、新潟の船はセミのきしむ音がきわめてかろやかであったという。そこで他国の人で新潟に造船技術を学びにきた者が多かったという。

私は帆船時代というと、このセミの音を想像するのである。帆船を動かすものは風と潮であった。帆船時代の歴史も経済も文化も生活も人情も、すべてひっくるめて、それは柳田国男の言葉を借りれば「風と潮のローマンス」にほかなかった。今大会ではぜひ、帆船時代の越後佐渡の風と潮の織りなす〝ローマンス（物語）〟を拝聴したいと楽しみにしている。

（「新潟日報」一九九八年五月一六日）

地名と風土

風土とは何であろうか、と考えるとき、その手がかりになるのは、八世紀の風土記のことである。元明朝の和銅六年（七一三）の中央官命にもとづいて、地方各国庁で筆録編述した所命事項の報告公文書である。報告を命ぜられた事項は、

（1）郡郷の地名には漢字二字の好《よ》き名をつける。
（2）郡内の産物（農工以外の自然採取物）の物産品目
（3）土地の肥沃状態

（4）山川原野の名称の由来
（5）古老の相伝する旧聞や伝承
である。

これを見ると、古代の日本人が風土記を編纂した意図が判明する。これを要約すると、ある地域の地名や伝承や物産品目や農耕に適する地質が問題にされている。

風土記は後世でいう地誌に相当するものであるが、この中で地名が重要とされていることを見逃すことができない。事実、風土記を開けば分かるように、おびただしい郡郷地名が述べられ、それにまつわる伝承が付随している。ということから、古代日本人の関心の度合が察せられるのである。風土というとき地名と伝承を抜きにすることはできない。それを逆にいえば、地名と伝承を抜きにした風土の概念は成り立たないのである。地名は土地につけられた名前であり、人間の日常生活に不可欠のものである。地名のない風土というのは、たんなる空間（容れもの）にすぎない。その空間を認識するのには地名が必要であり、地名には由来や説話伝承がつきまとうのである。

地名はそこに住んでいた人々の日常の歴史が籠められているのであり、それゆえに地名は土地の霊ともつながっている。地名がその土地の霊とかたく結びついているという信仰は、古代では国魂《くにたま》と呼ばれた。どの風土も国魂をもっていた。その国魂は神として祀られた。武蔵国一の宮の大国魂神社がその一例である。その国魂を眼に見える形で捉えることのできるのが地名であった。

風土を大切にすることは、地名を大切にすることと同意義である。果実にたとえれば、風土は果肉である。果肉に守られている種子は地名である。したがって、果肉を抜きにして、種子だけを相手にすることはできない（そうした地名研究者が多いのであるが）。地名を研究するのには風土を研究しなくてはならない。それにしても風土というのはなつかしい言葉である。風俗というのは古代にはクニブリと称せられた。風俗歌は今の民謡であり、万葉時代の東歌の世界である。東歌では地名は重要な役割を果している。風土認識には、地名をその中心とすべきであるというのが私の考えである。

（第二回風土工学シンポジウム　常葉学園・富士常葉大学　風土工学デザイン研究所、二〇〇一年一一月）

地名学心得

本居宣長に『初山踏《ういやまぶみ》』という著作がある。私の好きな本の一冊。学問の研究を、はじめて山に登る心得にたとえたものである。宣長は次のように述べている。

学問を研究するには、まず年齢にこだわることはない。四〇歳から始めてもよいし、二〇歳からでも八〇歳からでもよい。もう一つ、才能のあるなしをあまり気にする必要がない。何が必要かというと、それは持続してやることだ。つまり途中で止めないで、絶えず続けることである。

そのほかに重要なことは、どんな方面から始めてもかまわない。自分の好きなところから始めればよい。登る道は別でも、やがて同じ頂上に行きつくであろう。

私はこの学問の心得は、一級品だと思う。江戸時代随一の国学者、本居宣長の言葉には千金の重みがある。地名の研究も、どこからでもいいと思う。地理からでも、歴史からでも、言語からでも、民俗からでも、どこから接してもかまわない。地名はそれだけ多くの登山口がある。自分の好きな所から、入りなさいということである。

さらに地名の探求には、才能はたいしたことではない。「明日からやろう」と思えば、誰にもできるのである。これが地名の特徴である。

また年齢や社会的地位に関係はない。地名研究は、家庭の主婦が、家事の傍らでもできるのである。ただ忘れてならないのは、持続してやることだ。ほかの学問でも同じだが、地名研究の不可欠の条件だと思っている。

（「地名文化」第五号　中部地名文化研究会、二〇〇一年一〇月）

『日本地名研究所の歩み』御挨拶

昭和六一年

地名は地の塩である。塩の効力が失なわれたならば、大地は味わい深い意味をなくしてしまう。私どもはそのことを自覚しつつ、川崎市と神奈川県の協力のもとに、日本地名研究所の活動をおこなってきた。日本の伝統文化を守るために生まれた一つの新しい実験炉が始動してから今年で満五年になる。その間、八回にわたる地名全国シンポジウムあるいは地名全国研究者大会を開催した。その参加者は延べ数千名にのぼる。また日本地名研究所と共に地名調査をつづけてきた厚志の人びとは、これもこの五ヶ年で、延べ数千名をかぞえる。そのほか、日本地名研究所と連帯する各地の地名研究会はすでに三十に及ぼうとしている。このようにして、日本地名研究所を支えてきた人びともまた地の塩である。それらの人びとの無私の精神と好意の発露がなければ、私どもはとうてい今日の基礎をきずくことはできなかった。

大地に刺青された地名は日本人としての証しであり、それを消し去ることは日本人としての自己証明を放棄することである。その確信が私どもの活動の源泉であった。その源泉に身をひたせば、一時の艱難も癒やされるのが常であった。こうして五年間が経過した今日なお、将来に残した課題もすくなくない。それと立ち向うために、ひとまずけじめをつける意味で、ここにささやかな記録集を残すことにした。この記録集を苦楽を共にした人びとに捧げると共に、できるだけ多くの人に日本地名研究所の活動内容を知って貰いたいとおもう。

（『日本地名研究所の歩み　一九八一年一〇月～一九八六年一〇月』日本地名研究所、一九八六年一〇月）

平成三年

川崎市の一角に日本地名研究所を設立してから十年が経過しました。その間の私どもの活動の記録をここにまとめました。この記録集に見るように、ひと通りの基礎工事をなし終えた現在、私どもは、活動の第二段階に入ろうとしています。研究所設立当初からの念願であった日本地名博物館（仮称）は用地を確保でき、数年後に予定された開館を目指して、具体的作業を急速に進めるべき時機が到来しました。それが完成したあかつきには、川崎市は文字通り、日本の地名研究のメッカとして、全国の人びとの期待に応えることができると存じます。

私どもは由緒ある伝統的な地名を破壊することは、日本人の魂の拠りどころを失なうことにほかならぬと確信し、研究所の仕事を進めて参りました。日本地名博物館はそうした私どもの志の結晶であり、いわば日本人としての誇りを後世に伝えるための精神の塔であります。

今日、わが国の思想状況は世紀末にふさわしく深い昏迷の霧に包まれております。しかしその彼方から二十一世紀の足音は確実に近づいてきます。私どもはその足音に耳をすまし、新しい世紀に立ち向かうために、貴重な文化遺産である地名の研究をこれからもつづけていく所存です。この記録集を、この十年間、私どもと苦楽を共にしてきた多くの人びとにささげます。

（『日本地名研究所の歩み　一九八一年一〇月〜一九九一年四月』日本地名研究所、一九九一年四月）

平成一三年

川崎市の一角に日本地名研究所を設立してから二十年が経過しました。その間の私どもの活動の記録をここにまとめました。日本の伝統文化の中核となる貴重な遺産である地名を守り、研究するために、ささやかではあるが、精一杯努力した跡をこの記録集に見ていただきたいと存じます。

この二十年の間、日本地名研究所の歩みはけっして平坦なものばかりではありませんでした。研究所設立当初からの念願であった日本地名博物館は、川崎市当局による用地の確保はできたものの、その後、市財政の悪化によって、その建設計画は中止になりました。日本地名博物館が完成したあかつきには、川崎市は文字通り、日本の地名研究のメッカとして、全国の人びとの期待にこたえることができると意気込んだのも、一場の夢となりました。

しかし私どもはけっして挫けません。日本地名研究所は、今もって日本人としての誇りの伝統を後世に伝えるための精神の塔であります。

二十一世紀を迎えましたが、日本は相変わらず深い昏迷の霧に包まれております。このときまず日本人がなすべきことは、自分の立っている大地をよく知ることです。その大地に刻まれた地名の声によく耳を傾けることです。さいわいに私どもはこの二十年の間に、志を同じくする人びとを全国に大勢獲得することができました。この記録集を、私どもと苦楽を共にしてきた全国の多くの人びとに捧げます。

(『日本地名研究所の歩み　一九八一年一〇月〜二〇〇一年一〇月』日本地名研究所、二〇〇一年一〇月)

『地名研究必携』監修のことば

地名研究は多くの時間と莫大な労苦をついやし、しかも世間的には報われることの少ない仕事である。にもかかわらず地名研究者を駆りたてるひそかな衝動がある。その衝動は一体何であろうか。それは地名研究が日本人としての自己確認（アイデンティティ）につながるものであることを確信し、その成果が一人でも多く利用されることを切望する心情と無縁ではない。

地名には地霊のささやきがこめられている。そのささやきを聴く耳をもった者にとっては、地名研究の途上に出会う辛酸も佳境となんら異なるところがない。そして、いつしか地霊の誘いに促されて地名研究に深入りしている自分を発見する。本書の編著者である滝澤主税氏もその一人であり、長野県の地名研究の大先輩であった一志茂樹氏の遺志が今もって滝澤氏を動かしつづけている。

滝澤氏は地名の分類・体系化に関心を寄せ、天保郷帳の村名を国別・郡別に配列し、ふりがな・現市町村名を付し、索引も作成した。かの吉田東伍の「大日本地名辞書」の該当巻頁まで登載させている。正保・元禄・天保の三郷帳のうち、天保郷帳の勝れた史料性に着目してのことである。

滝澤氏は自らこの「はしがき」で「この本は、地名の索引字引です」と云っている。そして「別して地名の由来や歴史、また命名の起源などに言及したものではない」とも云っている。「字引」とは本来、用いる人の能力に呼応して機能を発揮するものである。さりとて「字引」なしでは文をものすることはむずかしい。「字引」とは「保険だ」と或る作家が云っていた。「辞書をもっていると、言葉の保険に入っているような安心感がある。辞書がないと、そういう安心感がないというか、一寸先は闇、わからない言葉に出合ったらどうしよう、という不安感がある」と書いている。また、「辞書はソロバンに似たところがある。ソロバンは計算の道具だが、自分で計算をするわけではない。辞書も自分で検索するわけではない。パッシブなメディアなのである。能動的なカウンターとして人間がいる」とも書いている。

滝澤氏の論によると、天保郷帳に出てくる村名が「地名の基礎語彙」であるという。国名・郡名・村名は、もちろん基礎地名であるが、基本は天保郷帳の「郷帳村名」であるという。

私はこの滝澤氏の所論を確認すべく、拙著を用いてこの「地名研究必携」を引いてみた。能登半島の東北端、珠洲岬の近くに「狼煙」という地名がある。「地名研究必携」で「狼煙」を引くと、「能登国珠洲郡狼煙村（のろしむら）明治二二年以前狼煙村・狼煙新村　明治二二年日置村　明治二二年以降西海村　現市町村石川県珠洲市」とあり、「狼煙　禄剛埼の傍なる里落にして、今、折戸と併せ日置村と改称す。狼煙とは古の烽火の別称にして、王政の盛代に海上警戒の為めに其備ありし故蹟とす。云々（吉田東伍　大日本地名辞書五巻一三一頁）」とある。拙著「日本の地名」掲載の地名のうち二二一〇の地名を、また「続・日本の地名」では二二三の地名を引くことができた。掲載全地名の七、八割に相当する。他は滝澤氏の云う「小字・小名」に分類される地名であった。まさしく「地名の字引」である。

さて今日、日本全土は市町村合併の暴挙が渦巻き、文化の指標たる地名は壊滅の危機に瀕している。こうした時代に滝澤氏が地名研究の伴侶となる「地名研究必携」を地名の字引として出版することは、大いに意義あり賛同すべきことと高く評価し、その労苦に対し感謝の言葉を惜しまぬものである。

（滝澤主税編著『地名研究必携』日本地名研究所、二〇〇三年五月）

長い歴史を継承する生きた化石としての地名

移ろう社会でも変わらない地名

人は自分の住んでいる土地には愛着をもつものです。その土地を構成するのは山であり、川であり、森ですが、それにはすべて名前がついています。したがって、山や川や森を思い浮かべるのには、かならずそれにつけられた名前も一緒に思い浮かべることになるのです。自分の家のまわりの土地、耕す田や畑、また海岸なども地名がついています。そこで自分の住んでいる土地に対する愛着と地名に対する愛着は切っても切れないものとなるのです。

ここで地名が変わったら、地名を通じて思い浮かべていた土地の形や色や輪郭がぼやけつかめなくなることが起こってきます。その土地が何か以前と変わってよそよそしく感じられることが多いのです。

都会でも田舎でも、地名は毎日使用しています。独り者の一人暮しは別ですが、家族があり、まじりあう世間がある限りは、自分と他人との伝達手段として、地名はどうしても必要です。

このように地名は場所を標識する符号として役に立っているのです。親戚や兄弟が離れて住んでいる場合には、何処何処の叔父さんとか、何処何処の兄さんといえば、名前を呼ばなくても、親戚や兄弟の間では、話が通じます。そのうち、相手の名前は忘れても、相手の住んでいる土地はいつまでも覚えるということになります。

年をとると、物忘れが烈しくなります。その中でも、とくに人の名前を忘れることが多いのです。どうしても思い出せない人の名前も、その人にまつわる土地の名は記憶に残っていて、それを言うことで、話を合わせることのできる場合が少なくありません。

このことは何を意味するのでしょうか。地名も名前も固有名詞ですが、地名は第一次的固有名詞であり、姓名は第二次的な固有名詞です。というのも、姓名はその人が嫁にいけば変わります。養子の場合もそうです。亡くなって、人々の記憶からうすれていくと、いつしか忘れられてしまいます。しかし地名はそこに住んでいる人々が入れ替わり立ち替わりしても、変わることはありません。一つの地名を何十世代もの人々が毎日使って今日にいたっています。それは奈良県の地名を思い出すだけで充分です。三輪山、二上山、飛鳥川、葛城や桜井などは奈良に都が定められる前からあった地名ですが、今日の私たちはそれらの地名を無造作に使っています。つまり地名は人名よりもはるかに変化が少ないという点で、人名よりも強固な固有名詞であり、第一次的固有名詞といえるのです。

日本が中国から倭国と呼ばれていた弥生時代、三世紀後半の魏の国の歴史を記した魏書に「魏志倭人伝」があり、そこに日本列島のことが記されています。倭国の国々に対馬、壱岐、末盧国のことが述べられていますが、これらの地名を私達は今でも使用しています。末盧は松浦で、末盧国というのは松浦半島のことです。二千年近い歳月の間、同じ地名を毎日々々、とだえることなく使用してきたというのは、すべてが移ろいやすい社会にあって、おどろくべきことではないでしょうか。

博物館や美術館に収納され展示されている縄文時代の壺や鎌倉時代の鎧などは、貴重な文化遺産であり、高価な骨董品ではありますが、その時代では実用品であったとしても、後世には、日用品でなくなり、大切に保存されているに過ぎません。

しかし、地名は違います。先史時代、古代、中世から伝わる地名を二一世紀、つまり月に旅行ができるような今日でも、毎日使用しているのです。時間の腐蝕を受けない耐久性ということを考えると、この事実は奇蹟でなくして何でしょう。

変わらない地名が持つ意味

地名が変わらないということ。これはきわめて重大な意味をもっています。仮に地名がどんどん変わったとしましょう。そうすると文化も歴史もなくなってしまいます。歴史は文字にだけ記されるものではありません。語り継ぐものです。一番近い例は太平洋戦争の東京大空襲や沖縄戦や広島長崎の原爆投下です。これらは今もってその悲惨さが住民たちによって語り継がれています。これはこの先もずっとつづくことは間違いありません。もし広島や長崎の地名が、原爆の忌わしい思い出をもつから変えようという論議が起こり、それが実際に施行されたとします。すると原爆についての歴史はそこで人々の中から途切れてしまうことになります。ヒロシマ・ナガサキは外国人にとっても忘れることの難しい地名です。むしろ永久に保存し、人類の負の遺産として記念すべき地名なのです。歴史とは繰り返し思い出すことであり、そのためには歴史の舞台となった地名が変わらないで、持続していることが肝要です。

持続しない文化はありません。五年や一〇年で変わっていく文化は、文化の名に価しません。それはただの流行です。文化とは古いものの土台の上に新しいものを付け加えていく作業です。土台が絶えず変わったら、その上に新しいものを築くことなどできるわけがありません。地名は日本の文化、日本の伝統、日本の歴史を載せる土台であり、屋台骨です。

これほど重要な地名なのに、どうして日本人は地名を大切に扱わないのでしょう。今日おこなわれている市町村合併では、四国中央市とか南アルプス市だとか、恥ずかしい名前が臆面もなく誕生しています。このように、卑しい命名が横行している原因は色々ありますが、その一つに、日本の地名の数が多いので、それが大切にされないことにつながっていることがあります。

地名は自己を確認できる場所の標識

日本では、せいぜい人口一万の小都市、これはたいてい町か村なのですが、そこに数百の小字《こあざ》地名があることがザラなのです。全国ではどの位の小字があるか、見当もつきませんが、数百万、あるいは一千万を超えると思います。しかしそのために逆の現象が起こります。飲料水が毎日の生活に不可欠なように、地名もそれを使用しないでは、日々不便きわまることになります。その地名が多いために、かえってぞんざいに扱われているのです。飲み水のありがたさは、外国にいくと、よく分かります。日本のように山水に喉をうるおすというようなことは、もっての外です。水は煮沸して飲むことを教えられます。飲料に適した水にとぼしく、生水は飲まないことが原則なのです。飲み水を買わねばならないところもあります。

しかし、日本では飲み水はどこでもあり、自然に湧き出る水を警戒することはあまり必要ではありません。つまり、飲み水はタダだと思われているのです。地名も同様に、あまり数が多いので、それも由緒ある地名にあふれているので、地名のありがたさ、大切さが身に沁みないのです。そこでわざと平仮名や片仮名の地名を選んだり、途方もない観光的な地名、幼稚園の名前のような地名を得意がるという、あきれた風景が展開しているのです。人は父や母をなつかしく思います。ふるさとの山や川も父や母のようになつかしいことは誰でも体験していることです。その山や川につけられた地名も父や母のようになつかしいものです。住んだ土地には自分の生涯の、あるいは一時期の体験がしみこんでいます。それが自分の父母も住んだ土地となると、尚更です。こうして先祖をさかのぼっていくと、地名は日本人の共同の感覚を味わう最小の、固い拠点となるのです。日本人が民族としての自己を確認できる場所の標識が地名です。地名が変わって淋しいと思う人々は、その地名に籠められた自分の分身が失われた淋しさを味わっているのです。

（「人間会議」二〇〇四年夏号　宣伝会議、二〇〇四年六月）

要望書

地名は、今危機にさらされている。

目下進行中の平成の市町村大合併において、耳目を疑うような新地名が続出している。それら新地名は、地域の歴史的伝統を踏まえたものでは全くない。それどころか、いたずらに新奇を競い、誇大な地名をもてあそび、地域住民の生活感覚を反映せず、地名を観光誘致の広告塔に役立てようとする浅はかな魂胆が見え透いている。

たとえば「奥州市」は、岩手県の一地方都市の合併であるにもかかわらず、県の境域を更に越えた広大な奥羽地方の名前をとっている。

また鳥取県の「南部町」はたんに米子市の南に位置するというだけの命名である。

「四国中央市」にいたっては、四国各県庁所在地から車で一時間程度の等距離にあるというだけの理由から採択された。

このほか、世論の烈しい反対にあって白紙に還元された地名も少なくない。

いわく、「太平洋市」、いわく「ひらなみ市」、いわく「南セントレア市」、いわく「白神市」等々。

このような状況は、地名が日本の伝統文化の基本となるべき生きた財産であることをわきまえぬ、ただ一部の者たちによる勝手きわまる恣意的な行為と言わざるをえない。

この侭で推移すれば、日本人の精神の深部を侵犯し、破壊することは目に見えている。

ここで私たちは、川崎市でおこなわれた平成十七年度の、第二十四回全国地名研究者大会の名において、これまでの当事者まかせの粗雑で、不合理な審議を反省し、それにかわる歴史に造詣の深い有識者による、政府の地名審議会機関の、設立を強く望むものである。

平成十七年五月二十二日

第二十四回全国地名研究者大会　代表　谷川健一

（第二四回全国地名研究者大会　二〇〇五年五月）

地名は日本人の誇りの源泉

一　地名はもっとも古い文化財

人間の社会生活が営まれるところには必ず地名がある。人びととの交流の中で、日常的に場所をはっきりさせることが必要である。そこで日本列島の社会でも、地名は縄文時代以前から存在していた。地名はもっとも古くからある言葉である。それでいて地名はもっとも長く使用されている言葉でもある。

縄文時代の土器、鎌倉時代の鎧、室町時代の陶器などは、各時代の文化財であるが、それらは今日では美術館や博物館、民俗資料の陳列室に並べられるか倉庫に蔵いこまれて、日常的に全く使用されていない。それどころか、敗戦後に盛んに使用された日用雑器のたぐいも、今は誰も忘れてしまっている。

しかし地名はそうでない。平安時代の「延喜式《えんぎしき》」や「和名抄《わみようしよう》」に記載された地名の多数が今もって日常的にさかんに使用されている。

わが国では弥生時代にあたる、三世紀の後半、「魏志倭人伝」が作られたが、それには対馬とか一支《いき》（壱岐）とか末盧《まつろ》（松浦）の地名が記されている。その地名が二一世紀の今日でも使用されているという事実は、他の文化財の命の短さと比べて見ると、おどろくべきことである。

地名には更に他の特色も見られる。それは地名が一般人の使用するものであって、王侯貴族など支配階級の専有物ではないという事実である。地名のほとんどは、いつ、誰が、どうしてつけたか分からないというのが実状である。貴族や武士が自分勝手に命名した地名がないではないが、それはごく限られている。

こうしたことを踏まえて、次のように要約することができる。

地名はもっとも古くに誕生した固有名詞であり、その固有名詞はとぎれることなく持続して使用されてきた。地名はもっとも息の長い産物である。しかも地名はひろく庶民層の間で日常的な道具として扱われてきた。

このことから地名を水にたとえることができる。日本では「水」はタダであると思われる。それは飲料に適する水が容易に入手できるからである。しかし外国ではそうではない。飲料水は買わねばならない。それほど貴重なのである。これは地名にも言い得る。日本では地名は古代、中世、近世、近代と各時代にわたって使用されてきたため、おびただしい地名がある。大字《おおあざ》は推定一三万ぐらい、小字《こあざ》にいたっては数百万あると言われている。人口一万ぐらいの地方の小都市でも、大字は数十、小字は何百とあるのがふつうである。このことから地名はどの町村でもあふれているように見えて、一向にありがたく思われない。しかしアメリカなどのように建国の歴史の浅いところでは、地名の数もごく少なく、それだけに貴重な取扱いを受けていて、外国では地名をたやすく改変することは許されないのである。

日本の地名は先史古代から今日まで続いて使用されている例が少なくない。地域住民の感情が地名には泌みこんでいる。日本では地名は場所の標識を示す符号ではない。日本の共同社会の意識や感情の籠もった存在として、地域の生活と深くかかわりあっている。

そもそも日本では地名は魂をもつものと考えられてきた。たとえば「古事記」の国生みでは伊予《いよ》の国は愛《え》媛《ひめ》と呼ばれた。愛媛は兄媛《えひめ》であり、姉娘のことを指す（ちなみに弟媛《おとひめ》は乙姫である）。つまり土地は人格をもっていた。信州上田の近くには生島足島神社《いくしまたるしま》があるが、ここでは土地が神として祀られている。生島足島神社の本殿には御神体は何も置かれていない。あるのは土間だけである。大阪市には生国玉《いくくにたま》神社があるが、ここでも国土を生きたものとして祀ってある。日本各地には、武蔵国の大国魂《おおくにたま》神社のように、国魂を祀る神社がある。このとき地名は土地の精霊に付けられた名前なのである。古代では、土地は人格を備えたものとして崇敬の対象であった。山や海や川も同様であり、そこに神が存在するのは当然として疑われなかった。それらの土地の神々に寄せる敬虔な情は、地名への敬虔となってあらわれた。それをもっともよく示すのが、詩歌であることはいうまでもない。

二　歌に詠まれた地名

まず「万葉集」から地名を詠みこんだ歌をいくつか拾ってみる。

明日香宮より藤原宮に遷居《うつ》りし後、志貴皇子の御作歌《みうた》

采女の袖吹きかへす明日香《あすか》風都を遠みいたづらに吹く

（いつもは采女のはなやかな袖を吹きかえしていた明日香の風も、都遷りによって、都が遠くなりさびれてしまって、むなしく吹くばかりである）

大津皇子の屍《かばね》の葛城《かづらき》の二上山《ふたかみやま》に移し葬《はふ》る時、大来皇女の哀《かな》しび傷む御作歌

うつそみの人にあるわれや明日よりは二上山を弟世《いちせ》とわが見む

（この世の人である私は、明日からはこの二上山を亡き弟と思って眺めよう）

柿本朝臣人麿、近江国より上り来る時、宇治川の辺に至りて作る歌

淡海《あふみ》の海夕波千鳥汝が鳴けば情《こころ》もしのに古《いにし》へ思ほゆ

（近江の海の琵琶湖の夕波に千鳥が鳴くと、心もなびいて、昔のことが思われる）

柿本朝臣人麿の歌

み熊野の浦の浜木綿《はまゆふ》百重《ももへ》なす心は思《も》へど直《ただ》に逢はぬかも

（み熊野の浦の浜木綿は花が幾重にも重なりあっているが、そのように心には深く思っていても、直接逢う機会がない）

以上、「万葉集」の歌四首を並べてみた。明日香（飛鳥）、葛城、二上山、近江、熊野は万葉びとにとって親密な存在であることを示している。それはこれらの万葉歌を読む後代の私たちにもはっきり伝わっていく。「明日香風」にひるがえる乙女の袖が見え、二上山を凝視する皇女の固い横顔を思い描くことができる。琵琶湖の夕浪に悲しげに鳴く千鳥の声が聞こえてきて、荒れ果てた大津の旧都をしのばせずにはおかない。また熊野の海岸に自生する浜木綿の幾重にも引き裂かれたような花びらがあらわれ、直に会うことのできない恋人への心の乱れをまざまざと感じさせる。

地名のもつ魅力は東国の庶民の共同感情をうたった「万葉集」の東歌《あづまうた》に遺憾なくあらわれている。

にほ鳥の葛飾早稲《かつしかわせ》を餐《にへ》すともその愛《かな》しきを外《と》に立てめやも
吾が面《おも》の忘れも時《しだ》は筑波嶺《つくはね》を振り放《さ》け見つつ妹《いも》は偲《しね》ばね
ま愛《かな》しみさ寝《ね》き吾《わ》は行く鎌倉の美奈《みな》の瀬川に潮満つらむか
多摩川に曝《さら》す手作《てづくり》さらさらに何《なに》ぞこの児のここだ愛《かな》しき

ここに言う葛飾、筑波嶺、鎌倉、多摩川はいずれも現在使われていて私たちに親しい地名であるが、東歌の中では土台石のような重量感をもっている。地名はまた俳句においても限りない力を発揮する。それは芭蕉の句をとりわけるだけで充分である。

暑き日を海に入れたり最上川
象潟《きさかた》や雨に西施《せいし》が合歓《ねむ》の花
荒海や佐渡に横たふ天《あま》の河
辛崎《からさき》の松は花より朧《おぼろ》にて
吹き飛ばす石は浅間の野分かな

ここでは最上川、象潟、佐渡、辛崎、浅間という地名が句の中心に置かれている。むしろ、一句の主人公であるかのようだ。地名は土地の精霊につけた名前であることがはっきり分かる。

三　道行文にみる地名

道行文は地名をたどることで、読む人の感情を触発する。その道行文の最初の例が「日本書紀」に見られる。

石の上《いそのかみ》　布留《ふる》を過ぎて　薦枕《こもまくら》　高橋過ぎ　物多《ものさは》に　大宅《おほやけ》過ぎ　春日　春日を過ぎ　妻隠《ごも》る　小佐保《をさぼ》を過ぎ　玉笥《たまけ》には　飯《いひ》さへ盛り　玉盌《たまもひ》に　水さへ盛り　泣き沾《そぼ》ち行くも　影媛《かげひめ》あはれ

武烈天皇によって自分の恋人を奈良山で殺された影媛は、石上《いそのかみ》から奈良山まで、死者の供物の飯や水を盛った器をささげもちながら歩いていった。その姿がなんとも痛ましい、という歌である。影媛の影は魂をあらわす語である。枕飯や水を盛った器を捧げて歩いていく女性は、葬送のとき死者の霊をつかさどる巫女の姿と見られなくもない。

石の上布留（天理市）から高橋（奈良市　杏《からもも》町高橋）、それから大宅（奈良市白毫寺町、大宅郷）、さらには春日（奈良市春日野町の春日大江付近）ついで小佐保（奈良市の佐保川上流）という具合にして、これらの地名は「……を過ぎて」という形を踏んで、くりかえされ物語の進行をうながしている。いくつもの地名をすぎてゆくことで、影媛のかなしみが深まっていく趣向になっている。もはや後もどりできない不可逆な時間の進行が、地名を並べることで読みとれるのである。

こうした地名の効用をもっとも端的に示したのが、上田秋成の「雨月物語」の冒頭にある「白峯」という短篇である。

あふ坂の関守にゆるされてより、秋こし山の黄葉《もみぢ》見過しがたく、浜千鳥の跡ふみつくる鳴海《なるみ》かた、不盡《ふじ》の高嶺の煙、浮島がはら、清見が関、大磯小いその浦〳〵。むらさき艶《にほ》ふ武蔵野の原、塩竈《しほがま》の和《なぎ》たる朝げしき、象潟《きさかた》の蜑《あま》が笘《とも》や、佐野の舟梁《ふなはし》、木曾の桟橋、心のとどまらぬかたぞなきに、猶西の国の歌枕見まほしとて、仁安三年の秋には、葦がちる難波をへて、須磨明石の浦ふく風を身にしめつも、行く〳〵讃岐の真尾坂の林といふにしばらく笻《つゑ》を植《とど》む。草枕はるけき旅路の労《いたはり》にもあらで歓念修行の便《たより》せし庵《いほり》なりけり

これは歌枕を並べただけの文章であるが、この箇所を読むとき、いつも心の波立ちをおぼえずにはすまない。「あふ坂の関守にゆるされてより」と書き出されているが、この文章に主語はない。そこでこの主語は一般的な日本人であることが察せられる。主語がないだけに、自然が大きく、そこをさまよう人間の小さいことが巧まずして告げられている。歌枕の地名を並べただけで、内容的にはほとんど意味はないが、旅への誘《いざな》いの甘くものがなしい感情が掻き立てられずにはすまない。この導入部分に限って言えば、主人公は地名であると言える。地名を通して日本人の深層意識の部分と触れあうのである。

四　動物地名の本当の意味

ここで個々の地名について興味のある例をいくつか見てみよう。ネズミのつく地名には鼠宿《ねずみしゅく》、鼠坂《ねんさか》、鼠《ねず》ケ関などがある。鼠宿は長野県坂城町にある。ここは松代藩と上田藩の境界にあって、鼠宿と呼ばれる番所が

あったところである。

鼠はもと不寝見《ねずみ》のことである。不寝番の役人が見張る番所の意味である、と歴史家の一志茂樹は唱えている。語呂合わせのようだが、鼠地名のうち、いくつかの例に限っていえば、その説が妥当であることが証明される。

新潟県から山形県に入ると、県境の海岸沿いに、鼠ケ関（山形県西田川郡温海《あつみ》町）がある。山が迫って平地の乏しいところで、弁天島の向こう、日本海に沈む夕陽の美しかった記憶がある。この鼠ケ関の地名も不寝が関ということで理解できる。もう一つの例は、神奈川県津久井郡相模湖町で、そこに鼠坂があり、鼠坂番所が設けられていた。この鼠坂も不寝番の詰めている番所という意味である。このように地名にはふしぎな連想が働いて、命名されているものがある。その一つが猫のつく地名である。

利根川の上流に沿った群馬県勢多《せた》郡赤城《あかぎ》村には「猫」という地名がある。そこには猫城という城跡もある、これはおそらく、根子屋城に由来すると思われる。神奈川県足柄上郡山北町山北にある河村城跡をかつて猫山城と称した。この猫山の猫も根子屋の変化したものである。根子屋というのは中世の山城または山城の麓の村を指している。その根子屋を猫に置きかえた地名である。

鼠、猫とくれば犬ということになろう。

犬という言葉には、似て非なるもの、劣るもの、卑しいもの、くだらないものなど、あまりよい意味に使われないことが多い。たとえば「犬侍」「犬死」などがそうである。地名でも、低い峠を「犬峠」と呼んでいる。

では犬と仲の悪い猿についてはどうか。

猿のつく地名の中には「崖」を意味するものがある。熊本県上益城郡矢部町にある猿渡《さるわたり》川は、猿が渡る川ではない。山が崩れ、欠けたところをザレといい、崖地の下を流れる川を渡る場所が猿渡である。つまりザレの宛字が猿なのである。高知県吾川《あがわ》郡吾川町には、かつて猿渡、猿橋などの地名が見られた。猿橋の地名は山梨県大月市や岩手県和賀郡沢内村にも見られたが、そこで猿どうしが手をつないで橋をつくったというのは、猿渡が猿どうし手をつないで渡った場所から起こった地名だとするのと同じく俗説である。橋は崖の端をあらわしているのである。猿だけでも崖なのに、それにカケ（崖）を加えた猿懸（猿掛）という地名が、熊本県荒尾市金山ならびに熊本県玉名郡三加和町にある。また岡山県吉備郡真備《まきび》町と広島県高田郡吉田町には、崖の上に立った山城という意味の猿懸（猿掛）城がある。

猿飼という地名も猿を飼ったからつけられたものではなく、猿峡《さるかい》または猿谷《さるかい》の意である。三重県多気《たき》郡宮川村の猿飼は、渓谷を流れる川沿いの集落である。奈良県吉野郡十津川村は十津川渓谷の村であるが、ここにも猿飼の地名がある。

猿鼻は崖の鼻のことで、突端をいう。山形県上山市の金山峠は古くは猿鼻峠と称した。また栃木県塩谷郡藤原町にも猿鼻峠がある。

これまで見た鼠、猫、犬、猿の地名は動物と全く関係がない。文字面では推測できにくい意味が籠められていることも地名には甚だ多い。その例を川につけられた地名に見てみることにする。

五　川につけられた地名

福井県の三国湊に河口をもつ九頭竜《くずりゅう》川はもと崩れ川と称したと推察される。つまり災害の多い川であった。

新潟県の信濃川に合流する五十嵐川《いがらし》はもとイカル川であったと考えられる。イカルという語は水が溢れることを意味する東北、北陸方言である。つまりこの五十嵐川は洪水にしばしば見舞われた川であった。栃木県の鬼怒川《きぬ》はもとより宛字で、古くは衣川、絹川と書いた時代もあったが、更にさかのぼれば毛野川《けぬ》であったようである。青森県の八戸市に河口をもつ馬淵川《まべち》は、アイヌの地名研究家である山田秀三によると、その周辺がアイヌ語の沼沢地《トマム》であったことから、トマムベチであったかも知れないという。トマムがマと縮まってマベチ川となったという。

岩手県遠野地方を流れる猿ケ石川は、アイヌ語でヨシの生えた土地をサルということから、サルの生えたところ（ウシ）を流れる川が、猿ケ石川と称するようになったのである。

六　アイヌ語地名の残照

ここでアイヌ語地名について一言しておこう。日本本土におけるアイヌ語地名の南限は仙台平野の北から秋田と山形の県境をむすぶ線であると山田秀三は言っている（大まかな線引きはこれでよいが、最近では宮城県や山形県でもアイヌ語地名がかなり見つかっている）。そこで、青森、秋田、岩手の三県はアイヌ語地名が密集する。津軽半島や下北半島、それに三陸海岸などでは、おびただしいアイヌ語地名が見られる。東北地方にはアイヌ語で川をあらわす内《ない》のつく地名が四〇〇くらいある。とくに阿仁地方（秋田県）、遠野山中（岩手県）、鹿角《かづの》地方（米代川の上流）など奥羽山脈や北上山脈に入ると、山ひだにかくされた沢の奥に、アイヌ語地名の「内《ない》」が密集する。こうした山奥の沢筋はマタギの本場でもある。マタギの狩言葉にはアイヌ語がまじっている。このことはどう考えたらよいか。それは青森、秋田、岩手の東北三県にアイヌ語地名を理解できる人たちが住んでいたことを意味する。それらの人たちがアイヌであったかは分からないが、地名は日常の用を弁ずる不可欠な道具であるから、アイヌ語地名を理解する人びとは少なくともアイヌまたはアイヌ語系の人たちであり、それと平和裡に同居できる日本人であったことはたしかである。

そしてこのことは日本が単一民族から成り立っているという謬説を粉砕するのに絶対的な武器となり得るのである。

アイヌ語地名が地域文化を知る上に有力な手がかりになる例を以下に挙げておく。

チョウザメのことをアイヌ語ではユベと呼ぶが、北海道にはユベの地名が川沿いにある。札幌市の北東にあって石狩川に沿う江別《えべつ》の地名は、ユベオツ（チョウザメのいる川）に由来する。またオホーツク海に面した湧別《ゆうべつ》も、チョウザメののぼる川の意である。チョウザメといえば、誰もがその卵の塩漬けであるキャビアを思い起こすが、アイヌがそれを珍重したことはないようである。江戸時代にはチョウザメの皮を刀の鞘に巻いた。チョウに似て色の白いのが上品とされ、松前藩の特産品であったが、このチョウザメの皮はアイヌがとったものを献上させたと思われる。

七　渡来地名その留意点

もう一つ地名として忘れてならないのが、古代に朝鮮半島から渡来した人びとの残した地名である。試みに北九州の地図を開いてみると、渡来地名は数多く見つかる。「和名抄」に筑前国志麻郡の韓良郷《からごう》がある。また「万葉集」に可良等麻里《からとまり》（韓亭、唐泊）がある。これらの地名は今日、福岡市の西区に含まれている。それは古朝鮮の加羅に由来する地名であろう。加羅はまた加耶《かや》とも称せられる。糸島郡志摩町に可也山《かや》がある。志摩町には平安時代に加夜郷があった。これらは明らかに渡来人と関連のある地名である。また朝鮮語を地名につけたものもある。朝鮮語ではナイフ（小刀）をカルと呼ぶが、軽、刈のつく地名には往々にして金属と関係する場合がある。ただ、日本各地にあるカラ、カヤをことごとく朝鮮南部からの渡来人の足跡と即断することは慎しまねばならぬ。同じく高句麗の国名であるクレ、コマ、または新羅の国名であるシラキの地名も、それが渡来地名であるかどうかについては、背景を見極めた上で、充分な検討を要する。

これはカルの地名についても同様である。たとえば奈良や飛鳥の地名を朝鮮からの渡来人と結びつける説があるが、地名研究家の池田末則によると、奈良県にナラのつく地名が七〇、アスカのつく地名が一七あるという。池田はこれらを地形地名で解釈している。すなわちナラは傾斜地、アスカは川の州をあらわす、と述べている。

アイヌ民族や朝鮮からの渡来人が日本文化に寄与してきたのは言うまでもない。その意味でアイヌ語地名や朝鮮渡来の地名の重要さは計り知れない。ただ一部にはアイヌ語地名や朝鮮渡来の地名で日本全国の地名を解釈しようとする、軽々しい試みもあるが、それらは地名研究の大きなマイナスであることを充分注意しなければならない。

八　地名を守ることの意味

私はかつて次のようなことを書いた。

「地名は大地の表面に描かれたあぶり出しの暗号である。とおい時代の有機物の化石のように、太古の時間の意識の結晶である」

「地名に接するとき、切子ガラスの底にきらめく陽の光のようにとらえどころのない、しかも多彩な感情がゆさぶられる」

「地名を掘り出すことで、人は失なわれた過去にさかのぼる。そしてそこで自分の関心に応じて、地名から興味のある事項を引き出すことができる」

「地名は大地に刻まれた人間の過去の索引である」

「地名を、歴史学、民族学、地理学、考古学、国語学、さては動植物や鉱物鉱山の研究などあらゆる分野の学問に役立てることが可能である。日本のように幾千年ものながい歴史をもち、その歴史が持続して今日にいたっている社会で、地名の学問的利用の道ははかり知れないほど大きい」

これは一九七八（昭和五三）年、三月九日に「東京新聞」に掲載した文章の一節である。その二日後の三月一一日、私は全国の有志をあつめて「地名を守る会」を旗上げした。一九六二年に施行された「住居表示法」による地名改悪に反対の烽火をあげたのである。それから三〇年近くたった今、平成の市町村大合併によって、地名の改変は否応なく進んでいる。地名をもてあそぶ風はあまりにひどく、眼を蔽うようなものがある。

日本人はかつて「小さきもの」への愛をもっていた。地名もまた小さきものの一つであった。一つの村で数千数百の地名のあるところは珍しくなく、人びとは自分たちのまなざしの届くところにすべて名前をつけた。手のひらほどの土地にも名前があった。

熊本県の緑川の河口にある熊本県川尻町では、商家の勝手口から川に降りていく石段の下、川の波に洗われるあたりをクミズと呼んでいる。クミズは汲み水で、そこから生活用水を汲みあげたり、米や野菜を洗ったりする場所である。クミズの地名は福岡県の柳川市の堀割の近くにもあるが、目的は同じである。

このクミズという地名があるために、家々の主婦や娘が明け方の日課として川から飲料水を汲んだり、時には月夜を利用して川で洗濯する光景を思い浮べることができる。クミズで水を汲む風呂は水道の普及と共に消えていったが、この「いと小さき地名」はかつての庶民の暮しをいつまでも伝えているのである。

古いものは悪であり、新しいものこそ善であるという考えは近代国家が出発するにあたって、明治政府の採用した価値基準であった。この価値基準は敗戦によって消滅するどころか戦後の日本社会でますます強化の一途を辿っている。その心ない一例が一九六〇年の住居表示法の施行による地名大改変であり、また平成の市町村合併にともなう地名改変である。今、地名は悲劇的な運命を迎えようとしている。

いい加減、日本にはあいそづかしている人びとにも、自分たちの土地の名前には愛着が残る。日本人の最後の愛着として残った地名を私共は守りついでいかねばならない。地名を守ることで、日本人としての誇りがようやく保たれるからである。

（「都市問題」第九七巻四号　東京市政調査会、二〇〇六年四月）

地名の品格

最近『国家の品格』という本がよく読まれている。私はそれに倣って「地名の品格」という題をつけてみた。この小論は、地名の品格とは何かという問題にしぼって考察したい。

これについては、品格のない地名とは何かを考えてみることが、手っ取りばやい。

その筆頭は四国中央市。次は南アルプス市。

四国中央市は四国のどの県の県庁所在地からも車で一時間ぐらいの距離にあり、道州制が実施された際に、州都になろうというもくろみが含まれて、命名されたものだという。ここは『和名抄』で「宇摩郡」と呼ばれた地域である。宇摩市という歴史的に由緒のある地名がもっともふさわしいものを、どうしてこのような恥ずかしい地名を選んだのか。

南アルプス市については、外来語を使用した初めての名称。これでは銀行やスナックの名前とまちがわれる。それに合併した六町村のうち、南アルプスが見えるのは旧芦安村だけである。

栃木県には氏家《うじいえ》町と喜連川《きつれがわ》町が合併して「さくら」市が誕生。氏家、喜連川も平安、鎌倉時代に存在した地名である。これを捨てて幼稚園の組の名前のような「さくら市」を選んだ理由はどこにあるのか。ただ大衆の好みを狙ったというほかはない。

こうした例は全国にある。東京都に「西東京市」という漠然とした市が生まれ、伊豆半島に「伊豆の国市」という遊園地の名前のような市が出現した。このような軽薄な風潮はとどまることを知らない。地名に関する限り、日本国の品格は地に落ちたといっても過言ではない。

『国家の品格』の著者の藤原正彦氏は幼時に日本語の教育をしっかりやるようにと主張している。それをおろそかにすれば、日本語のセンスを生涯身につけることがない、というのである。おそろしいことであるが、これは地名にもあてはまる。地名は日本語を使用するからである。品格を忘れた地名が横行するというのは、日本人に日本語のセンスが欠如しているのである。

日本の地名は大地に刻まれた日本人の過去の索引である。地名は大地の表面に描かれたあぶり出しの暗号である。遠い時代の有機物の化石のように、太古の時間の意識の結晶である。地名に接するとき、切子ガラスの底にきらめく陽の光のように、捉えどころのない、しかも多彩な感情にゆさぶられる。地名を掘り出すことで、人は失われた過去にさかのぼる。そこで自分の関心に応じて、地名から興味のある事項を引き出すことができる。地名は土地につけた符号ではない。地名は日本人の最小の共同感情を誘発する。地名を並べただけで、日本人はそこに記号を越えた情緒をあじわうのである。

かつて土地には魂があると信じられていた。いまも残る各地の国魂《くにたま》神社はその証跡である。したがって土地につけられた地名も、国魂を表示する言葉にほかならなかった。ここでは柿本人麻呂の歌と芭蕉の俳句を挙げるにとどめよう。

淡海《あふみ》の海夕波千鳥汝が鳴けば情《こころ》もしのに古《いにし》へ思ほゆ
み熊野の浦の浜木綿《はまゆふ》百重《ももへ》なす心は思《も》へど直《ただ》に逢はぬかも

荒海や佐渡に横たふ天《あま》の河
吹き飛ばす石は浅間の野分かな

これについての一切の説明は無用である。地名は記憶も届かない大昔から日本の大地に生まれた産物であり、しかもそれが今なお日常に生きているという驚くべき持続力をもつ遺産である。たとえば三世紀なかばの『魏志倭人伝』に記載された対馬や一支《いき》（壱岐）、末盧《まつろ》（松浦）などの地名が二十一世紀の現代でも使用されている。地名はいつ、誰が、どうした理由でつけたか分からないのがほとんどである。歌で云えば「よみ人知らず」のもつ、大らかな、なつかしさがある。それは民謡のように庶民の間に伝えられたものである。地名の品格はむしろ、それが支配者や知識階級の特産物ではないことにこそ見出せるのである。

千年二千年の時空を超えて、途切れることのなく過去と現在をつなぐ意識の糸が地名である。日本には大《おお》字《あざ》だけで十三万（これはかつての村であった）、小字《こあざ》になると数百万あるといわれ、これらが日本列島を隙間なく蔽っている。てのひらほどの土地にも名前がつけられていた。熊本県の緑川や福岡県の柳川では、商家の勝手口から川に降りる石段のところをクミズと云った。昔は朝はやく商家の娘が水を汲んだり、月夜には主婦が洗濯をしたり、野菜を洗ったりする光景が見られた。水道が普及してからはその習慣は見られなくなったが、それが今なお想像できるのもクミズという地名のあるおかげである。

（「歌壇」本阿弥書店、二〇〇六年五月号）

伝統的地名の由来とその尊さ

日本語では「国」という言葉は二通りの使い方がある。お国のために一身を捧げる、というときの「国」は日本という国家を指す。「国の母さんに便りを出す」という場合の「国」は郷里や郷土といった意味をもっている。どちらも「国」にはちがいないが、その意味は大きく開いている。したがって一口に「国を愛する」といっても、国家を愛する心と、国土（地域）を愛する心を一緒に扱うことはできない。私がこの小文で論じたいのは後者の国土を愛する心である。

地名は土地の名であるから、国家というよりは国土に属する。国土は地域であり、地方であり、郷土であり、日本の大地である。地名を大切にすることは日本の大地を大切にすることである。その理由を左に述べてみる。

地名は土地の顔立ち

地名がないとしたら、土地はのっぺらぼうである。地名が備わってはじめて、土地はその顔立ちを示すことができる。シベリアの無人の原野は茫漠として地名がない。人間が住まないからである。地名があるということは、そこに人間が住んできたという印である。日本では北海道の北端から沖縄諸島の南端まで、それこそ海岸の岩に付着する海藻や貝殻のように、びっしりと地名に埋め尽くされている。

シベリアの曠野は無人であるから大自然の寂蓼感に満ちみち、あたたかくはない。しかし地名のあるところは、人間の営みがあるから、あたたかい土地である。

日本列島には、縄文時代以前の石器時代、つまり一万年も前から、地名が存在していた。少人数であっても、どんな昔でも、人間社会が営まれるところにかならず地名があった。場所を示す言葉である地名がなければ、人間社会の日常生活は一日たりとも成り立たないからだ。

縄文時代の壺、鎌倉時代の鎧、室町時代の陶器などは、各時代を代表する貴重な文化財であるが、現在は日常的に全く使用されないで、博物館、美術館、民俗資料館に陳列されているだけである。それに引きかえて、地名は記紀万葉に記載された地名が今日でも毎日用いられている。それどころか、日本では、弥生時代にあたる頃の魏志倭人伝に記された地名、たとえば対馬とか一支（壱岐）とか末盧《まつろ》（松浦）の地名が二十一世紀になっても使用されている。他の文化財の命の短さに比べると、地名の息の長さはおどろくほどである。一つの地名の上を幾十という世紀の日本人が通りすぎた。地名を古い敷石にたとえると、一つの地名は、無数の日本人の足跡で磨かれている。

地名に宿る土地の魂

古代の日本人は、地名は魂をもつものと考えていた。たとえば、古事記の国生みの話では、伊予の国は愛《え》媛《ひめ》と呼ばれている。

愛媛は兄媛《えひめ》であり、姉媛を指す。ちなみに乙媛は弟媛《おとひめ》である。日本各地には、武蔵国の大国魂《おおくにたま》神社のように、国魂を祀る神社がある。古代では土地の精霊である土地は、人間と同じく人格を備えた存在として崇敬された。したがって地名にも、人々の敬虔な感情が寄せられた。

その地名には、日本人の共同感情が籠っている。それは長い間使用してきた地名への愛着といってもよい。そこで地名を並べただけで、日本人の情緒をゆすぶる力をもっている。万葉集以来、歌や俳句に詠まれてきた歌枕はその代表的なものである。

また、地名は大地に刻まれた人間の営為の足跡である。その足跡は日本人の情緒を喚起するばかりではない。地名という索引からは、民俗学、地理学、人類学、考古学、国文学などさまざまな分野にわたって多くの課題を引き出すことができる。さらに動植物や鉱山鉱物の研究に役立てることも可能であり、これらの諸学問を横断する学際的な知識にも利用できる。

多民族の文化の反映

日本の地名には、アイヌ語、朝鮮語、南方語が入り混じっている。たとえば北海道地方の地名はほとんどがアイヌ語地名に由来する。東北地方でも、北半分の青森、岩手、秋田の三県にはおびただしいアイヌ語地名が分布している。これはかつて東北地方にアイヌ語を理解する人々が生活していたまぎれもない証拠である。また北九州や近畿地方には、朝鮮半島から移り住んだ渡来人の残した地名が数多くある。琉球列島には東南アジアなどの南方の島々から伝わった地名がある。

これらの外来地名の移入移植は日本という国の文化が単一の民族でなく、多民族によって形成されたことを示している。

その日本の地名は太古から今日までつづいているが、いつ、誰が、どうした理由でつけたか分からないのがほとんどである。歌でいえば「よみ人知らず」の歌のもつ、大らかな、なつかしさがある。地名は民謡のように、庶民の間から生まれ、庶民の間に伝えられてきたものである。

熊本県の緑川や福岡県の柳川では、商家の勝手口から川に降りる石段のところをクミズといった。手のひらほどの小さな地名である。昔は朝はやく商家の娘がクミズで水を汲んだり、月夜には主婦が洗濯をしたり、野菜を洗ったりする光景が見られた。水道が普及してからはその習慣は見られなくなったが、それが今なお想像できるのもクミズという地名のあったおかげである。この「いと小さき地名」はかつての庶民の暮らしをいつまでも伝えているのである。とすれば、地名の品格は、あくまで庶民と共に生きてきたことにあり、それが支配階級や知識人の専有物でないことに見出せるのである。品格をもつ地名は美しい。しかしそれは高価な絹織物の美しさではなく、洗い晒しの木綿布の美しさである。

地名の改竄は歴史の改竄

日本は近代国家として出発するにあたって、江戸時代までつづいてきた古い文化をかなぐり捨て、欧米に見倣った新しい基準を採用した。それは明治政府の価値基準であるが、この価値基準は今次の敗戦によって消滅するどころか、戦後の日本社会でますます強化の一途を辿っている。

今は亡き文芸評論家の山本健吉は戦後日本の三大愚行として、（イ）歴史的仮名遣いを廃止して現代仮名遣いに改めたこと、（ロ）尺貫法を廃止してメートル法を採用したこと、（ハ）住居表示法による地名改悪、の三つを挙げている。これらはいずれも、古いものは悪であり、新しいものこそ善であるという明治以来の官僚の考えを従来の慣行の便利さを顧みず、更に徹底しようとしたものである。

一九六二年に自治省が「住居表示に関する法律」を公布施行して、地名改変を許容し奨励したことで、戦後日本の大幅な改悪が急激にはじまった。これによって、由緒のある歴史的地名の大半は姿を消した。馴れ親しんだ地名を残してほしいという地元住民の訴えを無視して強行した結果、さむざむとした新地名がいたるところに簇生した。私はそれに抵抗するために全国組織「地名を守る会」を一九七八年（昭和五十三年）に結成し、それから三年後の一九八一年には川崎市に「日本地名研究所」を設立し、以来、地名を守る運動と地名研究をつづけ今日にいたっている。その甲斐もあって地方自治体による無謀な地名改変の動きは沈静化するかに見えたが、二十一世紀の日本で平成の大合併がはじまると、日本の地名は更なる受難時代を迎えることになった。それは大方の予想を超えた地名の虐殺であった。新しい地名を広告塔とみなす傾向がいちじるしく、ブランド商品のように観光や商売と結びつけようとする動きが平然と横行した。

このような地名の改竄《かいざん》は歴史の改竄につながる。それは地名を通じて長年培われた日本人の大切な共同感情の抹殺であり、日本の伝統に対する挑戦である。日本人が日本人としての真の主体的な自覚をもつためには、地名の問題をゆるがせにすることはできない。

品格なき地名の横行

地名は日本人にとってかけがえのない歴史的遺産である。これを未来に伝えていかねばならない使命を私たちは背負っているのに、現在の市町村大合併で新しく誕生した地名には、あまりにもふざけた地名が多すぎる。そのいくつかの例を左に並べてみる。

近頃、藤原正彦氏の『国家の品格』という本がよく読まれているが、それに倣って「地名の品格」という点から見ると、品格のない地名にしばしば出会う。

その筆頭は四国中央市である。これは、四国のどの県の県庁所在地からも車で一時間ぐらいの距離にあり、道州制が実施された際に、州都になろうというもくろみが含まれていて、命名されたものだという。この地域は平安時代の和名抄に宇摩郡であり、現在も宇摩郡である。公募でも、それにふさわしい「宇摩市」が一番多かったと聞く。それをどのような意向がはたらいて、このような恥ずかしい地名を選んだのか。

次の南アルプス市については、アルプスという外来語を地名に使用した初めての例。これでは銀行やスナックの名前とまちがわれる。それに合併した六町村のうち、南アルプスが見えるのは旧芦安村だけである。栃木県には「さくら市」が誕生。鎌倉時代に存在した氏家《うじいえ》町と喜連川《きつれがわ》町を合併するのにあたって、これらの由緒ある地名を捨てて、幼稚園の組の名前を思わせる「さくら市」を選んだ理由はどこにあるのか。ただ大衆の好みを狙ったというほかはない。

伊豆半島には「伊豆の国市」という、これも遊園地の名前のような市が出現した。このような軽薄な風潮はとどまるところを知らない。地名に関する限り、日本国の品格は地に落ちたといっても過言ではない。こうした品格を忘れた地名が横行するというのは、日本人に日本語のセンスが欠如しているからだ。

地名は日本の伝統文化の中核

日本の地名の数の多さは世界に誇ることができる。

日本の地名は市町村に属する大字《おおあざ》だけで推定十三万ある。これらの大字は江戸時代には独立した村として存在した。小字《こあざ》になると数百万を数えるといわれている。一例を示すと、日本海に面した鳥海山のふもとで、芭蕉の句で有名な象潟《きさかた》の北に位置する秋田県由利《ゆり》郡仁賀保《にかほ》町は、十六ある大字の下に、小字が六百八十四ある。人口一万二千人の小都邑としてはおどろくほど多い。しかしアメリカなど建国の歴史の浅い国では、由緒ある地名の数もごく少なく、それだけに地名は貴重な取扱いを受けていて、たやすく改変することは許されないのが外国の通例である。

しかし日本の地名は古くからの地名が数多くあり、珍しくないので、ありふれたものとして「水」同様タダであると思われている。しかし外国に出ると、水がたやすく入手できないところが多い。また飲用に適する水も少ない。生水を飲んで下痢をしたり、伝染病にかかったりすることから警戒される。それだけに外国では飲用水は貴重である。しかるに日本では山水《やまみず》で喉をうるおすことが平常におこなわれる。日本は安心して生水が飲める数少ない国である。それと同じように数多く由緒ある地名に恵まれている日本は、貴重な文化財であり、日本人の遺産でもあるにもかかわらず、地名を全く安易に扱っている。

伝統文化とは時代や環境を超え、一貫して持続する文化をいう。持続しないものは伝統の名に価しない。記紀万葉の地名が今日までとぎれることなく持続して使われてきている。しかも一貫していることから、地名は私共日本人のアイデンティティ（自己確認）に欠くことのできない存在である。つまり地名は日本人としての存在証明なのである。

地名は日本人が過去とつながっていることを証明する貴重な民族の遺産である。しかるに今、そうしたことを全く顧慮しない地名が横行している。前にも述べたように、地名の改竄は歴史の改竄である。日本人の不在証明《アリバイ》にしかならない地名が多い。今日、日本人の誇りは地に落ちている。その誇りの回復には国土を愛する心からはじめねばならないが、国土の眼鼻立ちをなすものが地名であることを思うとき、地名の大切さはいくら力説しても力説しすぎることはない。

（「月刊自由民主」二〇〇六年七月号）

地名を残すことがなぜ大切なのか

地名は日本人の遺産である。遺産がなければその日暮しの生活しかない。過去の蓄積がないところには未来はない。「温故知新」という言葉があるが、過去の歴史を振りかえらなければ未来への展望をもつことは不可能である。

それでは地名が「日本人の遺産」という場合、その遺産とは何を指すか。それは遥か昔から使われてきた日用の言葉が、今も毎日使われているということである。遺産の中には過去には使われていたが、今では使用されないものも数多い。たとえば縄文土器は、縄文文化とは何かを示す代表的なものであり、縄文土器によって縄文時代がどんな時代の文化であったかが分かる。鎌倉時代の鎧、室町時代の陶器も、それぞれの時代を代表する。しかしこれらは今日では使用されない。博物館か美術館の陳列棚の硝子越しに蔵《しま》われていて、手に取って見ることもむずかしい。

それでも、日本人の遺産であることに変りはない。縄文時代の土器、鎌倉時代の鎧、室町時代の陶器がなければ、私共はその時代がどんな時代であったかを想定するのに不便を感じることはたしかである。それゆえに文化財として大切にされ、珍重される。しかしこれらは日本の一般庶民の生活と懸け離れて製作された高級品であることが多い。地名は文化財として保存される過去の遺産とは二つの点でちがう。一つは、はるか昔にもあった地名が、今日でも日常に使用されているということである。

魏志倭人伝には対馬や壱岐の地名が記されている。この地名は今も使われている。三世紀後半の弥生時代の地名が二十一世紀になっても、毎日大勢の人々によって用いられている。このことは、一見なんでもないようであるが、よくよく考えると、驚くべきことではないだろうか。二千年近くの間、一つの日本語が失われないでいて、しかも毎日、不可欠な日常語として用いられている。一つの地名を敷石にたとえるならば、幾十世紀の人々の足がその敷石を踏んで通りすぎた。そのために敷石は今も滑らかで神社や寺院の参道の敷石のように、毎日参詣人に踏まれてつややかさを保っている。

地名は他の文化遺産のように高級品ではなく、ありふれた人々によって毎日使われるありふれた言葉であるが、地名という場所を指示する言葉がなければ日常生活はたちまち不便を来すのであるから、この上もなく貴重なものである。しかし高級な文化財でないというところから大切に扱われない。それは飲用水と同様である。日本はどこへ行っても飲用水に不自由しない。山の崖から湧き出る水、渓谷の小川の水も掬《すく》って飲むことができる。しかし外国ではそうではない。たちまち腹痛を起こすことがしばしばである。その点、日本の水は安心である。日本の地名も、きわめて古い時代から存在し、今も使われているが、それがありふれているために、大切に扱われない。平成の町村大合併では、珍妙で奇天烈な新地名が続出して、世人をおどろかし歎かせた。一九六二年に施行された住居表示法による町名地名の大改変は主要都市部の地名の六割を消滅させ改変させたが、その教訓は平成の町村大合併でも何ら生かされることがなく、ますます改悪に輪をかけたのである。それというのも、地名がいかに貴重なものかということに何等思い到ることがなく、ただ見てくれのよい、観光の誘致のための広告塔のような地名をつけることに腐心したからである。

くりかえすことになるが、地名は、先史古代から今日まで、とだえることなく使用されてきた日用の言葉であり、それも貴族、武士、僧侶などの一部特権階級だけに占められたものでなく、一般人がふだんに使ってきた。このように長い持続は地名以外に見当らない。

文化の伝統は持続によってのみ培われる。五年や十年で生起し消滅する文化現象は、風俗であって伝統文化の名に値しない。明治以降の文化もたかだか百五十年程度であり、伝統というにはまだまだ不足な文化なのである。それに比べれば地名の息の長さは群を抜いている。この息の長さによって、日本人は共同意識、共同感情をふかく養ってきたのである。地名は万葉集の歌枕となって、名所を続出させた。また枕詞によって、その土地の情景への想像力を刺戟した。たとえば「葦が散る難波」といえば、難波の土地を踏んだことのない日本人も、難波潟に葦の花が散っている風景を想像することができる。日本人は地名を並べただけでも、そこから情景を汲みとる。太平記などに見られる道行文は、そうした地名の情緒を誘発する特色を利用して物語の展開に役立てたのである。

地名は場所を示す固有名詞であるが、いつ、だれが、どうして（どんな理由、また目的で）つけたか分からないのが大部分である。なかには個人名を付した開拓地や新田名もあるが、それはわずかであり、大方は無名である。しかも記録に残されることもない場合が多いので調べようがない。和歌でいえば「読びと知らず」であり、その点民謡に近い。しかし万葉集の東歌のように、民謡とも紛らわしい歌が、そこに住む人々の哀歓をあますところなく伝えていることを考えると、地名もまた人々の共同感情を表わしているといえるのである。

日本の地名は場所を示す記号として出発したのではなかった。日本では地名には土地の精霊、つまり地霊が宿るものと信じられた。地霊の表白が地名であった。伊予を愛媛というように、土地の名には人格があった。古い神社もまた青に在《いま》す神社（青海神社）のようにその土地の名を付けられて呼ばれることが多かった。

それどころか生国足国神社のように、国土は生きてもいて活動するものと見なされた、つまり国土は生命をもつものであった。国に生命があるという考えは土地に霊があるという考えの延長上にある。各地に国魂《くにたま》神社がある。この国魂はその土地の魂であるから、政治的な征服者も、国魂を掌握しない限り、名実共にその土地の主人公とは見なされなかった。この考えを押し進めれば森羅万象に霊魂《アニマ》があったと思われる時代にまで行き着くであろう。その場合、とうぜん土地も自分の領分の権利や権威を主張してやまなかったのである。したがって、その地名を尊重することはその土地に畏敬を払うことと同じ意味をもっていた。

このような地名への敬意が失われたのは、近代になってからがいちじるしい。明治政府がとったのは、新しいものは善であり、古いものは悪であるという近代化の尺度であった。それゆえに古代から孜々《しし》として蓄積してきた文化遺産は投げ捨てられ、欧米の西洋文化に対する見境のない追随がはじまったが、その傾向は今もやむときがない。商品名も会社名もその他の公私の施設もきそってカタカナの名前をつけ、それは地名にまで及んでいる。南アルプス市はその一例である。国籍不明の日本文化の渦の中に地名もまきこまれている。

古いものが悪であり、新しいものが善であるという善悪の尺度は、たとえば生田とか畑山とか農業にかかわる地名を嫌うことにもあらわれている。また低湿地を避け、高地を好むという傾向から、××台のような地名をつけたがる。沼という地名は忌避される。そうして、「みどり」とか「さくら」とか子供の世界にふさわしい地名が選ばれる。そこでは由緒ある地名を尊重するという精神はどこにも見当らない。

日本の地名の特徴はいくつもの解釈を許すということにもあらわれている。たとえば南の鹿児島にも北の岩手にも「耳取」という地名がある。これには耳が千切れる位風が強いところとか、捕虜の耳を切って埋めたところとか、耳は縁《へり》をあらわすところから台地の縁であるとか、さまざまな解釈があるが、そのいずれかはっきりしないままである。つまり地名の謎ときの面白さがそこにある。「赤穂」という地名も、赤い蓼《たで》の花の咲くところとか、赤い土がひろがるところとか、幾通りも解釈でき、人々の興味をさそう。一方、北海道や東北地方の北半分は、おびただしいアイヌ語地名で埋めつくされている。このアイヌ語地名はそこで、かつて日常的に使われていたものであり、アイヌ語を話す人々が生活していた時代があったことを明らかに示している。このことは日本列島には日本語のほかにアイヌ語を話した多民族が住んでいたことの証明である。最近、心ない政治家が日本は単一民族国家と発言したが、それが事実に反することは一目瞭然である。単一民族国家という謬論を打破できる最大の武器は、北海道や東北地方のアイヌ語地名である。

地名は大地に刻まれた百科事典の索引である。地名にはさまざまな学問の切口があらわれている。歴史、地理、民俗、言語、地質、考古、動物、植物などの学際的な性格を地名は含んでいる。地名にまつわる伝承には古代史を解く鍵がひそんでおり、地名はまた地下に埋もれた遺物、遺跡などの所在を暗示することがしばしばである。また地名を見ればそこが崩落しやすい危険な地形であることが判断できるのである。トキという地名があれば、そこにはかつてトキが棲んでいた沼地であることがたしかめられる。このような例は枚挙に暇がない。私はこうした地名を駆使して、今日まで民俗や古代史の研究に役立たせてきた。地名を守ることが日本にとっていかに必要かということを痛感することから、一九八一年に日本地名研究所を川崎市に設立し、今日にいたっている。研究所の活動は全国に及び、地名研究会も各地に数十ヵ所あって私共と協力している。地名がなければ、過去は抹消され、未来とのつながりはなくなってしまう、ということを私たちは主張してきた。その声に耳を傾けるものは少なくないが、それにもかかわらず、地名の改悪や消滅に無関心な国民も多い。地名が日本人としての証明や確認、つまり日本人のアイデンティティになくてはならないことを思うとき、日本人の誇りである伝統的な地名を大切に保存し、未来の国民に対して残していかねばならぬ遺産であることを痛感するのである。過去をおろそかに扱う国民に未来はない、ということを地名研究にたずさわる一人として、反省をこめてここに明言して置く。

（「みやびブックレット」第二四号　みやび出版、二〇〇八年一一月）

詩の中の地名

田村雅之氏は『琉球共産村落之研究』の著者田村浩の裔孫で、民俗学に関心があり、最近も『宮古のフォークロア』というニコライ・ネフスキーの著書を刊行した。これは実に貴重な書物であるが、大勢の読者が求める本とは思われない。しかしこうした立派な本を損得を度外視して出版したことに、ここで私は敬意を表したいと思う。

さて詩集『鬼の耳』にはかず多くの地名が読みこまれている。それだけでも心がひかれるのに、柳田国男や南方熊楠などなつかしい名前も登場する。読んでいるうちに、なんだか、自分の通っている道のとなりにある道を著者が歩いているような気になった。こちらから声をかければ、応じるような、そんな立場に著者がいるようなのだ。

平行して並んで走っている二本の道。しかし詩と民俗学はやはりちがっている。詩はあくまで私的なものであり、民俗学は公的なものである。たとえば地名の取りあげ方にしても私共は公的な関心をもつが、詩に出てくる地名は（それがどんなに知られた地名でも）私的なものである。したがって『鬼の耳』の地名も私共に公的な面を見せるが、なにかふっと姿が見えなくなるときがある。作者は詩の中で地名と対話しているのだが、こちらに聞きとれなくなることがある。最初の「魂送り」には、

ぬるい吾妻川を、子持山を右に仰いで
……
中之條を過ぎて、宇多のみなもとへ
……
沢渡《さわたり》の湯けぶりのぼるあたりから
暮坂の峠まで

など、地名が出てくる。私が群馬の地名に暗いせいでもあろうが、はっきりした形象をもつことができない。しかし詩の中の地名はあくまで私的なものであるから、それでかまわないわけだ。夕暮の小路にまぎれる人影のように、むしろそれが魅力的であるともいえる。

しかしまた詩の中の地名はちがった側面を見せることもある。「出雲崎幻想」から、

越の国は長岡から
真直ぐに戌亥の方向へ
雪の大原野をぬけ
与板を通って
すがれた葭のよく似合う
信濃からの大川の水《み》配《くま》りを渡ると
そこは寺泊
かすむ弥彦のてまえに
ほっこりと国《く》上山《がみさん》が姿をみせる

これは明瞭な形象をもって迫る一節である。また「チセの夜」と題する詩から、

日高海岸を南へ
ゆうふつ、あつま、むかわ、と
石狩への入口、湿地に葦の茂るところ
厚司を織るおひょうアッニのある川
ムッカペッは砂が塞がるところという意味
富川という無人駅に降りる

沙流太、沙流川の口というのが古い名だ

ここに羅列された地名は馴染がないにもかかわらず（いやだからこそ）異国的な抒情をただよわせている。とすれば、詩の中の地名は、よく知られていなくてもよい、ということにもなる。

「犬吠崎の龍と蛇」の中から、

夫婦が鼻、黒生《くろはえ》、海鹿島《かじか》とめぐり
ようやくに千人塚に立つと
ひゅうる
ひゅうと風が鳴る

ここでも地名は生かされていて、民謡のような風景を作りあげるのに役立っている。つぎに「多古、ノ浦」から。この詩は「てことは、東俗のことばにて女をてこといふ。田子のうらも手子の浦なり」という『続歌林良材集』の言葉が引用されている。この詞書から真間の手児奈《てこな》が引き出される。

多古、
たこと呼ぶ
浦、

うらあと応える声がする
かつしかの真間のあたりか
夜明けの空に倭文機《しずはた》の帯が解かれる

多古、
てこ、
田子の浦
遊女かきみは
手古の呼び名のおばしまから
浦、うらあ、と
浦曲《うらわ》の、金沢、由比、蒲原の浜風に
うらめしのてぶりで呼ぶ声がする

萩原朔太郎の『青猫』の中のUlaと呼ぶ女が古代の遊女であった手児奈のイメージと重なり、この詩は、地名全体が歌枕的な要素をもっている。そしてふしぎなことに、途中の詞章を抜いて右のように並べて見ても（作者の意図にかかわらず）つながっている。これをつなぐものは「浦」である。それにしてもこれは地名のもつ喚起力が一切のムダを省いても成立することを意味していないだろうか。

（『田村雅之詩集』（現代詩人文庫）砂子屋書房、二〇〇八年一一月）

風変りな美しい地名

鹿児島県には一風変った地名が多いが、私が注目するのは、花瀬《はなぜ》という地名である。花瀬は花礁《はなぜ》とも書くが、これは川や海中にある岩礁をさすのである。開聞岳の西側には、脇浦という集落に花瀬崎がある。この岬には湖水のようなところがあって、そこの岩礁にフジツボなどが寄生しており、初夏の頃、花のように多彩な色どりを呈するという。景色が美しいので花礁と呼ばれ、地元の人は凪の日は小舟を出して花礁を見物するというが、今日ではどうなっているか判らない。

一方、薩摩半島の金峰町の万之瀬《まのせ》川の沿岸は、滝と奇岩の景勝地で、激流の白波が花のようであったことで花瀬という地名がついたとされる。

更に鹿児島肝属《きもつき》郡田代町には花瀬川が流れている。そこは大隅半島の根占の東側にあたる。川床が約二キロにわたって、一面平滑な岩を敷き詰めたようになっている。これは岩がすべすべしているので「岩なめり」と呼ばれている。幕末には島津家の藩主の斉彬らが花瀬川を遊覧したこともあるという。

鹿児島県の花にちなむ地名をもう少し述べてみよう。鹿児島県日置郡吹上《ふきあげ》町に花熟里《けじゆくり》の地名がある。この美しい地名の由来は分からない。鹿児島市には花棚《けだな》があり、花野《けの》がある。徳之島町には花徳《けどく》がある。そこはもと花徳《けど》と言ったところである。奄美大島の瀬戸内町には、花富《けとみ》がある。喜界島には、喜界町花良治《けらじ》がある。花良治蜜柑は、小粒で種が多いが甘い。「花」をケと訓む地名は熊本県では下益城郡砥用《ともち》町に花定野《けじようの》がある位で、他府県に見当らないから「花礁」「花瀬」と共に、鹿児島県特有の美しい地名というべきであろう。

対馬には上対馬町網代の比田勝湾の入口から南へ分かれた小さな入江の奥に、「夕影様《ゆうかげ》」と呼ばれる神域がある。社殿はなく、背後の「夕影山」を遥拝する海ぎわの祭壇があるばかりだが、入江の水に山の影が映って美しい風景である。また対馬の下県郡美津町の住吉の瀬戸は、「紫の瀬戸」とも称す。瀬戸の紫は、海底の紫藻が水面に浮かびあがり、ふしぎな美観を呈するという。こうした対馬の地名を詠みこんで私は次の歌を作ったことがある。

黒蝶越　ちごのはな　結石山《ゆふし》　夕影様　対馬の潮に洗はれし日よ

チゴノハナは対馬の上県郡峰町の台地、結石山は、万葉集巻五に、大伴旅人が藤原房前に日本琴を贈ったが、その琴は対馬の結石山の桐の木で製したもの、とある。ちなみに、結石山は上対馬町河内にある。眼を東に移そう。万葉集巻三に大伴旅人の歌として

吾がゆきは久《ひさ》にはあらじ夢《いめ》のわだ瀬にはならずて淵にしありこそ

という歌がある。自分が筑紫に行っている期間は長いことではあるまい。夢のわだは、今と変らず、瀬にはならず、淵のままであってくれよ、という意である。夢《いめ》の淵《わだ》は、奈良県吉野の下市町新住《あらたずみ》で、近鉄・吉野線下市口から吉野川をへだてた南岸にある。そこは亡くなった前登志夫の住所の近くである。もう一つは吉野離宮址の宮滝《みやたき》にあるという説である。どちらが正当か分からないが、私はこの「夢の淵」を歌に詠んだこと

がある。

夢の淵《わだ》に花の散りこむさまを見む底なき渦にわが孤独みむ

つぎに小《こ》淘綾《ゆるぎ》の磯をとり上げておこう。

和名抄にいう相模国の余綾《よろぎ》郡余綾郷は、今日の大磯町、二宮町や平塚市を一帯とした地域とみられる。そこを古代には「よろぎの浜」と称した。万葉集巻十四に

相模道《さがむぢ》の余呂伎《よろぎ》の浜の真砂《まさご》なす児らはかなしく思はるゝかも

の歌が詠まれている。「よろぎの浜」は古今集では、「こよろぎの磯」となっており、その後の歌書では「こゆるぎ」とするものが多い。小《こ》淘綾《ゆるぎ》のゆるぎには淘の字を宛てて、淘《ゆ》る、すなわち波風に揺れることを籠めている。それに「小」とか「綾」という美称をつけて、美しい海岸であることを強調したのである。

「揺る」を地名にしたものに、宮城県名取市の閖上《ゆりあげ》浜がある。風波が海底の砂を淘《ゆ》りあげた浜のことである。ユリは百合とも書く。奄美群島の与論島に百合ノ浜がある。ユリに通じるのは、ユラである。丹後由良湊の山椒大夫の物語にちなむ由良川の河口に由良がある。ユラはヨラともなる。対馬に与良郷がある。沖縄では海から流木や魚など、寄物《よりもの》がやってくる浜をヨリアゲという。ユリアゲの浜はたんに海の砂が風波によって岸に打ちあげられた浜というのではなく、寄物という海の幸を期待する人々の心根がこめられている

と私は考えている。

（「抒情文芸」第一三六号　抒情文芸刊行会、二〇一〇年一〇月）

地名から災害予知

吉田東伍は、地名に長年関心を持ってきた私が尊敬してやまない学者である。彼はたった一人で「大日本地名辞書」を完成させた。新潟県が最も誇りとするに足る独学の天才である。

吉田東伍は、明治三九（一九〇六）年一二月、「歴史地理」誌上の論文で、貞観一一（八六九）年の陸奥国の大津波が、国府のあった現在の多賀城市八幡《やはた》にまで達したと比定した。

その推定の鍵は、「小倉百人一首」にある清原元輔の「契りきなかたみに袖をしぼりつつ末の松山浪こさじとは」という歌の「浪こさじとは」にあった。歌枕としての「末の松山」の所在地については、昔からさまざまな説が唱えられてきたが、吉田東伍は「末の松山浪こさじとは」が多賀城府を襲った、貞観津波の反映であることを指摘し、津波は末の松山を越えなかったことを立証した。

多賀城市は今回の東日本大震災でも二〇〇人近くの死者を出し、大きな被害を受けたところだが、貞観の大津波の生々しい惨禍の光景が、吉田東伍の推定から伝わってくる。

＊

新潟県は全国有数の地滑りの多い県である。その一例を次に示す。

糸魚川市の東にあたる旧能生町も地滑り地帯であるが、その山つきのところに飛山《ひやま》、崩《くずれ》などの集落がある。これらも地滑りと関連する地名である。

旧板倉町（上越市）猿供養寺集落も古くからの地滑り地帯で、猿は「ザレ」、供養は「クエ」で、いずれも崩壊地名である。付近の地名も青抜《おうぬけ》、蛇崩《じゃくずれ》、水窪《みずくぼ》、押田《おしだ》、飛山《とびやま》など、地滑りを暗示するものが多い。

地元の伝説によると、昔、旅の僧がやってきて、村人が地滑りに悩む姿を見て、それを防止するために自ら人柱となったということで、村人は毎年、旅僧の供養を行ってきた。昭和一二（一九三七）年に、田の作業をしている農民が、土中から大甕《おおがめ》を掘り出した。その甕には立て膝をしたままの白骨体が入っており、傍らに中国宋銭も置かれていた。新潟大学で調査した結果、鎌倉時代の人骨と判明した。それを現在も祀ってあるのが、猿供養寺集落の人柱堂である。

このように、地名は災害を予知するものが少なくない。

＊

「新潟県地名研究会」（長谷川勲代表）は七日、創立二〇周年の記念集会を開く。災害と地名の密接な関係が論じられることを期待している。

（「新潟日報」二〇一二年一〇月六日）

地名の警告

東日本大震災は地名研究に新しい局面の展開をもたらした。地名が私共の日常に深く入りこんでいることをあらためて知らされた。地震や津浪に出会い、原発のために流離を余儀なくされ、液状化にみまわれた土地はきわめて広範囲に及び、自分の住んでいる土地の形状、地質、地名を無視する訳にはゆかなくなった。古来頻発する大地震、国土のいたるところを縦横に走る活断層の上に生活する私共は、いやが応でも、地名に関心をもたざるを得ない。そこには危険を暗示する地名がしばしばつけられている。そのことから、地名は災害を予知し、警告するものとして、重視される気運が世間に生じているのである。その視点から、地名研究の更なる進展を志すべきである。

次に災害地名についての参考として数例を挙げておく。

A　津軽の十三湖の南につらなる七里長浜へいく途中、車力《しやりき》という集落がある。私がそこを通ったのは、一九八三年六月初旬、日本海中部地震の起こった直後であった。道路のガードレールは飴のように曲がり、地面は波打っていた。道路傍の民家は傾き、ジャッキで土台を持ちあげている様子がいたるところに見られた。車力が大変な被害を受けたのは、地盤が堅固でなかったことによるが、それがシャリキという地名にはしなくもあらわれている。

アイヌ語で sarki といえば葭《あし》のことである。sar は、葭類の生えた低湿地を指す。ki はヨシとかカヤをいう。サル・キはサルに生えたキのことで、ヨシ（アシ）をいう。このヨシのたぐいは枯死して湿地に堆積し泥炭を作る。

車力はその名の示す通りアイヌ語のサルキ（ヨシ）の生えた湿原が泥炭地と化したところに立てられた集落で、地盤が弱い、それで日本海中部地震にも大きな被害を受けたのであった。車力はそのことを地名で物語っている。

Ｂ　糸魚川市の東にあたる能生《のう》町は地すべり地帯であるが、その山つきのところに飛山《ひやま》、崩《くずれ》などの集落がある。これらは地すべりと関連する地名である。また新潟県中頸城郡板倉町の猿供養寺部落も古くからの地すべり地帯で、猿はザレ、供養はクエでいずれも崩壊地名である。付近の地名も青抜《おうぬけ》、蛇崩《じゃくずれ》、水窪《みずくぼ》、押田《おしだ》、飛山《とびやま》など地すべりを暗示するものが多い。地元の伝説によると、昔、旅の僧がやってきて、村人が地すべりになやむ姿を見て、それを防止するためにみずから人柱となったということで、村人は毎年、旅僧の供養をおこなってきた。昭和十二年に、土の中から、大きなカメをかぶり、座禅姿の人骨が宋銭と一緒に掘り出されて、この伝説が確認された。

Ｃ　一九九六年、姫川の支流の土石流によって大きな被害を蒙った小谷《おたり》村は、十二世紀末の文書では於他《おた》里《り》である。小谷の字が用いられたのは、十五世紀末になってからのことで、谷は宛字である。タリは断崖状になっている深い谷の地形をあらわしていて、すでに災害を予知した地名である。

Ｄ　一九九三年八月上旬、鹿児島市が大水害に見舞われたとき、同市吉野町の竜ヶ水《りゅうがみず》地区は多数の死者を出したところとして記録されるが、吉野台地の崖下にあたるその地は、十六年前にも水害に遭ったところであり、以前は人の住まないところであったという。竜ヶ水の名も過去に幾度か鉄砲水が出たのでつけられた地名である。山津浪（土石流）のことを竜と呼んだのである。

（第三一回全国地名研究者大会、二〇一二年）

災害と地名

地震を古語でナイというが、この語は今でも奄美や沖縄で使われている。伊波普猷は『古琉球』で、ナイなどの古語は、琉球人の先祖が大和民族と袂を別って、南方に移住したころにもっていた言葉の遺物である、という。伊波は日本文化が南島に波及したという説の持ち主であるから、そのような考え方になるのはとうぜんである。

宮古島でも地震をナイと呼んでいる。『宮古島旧記』に載せられている伊良部島のヨナタマの伝承は本書でも川島秀一氏が紹介しているが、「人面魚体でよく物を言う魚」であるヨナタマは人魚になぞらえられるジュゴンのことである。柳田国男はヨナは海をあらわす古語でヨナタマは海霊をあらわす、と述べている。伊良部島で聞いたところでは、ヨナタマはヨナイタマと呼んでいる。ヨナイタマはヨナ・ナイ・タマが短縮されたもので、ヨナ・ナイは津波を指す。ヨナイタマのナイは、宮古島では地震にかぎらず、物が揺れることである。

宮良當壮の『八重山語彙』によると、八重山でも地震をナイと呼んでいる。八重山では昔から「アマナイ」「ピデリナイ」という言葉がある。アマナイは雨を予告する地震、ピデリナイは旱魃を予告する地震のこととされている。これは地震のあとに大雨や旱魃に見舞われることがあったとき、ふりかえってそう思うにすぎない、と牧野清はいっている。

大正のはじめごろ、幼少時代を八重山ですごした牧野清は、地震があると、父親が家の柱を両手で支えながら「ツカツカ　ツカツカ」と唱えている光景をおぼえているという。

沖縄本島の浦添では、一五三二年に日秀上人が経塚を建立したとき、金剛経の経文を一字ずつ小石に書いて地面に埋めたので、それまで出没していた妖怪は出なくなったという。そこで地震のときも「チョウヌチカチカ（キョウノツカツカ）」という言葉を唱えて地震を鎮めたという。地震も悪霊の一つと見立てたわけである。奄美群島の徳之島や沖永良部島でも地震のとき「キョウチカ」という。八重山の「ツカツカ」もキョウが省略されたものにちがいない。『宮崎県史（民俗編）』によると、宮崎市の近くの清武《きよたけ》町でも地震のとき「キョウヅカ　キョウヅカ」と唱えるというから、このまじない言葉は、本土から奄美を経て沖縄の果てまで伝わったと推測される。

本書で、太宰幸子氏が宮城県南三陸町水戸辺《みとべ》の「経塚」のことを紹介している。それによると、「津波が押し寄せてきたとき、一人のお坊さんが、あまりに強く高い津波が鎮まるようにとお経を唱え続けた。すると、その高台の和尚さんのいる目の前で津波が止まった」という。そして今回の東日本大震災でも津波が押し寄せたが、経塚という地名のある場所はあやうく難をのがれたという。

太宰氏によれば、この話が伝える地震とは、慶長十六年の津波より古い時代であったらしく、もしかすると貞観《じょうがん》の津波ではないか、とする地元の人の説があるという。

今回の大震災では、宮城県名取市閖上《ゆりあげ》も津波の被害を受け、七百五十名にのぼる甚大な犠牲者を出したところである。「揺《ゆ》る」は風波が海底の砂を淘《ゆ》りあげて岸に押し寄せることで、閖上はそれにふさわしい地名であった。

また神奈川県の相模灘に面した大磯町、二宮町、平塚市のあたりは、万葉集巻十四に、「相模路のよろぎの浜」と詠まれているところである。「よろぎ」も「ゆる」に由来する。大正十二年の関東大震災のときは、鎌倉市の海岸や大磯町にも津波が押し寄せて、死者を出した。

沖縄では海から寄り物がやってくる浜をヨリアゲという。寄り物はイルカやスクであり、ときには流木である。流木を寄り木という。これらの寄り物で生計をたてている集落を『琉球国由来記』はヨリアゲマキウと記している。マキウは本土のマキ、すなわち同族集団が作った集落である。本土のユリ、ユリアゲの地名も、風波が海の砂を運んでくる海岸ではあるが、それだけではなく、海の幸の寄り物を期待する心根がこめられていると考えられる。

日本列島は狭小な土地柄で山地がいきなり海に接して平野が少ない。急峻な河川が大部分であり、四周は海にかこまれている。こうして自然災害に侵される危険な地形にみちており、おまけに地震列島なので、当然のことながら、地名もまたその危険を予知するものが少なくない。それらの地名は、ここは危険な地域だから、ふだんから警戒を怠らぬようにと予告しているのである。それは地震や洪水や津波に対する警告にとどまらない。人間が大自然の中の存在であることを忘れないようにとの警告でもある。こうした地名の警告に真摯に耳を傾けることは、われわれが自然的存在であることを確認することにほかならない。自然は人間にとって、恩恵にみちた相手である一方では、ときには抗し難い暴力で襲いかかる脅威を兼ねた存在である。このことをあらかじめ知っておくことは、自然に対する人間の驕慢を防ぎ、人間を謙虚にするのに役立つであろう。

（谷川健一編『地名は警告する――日本の災害と地名』序　冨山房インターナショナル、二〇一三年三月）

Ⅱ 日本の地名

タチバナの地名

一九七五年の夏、五島に旅行して島内に橘という地名が多いのにおどろいた。「五島編年史」によると、福江島だけで十ヵ所あるが、しらべてみるとそれ以上ある。そのほか、北の中通島にも二ヵ所、宇久島に一ヵ所ある。これほど橘の地名が集中しているところはめずらしい。福江島の玉の浦にある橘浦の白鳥神社の境内に、天然記念物のタチバナの大木があったが、今は枯死した。私が訪れたときには別にもタチバナらしき樹がのこっていた。

福江市の上大津にある五所神社の背後にも橘という字名がある。ここからは弥生以来の遺跡が発掘されて、住居址であったことが分かった。これを橘遺跡と呼んでいる。そのそばに日向頭と書いてヒョウガシとよませる地名がある。ここには弥生以来の貝塚のあたりに、橘と日向頭の二つの地名が組み合わさっている。福江市の西にある岐宿《きしゆく》にも橘の地名は三ヵ所ある。その一つが河務《こうむ》にある橘という地名である。この河務から三キロはなれたところに日向頭と書いてヒョウガシとよませる場所がのこっている。しかもそこには貝塚があるのだ。これは有名な寄神《よりがみ》貝塚とは別のものである。

それに加えて、福江島には小戸《おど》と呼ぶ場所が点々とある。ここにおいて私たちは「記紀」にイザナギがミソギをしたとある「筑紫の日向《ひむか》の小戸《おど》の橘の檍原《あわきはら》」を思い出さずにはいられない。つまり橘と日向頭と小戸の三つの地名が五島には一つならず見出されるのである。それを偶然といい得るかどうか。とくに、このうち橘と日向頭とは隣接している。橘が太陽にむかう花であることがこれから推測されるのである。

五島には点々とタチバナの木が山野に自生している。その自生のタチバナの所在地と橘の地名とは一致している。福江島だけでなく、上五島の青方に近い三日の浦にもタチバナの大樹があったという。三日の浦はもとミカンの浦だったと地元では説明している。済州島からの漂着はこの青方付近がもっとも多い。

その済州島にもタチバナは自生している。済州島の柑橘類は有名で、私がその島をおとずれたとき、ちょうど五月初めであったが、道ばたで売っていた。垂仁帝のときタヂマモリを常世国《とこよ》につかわして求めさせたというトキジクノカグの木の実は済州島のタチバナであるという説をとなえる人もいる。ここでタチバナの語源にふれておきたい。それには各説あるが、タヂマモリがもってきた花、すなわちタヂマバナがつづまってタチバナとなった、という解釈があることを紹介しておく。「古事記伝」や「大言海」などはこの説であるが、どうもコジツケのようだ。私の考えでは顕《た》つ花であろう。顕《た》つというのは神の出現にもいうが、要するに目にあざやかな感じの花、太陽にまぶしくかがやく花というのがタチバナの語源であると私は解している。

さきにあげた「筑紫の小戸の橘の檍原」を福岡県粕屋郡の青柳の南方の立花山（三六七メートル）付近に求めるのは吉田東伍の「大日本地名辞書」である。そこは金印の出た志賀島に近く、西どなりに海人で知られたアズミ族の阿曇郷《あずみ》がある。イザナギがミソギしたときに生まれたワタツミの神はアズミ族の祖先の神といわれている。また青柳という地名は檍原《あわきはら》と似通っているというのが、その説明である。小戸《おど》というのは川の出口とか瀬戸を指す。この付近も海辺にちかい。しかしタチバナというのは九州島以外にも見受ける地名であり、イザナギのミソギの伝承がむすびつけられているものもある。それについては次号で述べることにする。

（「たちばな」第一号　川崎地名研究会、一九八三年一二月）

続・タチバナの地名

タチバナという地名がイザナギのミソギの場所にむすびつけられているのは九州に限ったことではない。「日本書紀」の一書にはイザナギは鳴門海峡と明石海峡を見たけれども、この二つの海峡は潮流が非常に速いので、橘の小門《おど》にかえって身を洗いきよめた、という文章がある。これを見ると九州でないことははっきりしている。鳴門海峡や明石海峡が出てくるのだから、阿波の国を考えるのが一番自然である。徳島県の南部に橘湾が見つかるのである。この橘湾は徳島県随一の天然の良港で、古代から知られていた。和歌山県の湯浅あたりと海上の交通路が開かれていた。橘湾の突端にある椿泊に多い湯浅の姓は、紀州からの移住者を物語っている。

橘湾を一望に見わたす津峰《つのみね》神社のふもとに青木という地名がある。これは檍《あわき》に由来するものかも知れない。すなわち、前号で書いた「小戸の橘の檍原」の檍である。イザナギは淡路の島神とされているから、ミソギの場所としては北九州よりここが適切とみることができよう。

川崎市に関係のふかい武蔵国橘樹郡については小寺篤さんが書かれたので省略するが、日本武尊の東征のときに同伴した弟橘媛というのは巫女であったと私は推定している。そう考える理由の一つは、天災や飢饉や災難が起ったときに、その責任は巫女にかかってくること。また巫女は軍隊が進発するときにはその先頭に立って敵を呪詛する役割をもっていたことである。走水《はしりみず》、つまり今の浦賀水道を横断しようとして波浪が烈しかったとき、弟橘媛が入水したのは、以上の理由からであろう。また入水するときに皮畳を八重に敷いたと「古事記」は伝えているが、浦賀水道に面した久里浜には海獺島があるから、その皮はおそらくアシカの皮ではなかったかと考えられる。なお弟橘媛は穂積氏の女《むすめ》というが、穂積氏は物部氏と同族である。ということから弟橘媛の話は物部氏の東国進出を意味しているようにも見える。

千葉県の九十九里浜にある茂原市本納《ほんのう》町に式内社の橘神社がある。弟橘媛を祀っている。また香取《かとり》郡の東庄ももとは橘村であった。その近くに物部氏の奉斉する香取神社があるところからして、日本武尊の東国征討と物部氏をからめて考えるのはけっして不自然ではないとおもう。

たちばなは日本人がとりわけ好む花である。それは花のうつくしさと芳香が日にかがやくたちばなを際立たせるからである。

五月《さつき》待つ花たちばなの香をかげば
昔の人の袖の香ぞする

これは「古今集」の有名な歌である。着物の袖にたちばなの花を入れて、その匂いをたのしんだ時代があった。この歌はそうした風習を背景にして作られている。

(「たちばな」第二号　川崎地名研究会、一九八四年三月)

静岡県の地名と風土　伊豆

三島について——島生みの神話空間

一

地名はふだん何気なく使っていても、それに疑問をもち出すと、私たちを意外に遠くまで連れていくことがある。

その一つの例として、ここでは静岡県の三島という地名を取り上げる。三島駅の名は東海道線で旅行する者にはなじみ深いが、さて三島が何に由来するかというと、はっきり答えられない人たちが大部分ではないだろうか。それが目立つ三つの島のせいでもないことは、三島市の自然の地形を見れば直ちに分かる。そこで誰もが考えるのは三島大社との関係である。

伊豆国一の宮として隠れもない三島大社の三島と関連があるとして、ではその三島という神社名は果してどこからきたか、と問われると、はたと困ってしまう。そこで誰でもやることだが、平安時代に作られた「和名抄」と「延喜式神名帳」を開いてみる。

「和名抄」を見ると、伊豆国は田方、那賀、賀茂の三郡に分かれており賀茂郡に三島郷の名が記されている。「延喜式神名帳」も同様で、賀茂郡に名神大社の伊豆三島神社がある。言うまでもなく現在の三島大社は、賀茂郡にはない。三島市はかつて田方郡に属していた。

この矛盾をどう考えればよいか。賀茂郡とあるのは田方郡の誤記であるとすれば、それまでだが、だがそれはあまりに安直な解決法である。

そこで今日もっとも有力と見られる説を紹介することにする。それによると、「和名抄」の賀茂郡三島郷は伊豆諸島を指す。三島はすなわち御島であって、伊豆諸島が神によって造られたということを、尊んで言ったものにほかならない。

「日本書紀」の天武天皇十三年（六八四）十月十四日の条に次のような記事がある。

> 人定《ゐのとき》にいたりて、大きに地震《なゐ》ふる。国こぞりて男女叫び唱《よば》ひて、まどひぬ。則ち山崩れ河湧く。諸国の郡の官舎、及び百姓の倉屋、寺塔神社、破壊《やぶ》れし類、あげて数ふべからず。是に由りて、人民及び六畜、多《さは》に死傷《そこな》はる。時に伊予の湯泉《ゆ》、没《うも》れて出《い》でず。土佐国の田苑《たはたけ》五十余万頃、没《うも》れて海となる。古老の曰はく、「是の如く地動《なゐふ》ること、いまだ曽《むかし》よりあらず」といふ。この夕に、鳴る声《おと》ありて鼓の如くありて、東方に聞ゆ。人ありて曰はく「伊豆島の西北、二面、おのづからに増益《ま》せること、三百余丈、また一つの島となれり。則ち、鼓の音の如くあるは、神の是の島を造《つく》る響《ひびき》なり」といふ。

この記事は、伊予、土佐など広汎な地域に大地震が起きたという諸国からの報告をもとにしている。私が注目するのは後半の部分である。すなわち、その日の夕方に、鼓の鳴る音のようなものが東の方から聞こえてきた。ある人が言うには「伊豆の島の西北が二面にわたって三百余丈も隆起し一つの島となった。鼓の音のようなものが聞こえてきたのは、神がこの島を造るときの音響だった」と。

この文章によって、海中に新しく出現した島を、神の造《つく》った島と見た古代人の考えを知ることができる。

一朝にして造られた島に目を見はり、異様な音を神が島を造るときの響きであると耳をそばだてた人びとの様子があざやかに迫ってくる。

このとき東の方から聞こえてきた鼓を打つような音は「天武紀」の九年二月十八日にも記されているから、すでに予兆はあったのである。それからほぼ一月経って大地震が起きたのであった。

地震によって突如出現した島を神の造った島と見なした例は他にもある。「続日本紀」には、天平宝字八年（七六四）十二月に、大隅薩摩の国界に煙雲が起って暗くなり、しきりに稲光りがしたという。これは桜島の噴火を示すものであるが、それから七日してみると鹿児島の信爾村の海に砂があつまって三つの島ができ、炎を揚げていた、と記されている。それは国分市の沖合にある三つの島とされている。そのあと天平神護二年（七六六）六月には、さきに誕生した大隅国の神造《かむつくり》の新島が震動やまないで、多くの人民が流亡したので、救済したとある。また宝亀九年（七七八）の十二月には、「大隅海中に神の造れる島あり。その名を大《おほ》穴持《なもち》神と曰ふ。是に至りて社と為す」という記事がある。

以上の例から古代日本人は、噴火造島の自然現象を神の仕業として畏敬していたことが分かるのである。その神は大隅国始良《あいら》郡の場合は大穴持神であるが、かならずしも大穴持神に限らない。「風土記」や「記紀」に登場しない無名の神を対象としたと考えられる。冒頭に掲げた伊豆島の新しい島誕生の場合がそうである。ここにいう伊豆島とは伊豆半島ではなく伊豆七島のことであるが、七島のどの島を指しているかは分明ではない。

原初には無名であった大神に名前がはじめて現れるのは、「日本後紀」逸文の天長九年（八三二）五月二十二日の条まで待たねばならない。そこには伊豆国からの言上として、三島神と伊古奈比咩神の二神が名神大社に列せられたことを伝えている。この二神は深谷を塞ぎ、高巌を摧《くだ》いて、地を平らかになすこと二十町ばかり、また神宮を二院と池三処を作った。神異のことはあげて計ることができない、ともあるから、神異を畏《かし》こんだのであろう。

こうして、伊豆島の噴火造島の神は三島神と伊古奈比咩の二神であるという神の命名化がはじまる。三島神とその配偶神だけでなく、御子神たちも誕生し、命名されていくのである。

たとえば「続日本後記」には承和五年（八三八）七月五日の事件を左のように伝える。

「上津島（神津島）のまわりの海中が焼炎して野火のようだった。十二人の童子があいついで炬火をとり、海に下って火をつけてまわったからである。童子たちが潮を履むのはまるで大地を踏むようであり、大地に入るのはまるで水に入るようであった。大石を震り動かし、火でそれを焼き摧《くだ》いた。炎はもえあがって天に達した。朦朧とした状態で、ところどころ炎が飛んでいた。そうしたことがあったので、神主たちをあつめて卜占してみると、上津島に鎮座する三島神の本后の阿波神の祟りだということが分かった。阿波神は五人の子供を産んでいるが、後后である伊子奈比咩命が冠位を授けられても、本后である自分はそれにあずからない。そこで怪異を示してみせたのである、と神託を下した。上津島には阿波神とその子である物忌奈乃命の二神が鎮座していた。このときの激烈な地異におそれをなした朝廷では、承和七年（八四〇）十月十四日に、伊豆国での造島の霊験のため、という理由の下にそれまで無位であった阿波神と物忌奈乃命の両神に従五位を授けた。」

こうして三島神、伊古奈比咩の二神の出現に加えて、阿波神（神津島）、物忌奈神（神津島）の二神の顕現をみた。さらに阿米都和気命（三宅島）、伊太豆和気命（御蔵島）、阿豆佐和気命（利島）、佐伎多摩比咩命（三宅島）、波布比咩命（大島）、多祁美加賀命（新島）の六神が叙位にあずかった。これは嘉祥三年（八五〇）から仁和二年（八八六）にいたる間のことである。これらがすべて三島神の妃神たち、および御子神たちであることは、伊豆諸島の神々が三島神の一族によって占められていることを物語っている。それは伊豆諸島が海中に浮ぶたんなる島々の配置を意味するのではなく、おのずから統一した神話空間を構成していることを伝えているのである。そのことをさらにくわしく見てみよう。

二

伊豆諸島に神異が起ったときの記録について述べてきた。では古代人はそもそも伊豆諸島がどのようにして誕生したと見てきたか。それについて正史には何の記載もない。ただここに「三島大明神縁起」または「三宅島薬師縁起」なるものがあって（それは「三宅記」と略称されているが）、そこに伊豆諸島の「島生み」の神話が語られているのである。「三宅記」はいつ頃書かれたものか不詳であるが、たぶん室町時代頃のものと思われ、元文、寛保の頃と見られる筆写本が残っている。吉田東伍は「大日本地名辞書」の中で「近世三宅島壬生《みぶ》氏、新島前田氏等に伝ふる所の三宅記は、中世仏徒の述べし所なれど、正しき古伝に附会を加へたる者とす。妄誕すくなからずと雖、三島大神並に后妃王子の事蹟、憑拠とすべき古書なり」と述べている。これによると、「三宅記」のまえに「正しき古伝」のあったことが想定される。

さて「三宅記」の内容をざっと紹介してみよう。

「昔、天竺の王子が継母のために讒言されて流浪し、日本に渡来した。孝安天皇元年のことである。富士山頂の神と出会って安住の地を請い求めたので、神は海中ならばどれだけでも与えようと引き受けた。王子は一旦帰国したが再び渡来し、丹波で翁と媼に出会い、伊豆の海中に島を焼出して住むことを勧められ、また三島大明神と名乗るようにと云われた。翁と媼は自分の二人の男の子若宮と剣、それに女の子見目《みめ》を王子の供につけてやった。そこで王子は若宮、剣、見目の三人に命じて、竜神や雷神をやとい、孝安天皇二十一年から島焼をおこなったのである。まず竜神が海中に大きな石を三つ置き、火雷が焼き、水雷が水をそそぎ、一日一夜で一つの島が出現した。また白浜に住む竜神が石をあげ、諸神がこれを積みあつめ、火雷が焼いて島を出現させ、こうして、七日七夜のあいだに十島を焼き出した。明神は第一の島を初島と名付けた。第二の島は神たちが集まって、島々を焼出すための詮議をしたというので神集島と名付けた。第三の島は大きいので大島、第四の島は潮の泡をあつめて作ったので島の色が白く、そこで新島と命名した。第五番目の島は家が三つ並んでいるのに似ているからといって三宅島と命名した。第六番目の島は明神の御蔵ということで御蔵島と名付けた。第七の島ははるかな沖にあるということで沖の島と名付けた。第八の島は小島、第九の島はオウゴ島、第十番目の島を十島《と》と命名した。そののち王子は三宅島に宮作りをして大明神を名乗り、また大島、新島、神集島、三宅島、沖の島の五島にそれぞれ后を置き、后たちは多くの子どもたちをつくって、一族は繁栄するにいたった。

このうち、第七の沖の島は一名ヤタケ島すなわち八丈島のことである。小島は八丈小島、そしてオウゴ島はオフの島すなわち青ヶ島のことであろう。」

この話がさきに述べた「続日本後記」の承和五年（八三八）の上津島噴火の記事を背景にしていることは明らかである。また「扶桑略記」の宇多天皇の仁和三年（八八七）十一月二日の条には、「伊豆国新生島図一張を献ず。其の画中を見るに、神明火を放ち、潮をもって焼くところ、すなわち銀岳のごとし。其の頂きに緑雲の気あり。細事は図中に在り。更にこれを記さず」とあるが、その記事とも一致している。

伊豆諸島の噴火や造島が驚異の眼で見られ、神話が形作られていったことを私たちは知るのであるが、その噴火の中心が三宅島であったことも、さきの三島大明神が三宅島に鎮座したことから推察できるのである。

三宅島の命名の由来については、「三宅記」の説のほかに、八丈島に向かう船が碇泊し、日和を見分けて船を漕ぎ出すところから付けられたといい、また養老六年（七二二）に三宅麿という人物がはじめてこの島に流されたので三宅島という名が付いたとか諸説があるが、三は尊称の文字で、ヤケは焼けるという意味とするのが正解であろう。噴火のことを山焼けというのは江戸時代の諸書に見られる。

三宅島の噴火は「三宅島噴火記録」などを見ると、さきの仁和三年（八八七）のあとも頻々と起っている。応徳二年（一〇八五）、久寿元年（一一五四）、文明元年（一四六九）、天文四年（一五三五）、文禄四年（一五九五）、寛永二十年（一六四三）、貞享四年（一六八七）、宝暦十三年（一七六三）、文化八年（一八一一）、天保六年（一八三五）、明治七年（一八七四）、昭和十五年（一九四〇）という具合である。

言うまでもなく、大島も三宅島に劣らず噴火をくりかえし、八丈島や青ケ島もしばしば噴火している。こうした激烈な噴火が人目につかなかったはずはない。しかし、伊豆の島々で御神火とおそれられた大噴火が、神々の位階をひきあげることになった背景には、朝廷に仕えた伊豆の卜部の活躍があったろうと推定されるのである。壱岐、対馬の卜部と共に朝廷の神祇官として出仕した伊豆の卜部に、卜部平麻呂がある。彼は承和の初年（八三四）遣唐使と共に唐にいき、卜官の制を伝えた。帰国後、神祇大史となった。また「新撰亀相記」に、天長七年（八三〇）に正六位上の宮主《みやじ》となった伊豆島直《あたえ》益長の名が見える。宮主とは卜術にすぐれた者のことである。伊豆の島の直というのは、伊豆の八丈島の出身と見られている。「古事談」は、堀川院のとき、八丈島から三人の卜部が上洛したことを伝えている。椿実氏の研究によると、明治の初まで八丈島には亀卜が残っていた。村ごとに卜部が一人いて亀卜をおこなっていたという話である。さきにあげた「日本後紀」逸文の天長九年（八三二）五月に三島神と伊古奈比咩神の二神が名神大社に列せられたときにも、その数日前に、大きなひでりがあったので、朝廷で占わせてみると、伊豆国の神が祟りをなしていることが分かった、という記事がある。

これらのことからして、朝廷に出仕していた伊豆国の卜部が介在していた事実は否定できないであろう。このことは伊豆国の式内社の数が異常に多いことの説明にもなり得るであろう。式内社は伊豆国に九十二座あり、賀茂郡は全体の半数の四十六座を占めている。この四十六座の半数の二十三座が伊豆の島に鎮座する。また三宅島は十三座という多数を占めている。こうしてみると、三宅島が中心であったことが分かる。それが海島全体にひろがり、ひいては賀茂郡全体にも波及することになって、式内社の数が増えていったと見られる。それにしても海島に顕現した神は天長年間から仁和二年（八八六）にいたる間に十柱である。そのことからそのあと海島に鎮座する式内社は十三座あったことになり、平安初期の伊豆の卜部の活躍もあって、「延喜式」の完成された頃までに、さらに三島神の一家眷属の組織化が進んでいたことが分かる。しかし三島神を中心とする神統譜は神道家の荒唐無稽な述作というものでもない。その裏側には歴然とした伊豆諸島の噴火造島という現象があったのである。

こうして「和名抄」の伊豆国賀茂郡三島郷は伊豆諸島であることが明らかである。また賀茂郡大社郷の地にあった三島神が北伊豆の田方郡（今日の三島市）に移って祀られたことも推定できる。すなわち三島大社がそうである。そうして白浜の地には伊古奈比咩命神社が残されたのであった。

枯野について――狩野川のルーツは大船

「日本書紀」の応神天皇五年には次の記事がある。

冬十月に、伊豆国に科《ふれおほ》せて、船を造らしむ。長さ十丈《とつゑ》。船既に成りぬ。試《こころみ》に海に浮く。便ち軽く泛《うか》びて疾《と》く行くこと馳《はし》るが如し。故《かれ》、その船を名けて枯野と曰ふ。

そのあと「船の軽く疾きに由りて、枯野と名《なづ》くるは、是義《これことわり》違へり。若《も》しは軽野《かるの》と謂へるを、後人《のちひと》訛《よこなば》れるか」という註記がある。

これと同様な記事が、応神紀三十一年の条にも見られる。

三十一年の秋八月に、群卿《まへつきみたち》に詔して曰はく、「官船の、枯野と名《なづ》くるは、伊豆国より貢《たてまつ》れる船なり。是《これ》朽《く》ちて用ゐるに堪へず。然れども久《ひさ》に官用《おほやけもの》と為りて功《いたはり》忘るべからず、何《いか》でか其《か》の船の名を絶《た》たずして、後葉《のちのよ》に伝ふることを得む」とのたまふ。群卿、便ち詔を被《う》けて、有司《つかさ》に令《のりごと》して、其の船の材《き》を取《と》りて、薪として塩を焼《や》かしむ。……。

初め枯野船を塩の薪にして焼《や》きし日に、余燼あり。則ちその燃えざることを奇《あや》しびて献《たてまつ》る。天皇、異《あや》しびて琴に作らしむ。其の音《ね》、鏗鏘《さやか》にして遠くきこゆ。この時に、天皇、歌《みうたよみ》して曰《のたま》はく、

枯野を　塩に焼き　其《し》が余《あまり》　琴に作り　掻《か》き弾《ひ》くや　由良の門《と》の　門中の海石《いくり》に　触れ立つ　なづ
の木の　さやさや

いずれも伊豆国で船を作らせ、それを枯野と呼んだという話であるが、これに似た話は、「古事記」の仁徳天皇の条にも記されている。

この御代に、兎寸河《とのき》の西に一つの高樹ありき。その樹の影、旦日《あさひ》に当れば、淡路島におよび、夕日に当たれば、高安山を越えき。故、この樹を切りて船を作りしに、いと捷《はや》く行く船なりき。時にその船を号《なづ》けて枯野《からの》と謂ひき。故、この船もちて旦夕《あさゆふ》淡路島の寒泉《しみづ》を酌みて、大御水《おほみ》献《もひたてまつ》りき。この船、破れこぼれて塩を焼き、その焼けのこりし木を取りて琴を作りしに、その音七里に響《とよ》みき。

とある。ここでは枯野という船は今の大阪府高石市富木《とのき》あたりにあった樹を切って作ったということになっている。

さらに「常陸国風土記」の香島郡の条には次の記事が見つかる。

軽野《かるの》より東の大海の浜辺に、流れ着ける大船あり。長さ一十五丈、濶《ひろ》さ一丈余、朽ちくずれて砂に埋まり、今に猶のこれり。淡海のみ世、国覔《くにま》ぎにつかはさむとして、陸奥の国石城の船造りに令《おほ》せて、大船を作らしめ、ここにいたりて岸に着き、やがて破れきと謂ふ。

「常陸国風土記」に見る軽野という地名はおそらく、軽野という船の名に由来する地名なのであろう。そこで問題は軽野、あるいは枯野という船名である。船足が軽いから軽野と名づけ、それが古びて朽ちたから枯野という名になったと考えられなくもない。しかし軽野の野は一体何を意味するかということになると、なかなか説明がつかない。

「新編常陸国誌」（中山信名編）には「軽野湖」について次のような説明がある。

「軽野湖はもと安是湖《あぜのうみ》と呼ばれていた。今は神池と書いて、コウノイケと呼んでいる。カムノイケがコウノイケとなったのである。神池は奥谷村の西にあるが、奥谷村からつき出した小島に立っている弁財天を、土地の人びとはカノフ島弁天ともカノ島弁天とも称している云々。」

この説明によると、土地の人びとは軽野のことをカノウまたはカノと発音していたことが推察できるのである。また安是湖は下総と常陸の境界であって、海から船が自由に出入できた時代があった。そこに軽野と呼ばれる船が流れついたとしてもすこしもおかしくはない。その場合、軽野はカノウまたはカノと呼ばれていた公算が大きい。

ここで思い起こすのは、天城山中に源を発して伊豆半島を北流する狩野《かの》川のことである。「和名抄」に田方郡狩野《かの》郷があるところから、狩野川の名は狩野郷に由来すると思われる。式内社の軽野神社は松か瀬（現、天城湯ケ島町）に鎮座する笠離《かさはなし》神社とされている。

天城山は昔、狩野山《かのさん》と称した。「東鑑」には元暦二年（一一八五）二月、頼朝が寺を建てるために伊豆国に人をつかわして、狩野山の良材を求めたことが記されている。鎌倉幕府や小田原の北条氏はしばしば狩野山で材木を切り出した。明治七年にも狩野山の木材で大きな軍艦を作った。十一年に竣工し、艦名を天城と命名したという。このように天城山（狩野山）は船材に適した良材を出す山であった。応神天皇の記事も架空の伝説とばかりは言えない。

常陸と伊豆の場合、軽野という船名をカノーと発音していたと考えられる。ところで、さきに述べた疑問にもどる。軽野の軽は軽船の意であっても、野はどう解釈したらよいか。

これについては、茂在寅男氏が雑誌「えとのす」二八号の中で、「ノー」というのはサンスクリット語の船を意味するという西村眞次氏の説を紹介している。

茂在氏によると、「ノー」というサンスクリット語は、インド・ヨーロッパ語として広がり、スペインではナオとなり、船を意味する。英語のナビゲーション（航海術）やネービー（海軍）などの言葉もナオに関連がある。その「ノー」という船をあらわす語が軽野の「野」にあたるというのである。「軽野」といえば「カヌー」を連想するが、カヌーという語は、カリブ海のアラワク語で船を指すカノアに由来し、その語はコロンブスによって伝えられ、のち英語にとり入れられたという。したがって、カヌーが軽野の起源ということにはならないというのが茂在説である。

軽野がどのような形の船であったか。「古事記」の垂仁天皇の条には「尾張の相津にある二俣杉《ふたまた》を二俣小舟に作って、それを大和の市師池、軽池に浮べて、皇子を遊ばせた」とある。ここに軽池の名が出てくるのは、二俣小舟を軽野と名付けていたことを推定させる。

「日本書紀」の仁徳天皇六十二年の条には、「遠江国の国司が報告してきたが、それによると大きな樹が大井川から流れてきた。その木のまわりは三十尺もあった。本は一つで末は二俣であった。これで船をつくらせた」という記事がある。また履中天皇三年の条にも、二俣の船を大和の磐余市磯《いわれいちし》(師)池にうかべて遊んだという記事が出てくる。これらは東南アジアから太平洋の島にひろがっている二艘をつなぎあわせた丸木舟を想像させる。

茂在氏は「枯野」も「軽野」も、もとはカノーと呼ばれており、それは特定の一つの船につけられた名前ではなく、ある種の型の船を「カノー」と呼んでいたのではないだろうかと言っている。ある種の型の船というのは腕木を船の横へ張り出して、その先に浮木を取り付けたアウトリガー式のカヌーか、または二隻の船を横に並べて固縛したカタマラン式のカヌーだろうというのである。

神野善治氏の教示によると、今日でも八丈島にはアウトリガー式の丸木舟があり、それをカンノと呼んでいるそうである。

天城山から切り出して軽野という舟をこしらえたときの船材は楠材であったろう。クスは「天城九木」の中にかぞえられている。伊豆にはクスの大木が多い。賀茂村の宇久須には式内社の那賀郡宇久須神社がある。賀茂村にはまた大久須の地名もある。

狩野は鹿野とおなじく焼畑をあらわす語でもあるが、伊豆の天城山付近ではカノという語を使用せず、オウソリとかアラクという言葉を使っていると神野氏は言っている。

こうしたことから狩野山や狩野川の狩野は焼畑でなく、軽野という船の名に由来すると考えられる。そして軽野は軽い舟（ノー）という意味をもっていたのである。それにしてもなぜ軽野《かるの》と呼ばずカノーと呼んだのか、その理由は分からない。

日和山について――千石船の栄華

日和山については加藤雅功氏が「伊豆に見られる地名」（『静岡県の地名』静岡県生活環境部県民生活課編）の中で詳述しているので、ここでとりあげる必要もないが、たまたま昭和六十年四月の全国地名研究者大会において、地名研究賞の対象となった南波松太郎氏の「船・地図・日和山」が全国にわたる日和山に触れている。そこで加藤氏の報告に重複するきらいはあるが、南波氏の長年にわたる研究成果をここに紹介しておきたい。

日和山の地名にとくに私が関心を抱くのはその成立年代と消滅年代が明確だからである。すなわちそれは千石船が活躍した大型の帆船時代の産物なのである。この日和山の地名をとおして海運はなやかなりし時代を思うことができる。

「日和山は日本海および太平洋方面の外海に面する所に分布し、瀬戸内海や東京湾のような内海にはない。しかし内海でも大きい灘に面する所にはあるようである。これは外海に面している所では、出船に際し慎重に天候を見定めないと、ウッカリするとどこへ漂流するかわからない危険があるからである。また海域による航海の難易度によっても、その分布に粗密があるのは当然である。いわゆる七十五里の難所、遠州灘の前後の紀伊半島（含志摩、南伊勢）の東側および伊豆半島の西側は密である。その他、主要航路の日本海に突出している能登半島も同じく密である。なお金銀等の貴重品の出貨の多い北但地方も密であるが、これは慎重航海のためであろうか。九州や四国方面に日和山の少ないのは、主要航路（大坂〜江戸・西回り・東回りの諸航路）から外れており、いずれも瀬戸内海に接し、九州から大坂への船は、距離は遠くても、土佐沖を通らず安全に航海の出来る瀬戸内海に入るためであろう。」

南波氏はこのように述べ、つぎに日和山の立地条件に触れている。それによると、日和山は港に停泊している船の船員たちが日和を見る山であるから、低い所よりも高い所がよいが、あまり高いと登るのに不便である。そこで大体海抜七十メートルまでのものが多い。また船繋《つな》ぎ場からあまり遠くない所にあり、遠くてもせいぜい二、三キロ程度である。日和山は港内を見下せて、出船の見送り、入船の望見ができる場所が選定される。それも外海または大灘に面していて、出船、入船の多い港にある。

ところで日和山はいつ頃からできたのであろうか。南波氏は鳥羽の日和山が最初で、そのつぎが伊豆下田の大浦の日和山であるとしている。

鳥羽から海上七十五里の遠州灘をつっきった伊豆下田は大坂と江戸をむすぶ定期航路の重要な寄港地であるので、幕府は重視し、寛永十一年（一六三四）には須崎に仮船改番所を置いたが、二年後の寛永十三年には下田の大浦港に移した。この番所は享保五年（一七二〇）に浦賀に移された。こうして、大浦が下田の重要港となると、日和山がもうけられた。下田には大浦港の日和山のほかに、柿崎港の日和山がある。そこは標高七十メートルで眺望がよい。小笠原長保の文政七年（一八二四）の「甲申旅日記」にも「柿崎へ戻りて、日和山と云ふに登る。草木も無き赤き石山なり。大海の眺望《ながめ》言い知らず」と記されている。また下田須崎港にも日和山がある。そこは標高六十メートルで、伊豆の島が見える。

このほか賀茂郡南伊豆町石廊崎にも長津呂日和山がある。そこは標高四、五十メートルである。

また賀茂郡南伊豆町の仲木港日和山がある。昔は千石船が七十そう位停泊できて、その出入りには曳船が用いられたという。南伊豆町の妻良《めら》には妻良港日和山がある。そこには方角石が残っていたと南波氏は記している。南伊豆町子浦《こうら》にも子浦港日和山がある。

海若子の「伊豆日記」は文政五年（一八二二）に刊行されたものであるが、それは、子浦の日和山には方角石があり、日和見る所として、ひろい板で作った台がすえてあった。その上にのぼってみると、西は駿河の山々、南は果もなき青海原、東は山々が八重につらなり、北には遥かに富士山が雲間に見えている。この子浦に御影屋某という人がいてその人は日和見る技術にすこぶる長じていて、朝は午前四時からこの山にのぼり、日の出をながめ、夕方には日没を見て、天気を判断するのは一日も怠ることがない。という訳でこの港から出入りする舟は、みな天気のことをこの人に聞いて、七十五里と聞く遠州灘を航海しているという、とある。

このほか西伊豆田子にも田子港日和山がある。さらに賀茂郡松崎町岩地にも岩地港日和山がある。伊豆半島と関係のふかい伊豆大島の波浮港にも日和山がある。

伊豆半島とならんで日和山が多いのは三重県の南部である。とくに鳥羽や的矢湾の突端にある港々には日和山がもうけられていた。それは志摩または熊野と伊豆半島との間の海上交通を物語っているのである。全国で七十七箇所に及ぶ日和山の分布を見れば、日本に海上交通のさかんであった時代の光景が迫ってくるのを禁じ得ない。前述したように伊豆半島の日和山については加藤雅功氏の実地調査による研究があるので、それを是非併読していただきたい。

妻良について――黒潮の文化交流

妻良《めら》の名は「東鑑」にも見える。一つの湾の中に妻良と子浦が向い会っている。その双方に日和山のあることはすでに述べた。妻良は妻浦《めうら》とも言う。妻浦と子浦とは三島大神の後神と御子神の鎮座するところから起こった名であるという説がある（「特選神名牒」）。伊豆半島の地名を三島神と関連させて説明する例は多い。たとえば、下田市の吉佐美《きさみ》は、蚶《きさ》すなわち赤貝がこの地に多いところから蚶の海と称していたのが短縮したものとする説がある一方では、「増訂豆州志稿」に記されているように、吉佐美は后宮《きさきみや》の省略で、三島大神の后神の鎮座地から起こった名だという説もある。私にはこの方が説得的に見える。

吉佐美はともかくとして、妻良の場合は安房にも布良《めら》があることから、それを三島神の妻とむすびつけて済ます訳にゆかないところがある。房州の布良は館山市に属し、房総半島の突端にあり、近くに太玉命をまつる安房神社がある。「古語拾遺」には天富命は阿波の忌部をひきいて東国に移住し、安房の国に太玉命の神社をたてたとある。これは海上の道をとおって西国から東国へ移住のおこなわれたことを示すものであろう。ここで思い起こされるのは、三島大神の本后で神津島に鎮座する阿波神のことである。「三宅記」には新島は潮の泡をあつめてつくった島と説明されているが、阿波神の場合は潮の泡とも思われない。やはりなにがしか、阿波の国の人びとの移住と関連があるのではなかろうか。

「増訂豆州志稿」には安房にも妻浦と子浦があると記されている。安房の布良と伊豆の妻良とをつなげるだけでなく、さらに紀伊国の目良《めら》と関連づける説もある。さて、妻浦《めら》の地名の由来であるが安房の布良《めら》に布という字を宛てていることが参考になる。布《め》はアラメ、ワカメなどのように食用になる海藻をさす。そこで、海藻のよく採れる浦が布浦《めうら》であり、それが布良《めら》になったのではないだろうか。伊豆の妻良も、紀伊の目良ももともとは布良であったのではないだろうか。

安房の白浜と下田の白浜、さらに紀州の白浜とをむすびつける人もある。しかし下田の白浜は文字通り海岸の砂が真白であり、それに由来する地名であることは明らかである。それに対して安房の白浜は名のみで、そこに白砂はない。また下田の白浜には漁業の見るべきものはない。したがって、両者をむすびつけるのは困難であると佐々木忠夫氏は言う。ただし紀州の白浜と安房の白浜との関連は不詳である。

伊東市にある川奈崎と三浦半島の三崎と館山市の州崎はそれぞれ三角形の頂点にあるところから、中央にある三浦半島の三崎にその名がつけられたと「北条五代記」に見える。この説は信ずるに足りないが、下田から江戸へいく廻船は沖に出るか、伊豆半島を北上して網代から三浦半島の三崎へと十九里の海をわたったというから、房州と伊豆とが三浦半島を媒介として交流のあったのはたしかであろう。とすれば館山市の川名という地名も伊東市の川奈（川名とも書く）と関連があり、人の移動もあったことが考えられる。川奈という姓は安房に多く、また三浦半島にも見受けられる。下田市の須崎と館山市の州崎は、たんなる地形上の一致にとどまるであろうか、それを明確にすることはむずかしいが、彼我の交通までを否定はできない。伊豆の西海岸と上方との交流は密接であった。伊勢、志摩の海女たちはひんぱんに出稼ぎにやって来た。下田の白浜では志摩の海女が地元の若者と結婚した例もあるという。また宇久須（賀茂村）や仁科（西伊豆町）、子浦（南伊豆町）に伝わる人形三番叟は上方から流伝したものと見られる。妻良の盆踊りについてもそのような伝承がある。

志摩の安乗《あのり》は的矢湾の出入口にのぞむ港であり、また海女が今日も生計をたてている所である。そこの日和山のふもとにある安乗神社には古くから人形芝居が伝わり、保存されてきた。正月の三日には安乗の海岸で人形に三番叟を舞わせる。こうした伝統が伊豆に伝わったと考えられなくもない。

また下田市の田牛《とうじ》は伊勢神宮の御厨のあった所で、鉄の鍬を奉献したというが、そこはアワビの名産地で、女は海草稼ぎをしている。田牛は多牛とも書き、牛を多く飼育した所と「増訂豆州志稿」にはあるが、とても多くの牛を飼うような広々とした所ではない。ここで思い起こされるのは、志摩の答志島である。答志島は鳥羽の日和山から見ると眼前に横たわり伊勢神宮とも近く、また国崎《くさき》など伊勢の御厨でアワビを奉献する漁村とも近い。もし下田の田牛が答志と関連する地名であるとすれば、上方との交流の証拠となるわけである。田牛には国重文の木造阿弥陀如来座像を本尊とする曹洞宗長谷寺がある。この仏像も西方から海上の道をとおって渡来した公算が大きい、と佐々木忠夫氏は言っている。

根について――岩礁にまつわる地名

海中の岩や暗礁の呼称は地方によってさまざまである。鏡味完二氏の「日本地名学」によると、瀬《せ》というのは北西九州に分布の重心があり、その一つの分枝が瀬戸内から東海へ、他の分枝が九州西岸から琉球列島に及んでいるという。また碆《はえ》というのは、四国の東南岸および豊予海峡をはさむ四国の西岸と九州の東岸に集中している。さらに磯《いそ》は瀬戸内から紀淡海峡、房総、三陸などに見られる呼称である。繰《クリ》（栗、具利）は日本海型の分布であり、曽根《そね》は北西九州や琉球に分布する。根は伊豆半島から伊豆七島、房総半島、三陸海岸などに見られる礁名の語尾である。このように、暗礁の呼名は所によって瀬、碆、磯、繰、曽根、根とちがっているが、伊豆半島で圧倒的に多いのは根である。

「増訂豆州志稿」を見ると、巻之五に暗礁の項目があり、それに根の名前が羅列してある。その一部分を列挙すると、沖根、鵜の根、かさね根、代官根、白根、万根、梶が根、鰒根、浅根、傘根、ざくり根、大根、高根、前佐久根、松が下白根、波比根、鯖根、八重根、尾根、小屋根、中根、離根、三石根、弁慶根、沖の根、もちひ根、太平根、赤羽根、川尻根、恵比須根、などである。

同書を見ると、根に島がつく場合もある。佐久根島は「岩頭水上に現わるる僅かに長柄雨傘の如し」とある。そのほか麦根島とか床根島などの名が見つかる。これらのことから島も根と併用されて岩礁を示す場合のあることが分かる。

下田の神子元島から南伊豆町の大瀬にかけては、海中にわずかに頭を出している根が多く、かっこうの釣場になっている。大瀬では二、三十メートルもある暗礁があって、それを鵜の根、またシケのとき波をかぶるので黒根という。根には海島があつまるのでその名をつけたものがすくなからずある。ミサゴ島とか犬走島がある。犬走島はイヌワシの訛ったものと考えられている。サギ島やウ島もある。

橘南谿の「東遊記」によると、下田の西にあたる南伊豆町の手石《ていし》浦では、昔、正月の挨拶にくる者が、まず「イナサ参ろう」という。するとその家の主人が「寄せてごされ、古釘で祝いましょう」と答えた。これを年始の祝言にしていた。イナサは東南風で、海上の悪風であった。この風に遭うと難破する船が多く、そこでイナサの風の吹くときは、この辺の者は手に手に松明をもって浜辺を往き来する。船は港を捜しているときなので、この火のあかりを見て、人家があると思い、また船もあると思って近づくと、そこは暗礁の群のある所で、たちまち座礁し破船する。そこであくる朝、浦の人びとは船を出して破船の荷物や道具をとるのである。

こうした話が地元に伝わっているのは、このあたりに根と呼ばれる岩礁がいたる所にあるからである。それは地名にもあらわれている。「増訂豆州志稿」によると、南伊豆町の入間は「和名抄」の武蔵国入間郡のように、その土地が入りこんだ所をさす。海岸部が入り江になっているという意味もある。「東鑑」には長津呂崎と言われていた。また石廊崎について、吉田東伍は「大日本地名辞書」の中で、そこに式内社の伊波例《いわれ》命神社を祀ってあるところから岩群《いわむれ》の意であろうと言っている。伊波例は石寸《いわれ》であり、石寸《いわれ》は、石村《いわふれ》の省略と見られる。朝鮮語のフレは村のことで、フレとムレはおなじ意味である。したがって、石廊は岩群に由来するという吉田説は卓説であると思う。

海岸地名について――伊豆の稲作・漁業

「和名抄」の賀茂郡の大社郷は白浜、浜崎、稲生沢《いのうざわ》、下田、稲梓《いなずさ》の地域に比定されるという。ここで注目されるのは、そこに稲生沢、稲梓という稲のつく地名があることである。それが白浜の伊古奈比咩神社、または下田の地名と関連があるか明らかでない。南伊豆町の手石の南にも小稲の地名がある。「東鑑」には鯉名または鯉名泊の名前で出てくる。そこは妻良と共に古い良港であった。東伊豆町には稲取の名が見える。そこも港として知られている。

伊豆はもともと稲作に適した土地ではなかった。肥沃な平野にとぼしく、海ぎわまで山が迫っていた。ということから焼畑によるソバ、アワなどが作られていた。松崎町の岩科川の上流に八木山という地名がある。また下田市の須原の奥にも八木山の名がみつかる。これらはすべて山を焼きそこを畑にした所であった。土肥町の八木沢の八木もあるいは焼に関係があるかも知れない。焼山の地名は静岡市の落合や蕨野などにもある。こうしたことから稲作はとくに貴重なものとみられ、それが稲のつく地名となってあらわれたと考えることができる。今日でも対馬でとれる米だけでは、対馬の人口をやしなうのに半年分にも足りない。その対馬に伊奈という地名があり、そこが稲作の起こった土地だとして、鳥が稲穂を口にくわえて運んできたという伝承がある。伊豆の稲という地名もその背後には伊豆の稲作の不毛さを秘めているかもしれない。

それともう一つ稲のつく地名は稲と関係なく、海岸の砂地をあらわすものとする解釈である。「地名の語源」（鏡味完二、鏡味明克共著）には砂のこともイナと言うとして、稲、伊奈などの地名をあげている。イナはヨナに由来する語である。ヨナは物のうず高くつもった状態を指す。火山灰をヨナと言うのもそうである。

米や粟をうず高く盛ったものもヨナ。また砂が積もった所もヨナである。ヨナのつく地名には米子があるが、沖縄には与那のつく海岸地名が多い。イナゴまたはヨナゴは砂浜の砂のことである。稲生沢は稲子沢が訛ったのかも知れない。イナがエナとなった例としては今日松崎町に属する江奈がそうであろう。松崎町宮内は伊那上神社がある。また「地名の語源」によると、ウサミのウサはユサとおなじく砂地をあらわすという。山形県の酒田の北の海岸に遊佐の地名がある。伊東市の宇佐美は元弘三年の足利尊氏の書状に見える古い地名であるが、これも砂地をあらわすと見てよいであろう。

西海岸の戸田《へだ》も端と辺とかを話す語である。辺田、部田とも書く。戸田には部田神社がある。琉球古謡集の「おもろさうし」に「へたなます、おきなます」とうたわれているように、「へた」は「おき」の対語である。つまり海岸あるいは海岸に近い所を言う。

熱海市の海上二里半にある初島も古くは端島《はしま》、羽島、波島と記されている。有名な源実朝の歌に出てくる「沖の小島」は初島のこととされているが、むしろ海岸に近い島の意味での端島《はしま》なのである。地元の人は沖にある伊豆諸島と比較して、端島と呼んだのではないだろうか。

海にちなむ地名としては網代《あじろ》（熱海市）がある。網代は安代、足代とも書き、各地に見られる。中国地方や九州では広く漁場をアジロと呼ぶ言葉が残っている。網代は網を曳く場所の意。また西海岸で今は沼津市に属する三津《みと》は三戸とも書いた。「増訂豆州志稿」の述べるように難波の御津《みつ》、伊勢二見浦の三津浜など各地にある地名である。

この三津（御津）には神聖な意味がこめられている。沼津市には江の浦がある。この江の浦には百基前後の横穴墓があるという。漁業にかかわっていたことは、そこから土錘や石錘が大量に出ることによって分かる。江の浦は入江のある浦のように解されているが、由比の浦が訛ったものであろうと私は考える。そこではユイ、つまり共同作業による漁業がおこなわれていたところから江の浦と命名された。江の浦の真西に庵原郡由比町があることもそれを暗示するものであろう。おなじような例は神奈川県の江の島である。江の島は入江にある島ではなく、ユイのおこなわれた島であろう。

白浜の伊古那比咩神社には三つの釜と称する所がある。海の潮が入りこんでくる洞窟のことであるが、南伊豆では釜と称する所が点々とある。釜はもともと横穴をさす言葉であるが、伊豆では海蝕洞窟の意にも使用されている。

海岸の地名に直接関係はないが、西海岸の土肥《とい》の地名はそこに祀る土肥神社の祭神の豊玉姫命にちなむと「増訂豆州志稿」は述べている。

山の地名について——地形と地名

山と山が入り組んだ谷あいを洞《ほら》と呼ぶ例が伊豆には多い。たとえば修善寺町の大字修善寺の中の小字を見ても、宮洞、谷戸《やと》洞、大洞麓《ふもと》がある。おなじ修善寺町大字大平には深沢杉洞、池ノ洞などがある。熱海市の大字熱海には尼ヶ洞がある。同市の大字伊豆山には猪洞、大字泉には大洞がある。こうした例は枚挙にいとまがない。洞の地名は岐阜県に多く柿野洞とか奥洞戸の地名がある。また三陸地方にもすくなくない。朝鮮語で洞は村の意味であり、それと日本の洞とは成立を異にすると思われるが、「地名の語源」によると、朝鮮語では洞をコル、トンなどと読み、初めは「谷」のち「村」の意となったというから、日本の洞はその最初の「谷」の意味で洞という文字を使ったのかも知れない。

「増訂豆州志稿」の山嶽の項には、洞の下に山のつく例がいくつも記されている。大洞山、矢の洞山、十二段洞山、間洞山（田方郡）、仏が洞山、本洞山、清水洞山（賀茂郡）。こうした例は他にいくつもあるが、それがどのような意味をもつか、たとえば大洞という谷のゆきつまった所にある山だから大洞山と称するのか、それは明らかではない。

崖に関連のある地名としては、伊豆長岡町大字の堋之上《ままの》がある。ママは間々とか壗とも書く。崖地を意味する。千葉県市川市の国府台《こうのだい》の真間川の岸の真間《まま》は「万葉集」にも詠まれている。神奈川県に壗下、栃木県に間々田がある。アラシもまた山の斜面で崖地。土肥町の土肥に赤嵐の小字がある。

天城山はイノシシの棲息地であるが、函南町の仁田《にった》もまたイノシシに関連のある地名である。ニタはまたヌタともいう。山腹の湿地にある水たまりのことで、イノシシはニタにきてその水をのみ、全身をひたして泥をぬり近傍の樹木に身をこする。これがヌタクルの原義でもある。猟師はそれを待ち受けてイノシシをうつ。これをニタマチ（ヌタマチ）という。仁田《にった》もまたこうしたところからつけられた地名である。仁田といえば仁田忠常のことを思い出す。仁田忠常は富士の巻狩のときの大イノシシ退治で有名であるが、これはもちろん物語である。仁田四郎忠常の出身地だから仁田という地名がつけられた訳ではない。むしろその逆で、ニタというイノシシの出没する場所に生まれた人物であったから仁田という姓をもち、さらにイノシシ退治の武勇談が生まれたと見るべきである。「大日本地名辞書」にも「仁田名字世に流布して、いつとなく仁田村と云ふと、然れども東鑑すでに仁田、新田の称あるを思ふに、却て仁田の方や旧ならむ」と述べている。

イノシシが夜間水をのみにくるニタバは赤土のどろどろした所であるが、榛原郡榛原町の仁田もそれを意味する湿地沼沢である。

赤土は赤ハニまたは赤バネという。東京都の赤羽もそうである。天城湯ヶ島には青羽根と称する地名がある。青ハニの意である。それに対して同町の大字吉奈には赤羽根の地名が小字として残っている。

ここで一言しておきたいのは天城の名称である。「増訂豆州志稿」は天城の称は甘木の義なりとしている。それは山の中に土常山《きあまちゃ》を産するからだという。土常山は天城山中にすこぶる多く、高さ二、三尺の小木で、葉を煮て甘茶を製する。この説は「大日本地名辞書」にも引きつがれている。一方、天城山域が多雨の地帯であることは知られている。雨のために樹木が育成するので雨木ということが言われたのではないかと、考えられなくもない。

このほか、伊豆半島の地名について特色のあるのは沢、谷戸《やと》、窪などの地名の多いことである。また峠をタワと呼ぶ。下田市の大字落合に小硲《こはざま》、大硲、中の硲がある。これは谷と谷の間のことである。

伊豆で見逃すことのできないのは金山である。慶長年間に大久保長安が金山奉行となって、金山の採掘もさかんになった。なかでも有名なのは、賀茂郡河津町にある縄地金山で、そこには金生《きんしょう》とか流場《ながしば》という小字がある。また土肥金山も知られており、土肥町には鍛冶屋川とか銀山通町などの小字がある。さらに天城湯ヶ島町の持越鉱山にも宝本礦、金沢、椎礁などの地名が見られる。

伊豆と熊野について——楠の神々

伊豆という地名は「湯出す」または「出湯《いでゆ》」に由来するという説がある。噴火造島の活動の烈しい伊豆半島には、温泉がいたる所に湧出している。熱海《あたみ》は熱海《あつうみ》の意で、海中に熱湯がわき出しているところからつけられた名前であるという。伊豆山は熱海の北部にある山であるが、そこにも温泉が出る。それを走湯《はしりゆ》と呼んでいる。源実朝は「走湯の神」を歌に詠んでおり、その神の鎮座地を「伊豆の御山《おやま》」と呼んだ。こうして、伊豆山は走湯山の称をもつ。伊豆の地名が湯に関連していることはこれでも分かる。道後の湯で知られている伊予も湯と関係のある語である。伊は発語であって意味はなく、予は湯の変化した言葉である。

湯が人間を蘇生させる力をもっていたことは「伊予国風土記」逸文に、大穴持命が大分の速見の湯、すなわち別府温泉の湯をひいて、瀕死の少彦名命《すくなひこな》の身体をその湯にひたしたところ、少彦名命は生きかえったというエピソードが紹介されていることから分かる。また小栗判官と照手姫の物語の中でも、熊野の本宮の湯につけたところ、一旦死んだ小栗判官が蘇生したということになっている。

このような事例からして、伊豆の湯も霊験あらたかなものとしてあがめられたにちがいない。さきにも述べたように伊豆山の湯が走湯の神と称せられたのは、その端的な例である。

伊豆は熊野を小型にした趣きをもっている。高温多雨な熊野は原生林に蔽われているが、伊豆もまた雨が多く、温かで天然の良林にめぐまれてきた。熊野、伊豆は共に船材を切り出すことで知られている。しかも熊野も伊豆も他の地方と隔絶された特異な風土を形成してきた。

その一方では熊野と伊豆の間には古くから、黒潮を媒介とした交流があったと考えられる。

「古事記」によると、須佐之男命は天照大神の左の手にまいた珠を噛んで、吹き棄てたところ、その息吹が霧のようになって、熊野久須毘《くすび》の名が誕生したとある。久須毘は奇霊《くしひ》であり、霊妙不可思議なさまをいう。果ところで、熊野については、本居宣長以来、出雲国意宇郡の熊野神社と関連させる考え方が有力である。果たしてそうであろうか。「日本書紀」に熊野櫲樟日《くすひ》命と記してあるのを私は重視する。すなわちここには櫲《く》樟《す》の木が出てくる。これはたんなる宛字とは思われない。とすれば、熊野はとうぜん楠の大木の生しげる紀伊熊野に求むべきであろう。熊野の那智大社の祭神は熊野夫須美《ふすみ》命である。クスビとフスミは音が近いので同一神と考えてよいとすれば、熊野夫須美も熊野久須毘もクスの木を御神体とした熊野の神ということになるのではないか。

ところで「和名抄」には伊豆国田方郡に久寝郷《くすみ》がある。この久寝郷をどこに比定するかで諸説がある。式内社の久豆弥《くずみ》神社を熱海市の来宮《きのみや》神社におく説、または伊東市の葛見《くずみ》神社にあてる説がある。伊東市には玖須美という地名もある。

伊東市の葛見神社には大クスがあり、国の天然記念物となっている。河津町の杉桙別命神社の大クスは天然記念物となっている。そこは現在、河津来宮神社と呼ばれている。来宮神社の祭神は五十猛《いたける》命または句句《くく》廼馳《のち》命であって、霊木崇拝から発生した神社と考えられている。しかもその霊木がクスの木に代表されることは想像がつく。

式内社の久豆弥神社を熱海の来宮神社に比定する説も、また大クスのある伊東の葛見神社に宛てる説も、クスに関連させてみると、それなりに理由があるのである。

こうして、熊野櫲樟日《くすひ》命の楠神と伊豆国田方郡の久寝郷との関連が考えられる。久寝郷は熊野との密接な交流を物語るものではないだろうか。また来宮（木宮）が西相模から伊豆国全体にかず多く鎮座している理由も説明できるのではなかろうか。

（「静岡県の地名と風土　伊豆」静岡県文化財団、一九八七年二月）

姥が懐

「姥が懐」というふしぎな地名が全国各地に散在する。通説では自然に風を防ぎ、日当りがよく、あたたかく、乳母のふところのような地形につけられた名であるとされている。柳田国男は『石神問答』の中で、「姥の処」に由来する地名であるとするが、確証がないと告白している。

菅江真澄によると、信濃にチイガ沢という処があり、姥が懐と呼ばれている。風が当らず、たいへんあたたかな山ふところで、山民の男女が行末を契るというところから起った地名であるという。すなわちチイとは知音《ちいん》の訛ったもので、知音は近付き、つまり男女の道のことを言う、と真澄は解説している。

姥が懐にはさまざまな伝承が付着している。昔、山崩れがあったとき、一人の婦人が子どもを抱いていたので、それが地名になったとか、没落した武士の若殿が乳母と住んでいた処とかいう伝承があるが、もとよりこじつけであって、取るに足りない。それよりは、昔、山姥が子を育てた処だとし、山姥が海から拾ってきて食べた貝殻が残っているという伝説の中にいくぶんの真実がかくされている。

姥が懐（祖母《うば》が懐）やそれに類する「叔父の懐」などの小字が奈良県下におよそ三十余実在すると池田末則は『日本地名伝承論』の中に記している。いずれもあたたかな南面の谷間を指す語だという。

「祖母《うば》が懐」を音よみにして、祖母懐《そぼかい》と称する地名が愛知県瀬戸市春雨町に残っている。陶祖藤四郎（加藤四郎左衛門）は諸国を巡歴ののちに、瀬戸の祖母懐で良質の陶土を得て、その地に定住したという。「うばがふところ」という銘のある茶壺が存することからして、もともとは訓読されていた地名であることが分かる。

『播磨鑑』には「乳母が懐」に関わる次のような信仰が紹介されている。

播州加古郡氷丘村大字大野にある日岡神社では、毎年旧正月の七日間を忌みごもりの神事にあてている。歌舞音曲はもちろん、一切の物音を禁じた。そのために犬は他村につなぎ、鶏は山中に放ち、戸障子の溝には油を塗り、鍋釜は片付け、柄杓のたぐいには藤蔓を巻くというありさまで、物を言うにも耳によせて話し、声を出さぬようにした。そして厳重な忌みごもりの最後の夜、日岡山中の「乳母が懐」にこもっていた神主はそこを出て、日岡神社の一の鳥居に出仕する。これを俗に御子放しというが、古くは日岡大神が御子神を生むのだと称した。

これを見れば日岡大神が母神であることはまぎれもない。「乳母が懐」は母の胎内にあたる。そこでは「乳母が懐」はたんなる地形名でなく、姥神とむすびつけられている。中山太郎は姥神は母神の意で、神母《じんぼ》または聖母《しょうも》というのも同義であると述べている。国東半島の六郷満山《ろくごうまんざん》の山岳仏教は、養老二年に仁聞《にんもん》菩薩が開基したと伝えられている。仁聞は人聞ともいう。柳田国男は仁聞が実在の人物ではなく、人母もしくは神母の誤伝であると述べている。つまり六郷満山を開いたのは土地の母神であるとするのである。大隅正八幡宮の母神の大比留女《おおひるめ》は、筑前香椎では聖母《しょうも》大菩薩を名乗っている。八幡神に由縁のふかい母子信仰はこの聖母という名からもたどれる。前号で、野母あるいは野間の地名は姥神がその土地を開拓したという伝承から起ったかも知れない、と述べたが、国東半島のばあいもその同工異曲にすぎない。

しかし「姥が懐」という地名を柳田のように「姥が処」と解するだけでよいか、私は疑問に思っている。というのも菅江真澄が触れた信州の例のように、「姥が懐」という地名には、人間くさいものを感じるからである。折口信夫は『翁の発生』の中で、ウバは最初は神を抱き守りする役の女で、それがのちにはその神の妻となるものを言う、と述べている。一方、ウバと発音も役割もまぎらわしいものにオバがある。両者は無関係に成立した言葉ではない。玉依姫《たまよりひめ》が姉の豊玉姫の子のウガヤフキアエズを養育し、のちに結婚したように、母方の叔母がオイと結婚する風習が古代にあったことは、記紀の叙述から認められる。これらの事実を裏書きするように、近代に入っても、男子が十五歳になると、母方の叔母がフンドシを贈って祝う習慣が各地にあり、これをオバクレフンドシと呼んでいる。これはオバとオイの親密で微妙な関係を示すものである。

伊波普猷によれば、沖縄では子守りの女は自分の負《おぶ》うた男の子が成人して結婚するまで、なにくれと面倒を見たという。男の子の思春期の性の手ほどきもおこなっていたふしが見られる。それは本土における古代のウバやオバの役割にも似ている。このことからして、姥が懐という地名は理由が分からないにしても、はるか昔のなつかしい記憶を私たちに喚起するのではあるまいか。

（「言語」四月号、一九八八年四月）

あぐりという名

今から三十年位まえ、市ヶ谷駅の近くの坂道の上りぎわに、美容室の看板がかかっており、吉行あぐりと書いてあった。作家の吉行淳之介の母堂であると洩れ聞いたが、あぐりという名が珍しいので今でも覚えている。あぐりという人名の由来については諸説がある。高崎正秀は「阿具利と和久里」という論文のなかで、それらをまとめて、あぐりという名をつけるのは、およそ二つの動機からであるとしている。

イ　子どもを丈夫に育てるためとするもの。

ロ　何人も女の子が生まれて、ぜひ男の子がほしい時に、生まれたのが又女であるという場合、その女児に命名するもの。

イとロではその動機は相反している。一方は生まれた子どもに愛着があり、他方はむしろ次に生まれる子に期待するのである。『綜合日本民俗語彙』を開いてみると、青森県の野辺地では、アグルは溢れることである、としている。菅江真澄も同様のことを記している（『久宝田のおち穂』）。つまり、アグルというのはもうたくさん、という意をこめた語である。これはロの場合にはあてはまるが、イにはあてはまらないように見える。しかし喜田貞吉は、ありあまった子、よけいな子、どうなっても惜しくない子という意味をもつあぐりの名をつけるのは、実は子どもが丈夫にそだつようにと逆効果を狙ったのであると言っている。たしかにその通りであるが、喜田の説明は後代の解釈である。もともとは、不要な子どもという意味のあぐりという名をわざとつけて、邪神が子どもに関心を抱いて、その生命を狙うのを防ぐことから始まった命名の慣習である。沖縄や奄美で、男の子が生まれたとき、わざと「大女が生まれた」と大声で叫ぶのもこれと似ている。

あぐりという名は地名にもつけられている。

謡曲「山姥」は越後と越中の国ざかい旧上路村《あげろ》（新潟県西頸城郡青海町）を舞台としている。昔、上路の山に野女が住んでいて、山谷を上下し、村里に出て人をたぶらかしたといわれる。山姥が出生したという洞穴や山姥をまつる石祠もあるという。また長野県木曽郡南木曽町にも、揚籠山《あげろう》があり、そこに坂田金時の伝説がある。今でも母子の棲んでいた岩窟や金時岩と呼ばれる岩がある。上路または揚籠という地名は「あぐり」と関係あるらしく考えられる。酒呑童子が「棄て童子」と通じる名であるというのは佐竹昭広の説である。伊吹童子や茨木童子、弁慶なども山中に棄てられた童子であった。それと同じように、金時も山姥の子ではあるが、棄て童子と同然で、深山で獣を相手にくらしたということから、あぐりの意味をもつ上路、揚籠の地名がついたのかも知れない。子どもが丈夫に育つように、あぐりという名は女児にかぎらず男児にもつけられた。男児には赤太郎とか赤吉とつける場合もあった。中山太郎は赤の名をつけるのは悪神の視害を防ぐためであったとしている。高崎正秀は「金時の火事見舞」という諺のように金太郎の顔が赤いのも、そうした命名の慣習と関係がある、としている。高崎はアゲロのアケは赤に由来するという説である。

「あぐり」に関係のある地名は東北にもある。『陸奥話記』によると、前九年の役の発端は源頼義の一行が阿久利河《あくり》にさしかかった夜の事件にはじまる。この阿久利河はどこを指すのであろうか。『大日本地名辞書』は今の一関市をながれる磐井川をそれに比定している。磐井川に沿う赤荻（阿古幾）と阿久利の音が近いからだという。古道は赤荻からまっすぐに西北の方に出て、達谷《たつこく》の窟《いわや》に抜けたとも記している。達谷の窟といえば、平泉の西南にあたり、厳美溪にいたる道路畔にある岩窟で、昔、坂上田村麻呂に討たれた蝦夷の首長の悪路王が籠ったところとされている。厳美溪は磐井川の上流にある。喜田は達谷の窟の悪路王が「あぐり」という言葉と関連があると述べた。子どもの生命を取る悪鬼邪神を調伏するために、まじないとしてこの恐ろしい名をつけたのではないか、と言っている（『民族と歴史』）。

一方、喜田は悪路は阿久利で、地名であるとも述べている（『蝦夷の馴服と奥州の拓殖』）。私は後者の方をとりたい。『発心集』や『平家物語』に「あくろ・津軽・壺のいしぶみ」とあることから見て、あくろを地名とする方が自然である。喜田は阿久利河の名前の由来について言及していない。しかし阿久利が「あぐり」すなわち溢れるという意味であるとすれば、その解釈もたやすくつく。それはしばしば氾濫をくりかえす川だったのである。その阿久利河のほとりにいた蝦夷の首長だったから、あぐり王、すなわち悪路王と呼ばれたのだ。そこで平安時代の末頃には達谷の窟の近くの川を阿久利河と称していたと考えられる。

（「言語」五月号、一九八八年五月）

沈鐘伝説

「下総国香取郡に神崎というところがある。利根川の沿岸で、滑川と佐原の中ほどにあたる。そこに神崎の森と呼ばれるこんもりした森がある。利根川を上り下りする船頭の話によると、鐘を船に積んで運ぶときには、ぜひとも箱に入れて、その上をワラかコモで厚く包んで置かねばならぬ。さもないと、鐘が水面を見たがさいご、かならずその積んだ船と一緒に水の底に沈むのである。むかしある船頭がどうしたものか、箱にも入れず、コモにもつつまずに、鐘を裸のままで船に積んで、利根川を通っていると、この森の下にさしかかって、鐘が水面を見たかと思うと、にわかに奇妙な声を立てて、船と共に沈んでしまった。

それからというものは、船頭は気をつけて、沈んだ鐘の上を通らぬことにしている。客の方でも「ここは神崎森の下、舵を頼むよ船頭さん……」と民謡を歌って船頭に気をつけさせる。もし通ろうものなら、船はさかさまになって、いつも渦巻いている淵に引きこまれる。船が沈むときには、その船の沈む速度に応じて、沈んでいる鐘が、種々様々の音響を淵の底から出す。またこの辺にある名高いナンヂャモンヂャの大木の葉が、いっせいに悲しそうに歌をうたうともいわれている。」

右は高木敏雄『日本伝説集』に収録された「沈鐘伝説」の一つである。このほか弁慶が鐘を水底に投げこんだという話もいくつかある。

常陸国霞ケ浦の三叉沖では、雨風烈しい日の夕方になると、水底から「府中恋しや国分寺」と悲しそうな音が聞える。これは、昔、弁慶が府中の国分寺の鐘を背負っていって、そこに投げこんだので、その鐘が府中を恋しがって、泣くのだそうである。今の石岡町がその府中の跡であるという。

沈鐘伝説に由縁のある地名に鐘淵《カネガフチ》がある。その中でももっとも有名なのは謡曲「隅田川」に関わりをもつ木《も》母《ぼ》寺の北にある鐘淵である。この地名は、昔、亀戸の普門院（一説には橋場長昌寺ともいう）の鐘を船にのせて隅田川を渡そうとして、誤って川底に落したという伝承からつけられた、とされている。鐘淵という地名は全国各地に見られる。「沈鐘伝説」は世界に分布している伝説で、ハウプトマンの戯曲「沈鐘」にもその伝説はとり入れられている。ではいつ頃、この伝説は我が国に渡来したのであろうか。それを知る手がかりとして、万葉集巻七の

ちはやぶる鐘の岬を過ぎぬともわれは忘れじ志賀の皇神《すめかみ》

という歌がある。鐘の岬は福岡県宗像郡玄海町にある鐘岬で、海の難所として古来知られていた。秋から冬

にかけて、西北の風が荒く吹くときは、怒濤が岸に押しよせて、潮けむりが空を蔽うばかりであるといわれている。そこで沈没する船はかず知れなかった。『筑前名寄』によると、昔、三韓から撞《つ》き鐘をはこんできたとき、その鐘が沈んだというので、そこを鐘の御崎という、とある。吉田東伍の『大日本地名辞書』は、鐘の岬は黄金の岬ではないか、というのもこの岬の近くで昔から金を掘り取ったところがあるからだ、という説を述べているが、やはり沈鐘伝説にむすびつけられた地名と考えるほうが穏当である。鐘を載せた船が沈んだという伝説をもち、海難のしばしば起る鐘の岬を無事にすぎたが、自分は志賀島にいます志賀海の神のことを忘れはすまい、というのが万葉集の歌の意味であって、これから見れば、万葉時代にすでに沈鐘伝説が渡来していたことがわかる。その伝説はおそらく朝鮮半島を経由してきたものであったろう。鐘岬の近くにある鐘崎の集落は海女の活動の本拠であって、鐘崎の枝村は西は志賀島の弘《ひろ》部落、壱岐の小崎、対馬の曲《まがり》などに延び、東は長門の大浦、石見の宇生《うぶ》の磯、能登の輪島にまで延びていた。こうしたことから、このあたりは古代から漁民が住みついていたと推察される。

　志賀島にも海人《あま》がいたことは万葉集巻十六の山上憶良の歌からうかがうことができる。志賀の海人が対馬に食糧米を運ぶ途中、暴風にあって遭難した事件があり、それを憶良が哀悼したものである。志賀島の海人は『魏志倭人伝』にいう「倭の水人」の代表と見なされる。鐘崎から志賀島にかけて活動していた古代の漁民たちはつねに危険をおかして海上の仕事にたずさわっていた。もちろん西北の烈しい季節風をまともに受けて遭難する船も多かった。そのようなとき、志賀島のわだつみの神の加護を必死に祈った。その彼らが海底に沈んだ鐘の音を空耳に聞いたこともあったにちがいない。

　音に聞くかねの御崎はつきもせずなく声ひびく渡りなりけり（散木集）

沈鐘伝説に悲哀を帯びた美しい物語が多いのは海や川の水上生活者の思いがこめられているせいかも知れない。

（「言語」七月号、一九八八年七月）

地名こぼれ話

その一　鳥

能登半島にはどうした訳か鳥にかかわりのある地名が多い。気多神社のある羽咋《はくい》市は「能登志徴」という江戸期の書物によると、大昔にこのあたりに鷲の悪鳥が住んでいて住民をひどくなやましていたのを、気多大神が射落としたので、羽咋という名がつけられたという。能登の二の宮のある鳥屋町にも一青《しとと》とか黒氏《くろい》という変った地名がある。シトトは巫鳥または鵐とも書き、ホホジロの異称であり、ホオアカ、アオジ、クロジなどの総称であるとされている。黒氏も一青と同じ鳥を指す。鳥屋町の羽坂のあたりには鳥屋比古神社がある。一青、黒氏、羽坂などは、かつて一青庄《しとどのしょう》に属していた。やはり能登の真脇《まわき》にある鷹王山上日寺には、百合若の愛した鷹の遺骸がこのあたりの海岸に流れついたという伝説を残している。富山県高岡市にある越中の一の宮は能登一の宮から移し祀ったという気多神社であるが、そのすぐ近くの新湊市の放生津《ほうじょうづ》潟は奈呉《なご》の海と呼ばれ、もと能登の邑知《おうち》潟と同じ形状をしていた。奈呉の海の鶴は「万葉集」にも一度ならず歌われている。ところが、その南側には久々湊がある。また久々江という地名もある。くぐは白鳥のことで鵠という字をあてるが「和名抄」には古布、「新撰字鏡」には古比というとある。鶴がコウコウと鳴くというのはよく書物に述べてあるから、白鳥をコウといい、また鸛《こう》をコウノトリというのは、その鳴き声にあやかったものだろう。今は輪島市に属する鵠巣山（高洲）はコウノトリが飛来して巣くうた山であろうか。その東には鷲栄山がある。鴻は大鳥または白鳥を意味するが、それに由縁のある地名は少くない。鴻巣という地名は埼玉、茨城、京都などの府県にある。さて、さきに挙げた久々湊は「古事記」に白鳥（鵠）を追い求めて諸国をあるき、ついに高志の国の和那美の水門《みなと》において捕えたというその地にほかならぬと比定されている。和那美の水門がどこかということはほかにも諸説がある。たとえば越後の弥彦神社の北にある岩室村の和納《わのう》は羂網《わなあみ》と通音であり和納美の水門であると説くのである。また但馬の八鹿《ようか》町の網場《なんば》には網引明神と呼ばれる神社がある。この神社は式内社の和那美神社である。網場というのも羂網を意味する地名であろう。このように和納美の水門についての諸説の真偽をたしかめる術はもはやないが、この久々湊がもと鳥取村に含まれていたことは注意してよい。ここには鳥取部があったと考えられる。そこには「万葉集」の「矢形尾《やかたを》の鷹《たか》を手に据《す》ゑ三島野に猟《か》らぬ日まねく月ぞ経《へ》にける」（四〇一二）のその「三島野」にほかならぬと吉田東伍は述べている。鷹を使って白鳥そのほかの鳥を捕えたのであったろう。鳥取部の設定されたところはオオハクチョウの渡来地であったと推定する学者もいる。能登や越中から遠くはなれた出雲の出雲郡斐川町に求院《ぐい》という変った地名がある。土地の古老は求院という地名はもとクグイであったとし、その地こそ「古事記」に白鳥を捕えたとある由緒の地であると伝えている。

（「地域情報誌　シナジー」二号　国土地理協会、一九八八年六月）

その二　獣

動物名をつけた地名が少なからずある。その場合、注意しなければならないのは、動物名が宛字として使われることが多いという事実である。

たとえば猿の名をもつ地名が動物の猿に関係があるとは限らない。北海道の川には、猿骨《さるこつ》、猿払《さるふつ》、猿別《さろべつ》、猿間《さろま》など猿の名のつく川が見られる。この猿はアイヌ語で葦原の生えているところを指すサル（sar）の意である。岩手県遠野市を流れる猿ケ石川も同様である。ちなみに日高国の沙流《さる》、北見国の斜里《しゃり》も葦原を意味している。

河童を猿猴という地方が中国や四国にある。そこで猿猴淵と称するのは河童淵のことである。猿淵も同様で、猿猴淵や猿淵の名は関東地方にも見られる。

山の斜面や崖くずれのしたところをザレと呼んでいる。ザレはサルとも呼ぶところから猿の字を宛てることがある。猿田久保とか猿ビラと呼ぶ地名が大井川や安倍川の流域にある。これらは崖地をあらわす地名で、そこに猿が出没するからではない。山の傾斜面は焼畑に利用することが多いので、猿におそわれるという解釈が成り立たない訳ではないが、崖地自体の宛字と見るべきである。猿喰はザレ崩《く》えに由来する語で危険な崖地帯である。猿渡《さるわたり》という地名も猿が渡るからでなく、崖下で川を渡る場所をさすのである。

猿と仲が悪い犬についてはどうか。福岡県に犬鳴峠《いぬなき》（三六七メートル）がある。これは犬が鳴く峠というのではなく、低い峠のことである。犬を使って獣をとるのを犬山というが、愛知県の犬山城は低い山に造られた城のことである。

奄美や沖縄には犬川《いんがー》という地名があちこちに見受けられる。川《かー》は南島では井戸や泉のこと。犬が井戸から飛び出したとか、犬が泉のありかを教えたとかいう伝承がある。これはもともと斎川《いみがー》である。斎戒沐浴する神聖な井泉を指していた。それが犬川と訛った。

東北地方では狼のことをオイヌとかオイノと呼んでいる。江戸時代に古川古松軒が陸前の気仙沼《けせんぬま》から八里ほどの狼河原《おいぬかわら》に泊ったとき、そのあたりは狼が多いところで、土地の人たちは夜中に狼に会うときには、「狼どの油断なく鹿を追うて下され」とていねいに挨拶して通ったという話が「東遊雑記」という紀行文に出ている。秋田県の仙北郡にもオイノ沢とか狼淵《おいぬふち》と呼ばれる地名が残っている。

宮城県の白石市に犬卒塔婆《いぬそとば》という変った地名がある。昔、犬が難産で死ぬと近在の女たちが寺から犬卒塔婆を書いてもらい、道の辻に立てて供養し、自分たちの産の軽いことを願う風習が関東から東北にかけて見られた。これを犬供養というが、その犬卒塔婆をたてた場所が地名にもなった。

熊もまた動物の熊にかぎらない。神に供える稲をクマシロという。その稲を作るのが熊代田《くましろだ》である。紀州の熊野などもそこが籠った幽暗な土地柄だという訳でつけられた地名である。その一方ではどこか神々しい場所だという意味もこめられている。熊本市に神水と書いてクワミズと読ませる地名がある。これもクマミズの訛と考えられる。

北海道に熊石《くまいし》という地名がある。これはクマとウシの合成語で、アイヌ語でクマは物を乾す柵、ウシは「……のある所」と場所を示す語である。熊が出没するからつけられた地名ではない。ウシは牛とも表記する場合がある。遠野市の六角牛山の牛もそこに牛がいたからつけられた名前ではない。ただの宛字である。釜石の石もウシで所在を示すアイヌ語である。

鯨崎という地名が三重県の的矢湾の入口にある。仏像をのせた鯨が流れついたという伝承があるが、それは後世の付会である。鯨はもともと海岸部に多いクシにラを添えたものであり、クシは朝鮮語で岬をあらわす串《こし》という言葉が変化したものである。この串のつく海岸地名は鹿児島県、長崎県や愛媛県に顕著に見られる。香川県には大串崎がある。これによっても串が崎をあらわすことが分かる。

鮫も海岸に多い地名である。青森県の八戸市に鮫町がある。この鮫を動物の鮫と関係づけることはたやすいが、一方、東北では沢目に沿って開拓されているところをサメと称している。それの宛字と考えられないこともない。

古代には象をキサと呼んだ。実際に象を見たことがないのに象の呼称が残っているのは、正倉院の御物の中に、象牙を材料とするものがいくつかあり、象の絵も残っている。そうしたことから象の存在を知り、その動物にキサの名を与えたものだろうとされている。キサというのは象牙の文様・キサ貝の模様、それと木目が似ているところからつけられたものらしい。ところで、「万葉集」には吉野の「象《キサ》の中山」（七〇）「象《キサ》の小川」などの地名が見える。これは今は喜佐谷と表記されているところからして宛字であることが分かる。地図の等高線に似た蛇行状の谷がキサ谷である。奈良県宇陀郡御杖村神末の木曽谷や吉野郡四郷村のキソタワなどもキサ谷と同義の地形名であろうか、と奈良市在住の地名研究家の池田末則は述べている。キサが階段のキザハシと関連のある語とすれば、さきに挙げた沢目などとも似通った地形のように思われるが、沢目のつづまったサメは部落名になっているのに、キサはそうした小集落を指すことはない。ではどうして「万葉集」にキサを象の字で記したかということになるが、それは当時の知識人のペダンティックな風流心に出たものであろう。なお芭蕉の句で有名な秋田県の象潟《きさかた》は「延喜式」には蚶方《きさがた》、「出羽国風土略記」に蚶潟と記されている。蛸は淡水の流れ注ぐ海浜に産す赤貝のこととされている。赤貝の殻にも刻み目がある。しかしそれが果たして象潟の名の起こりであるかは分らない。かつて象潟は多くの島が点在し、九十九島《つくも》や八十八潟の勝景があったので、そうした変化のある風景をキサという言葉で表現したのかも分らない。

(「地域情報誌　シナジー」三号、一九八八年九月)

その二　地名の警告　I

小川豊さんは、土木技術者で、建設省の災害検査官をつとめた元役人である。主として四国地方の災害の現場に立ち、きびしい専門家の眼で、災害の原因を究明してきた。伊勢湾台風災害のときに、愛知県に派遣されたこともある。小川さんは崩壊しやすい地形には、あるきまった共通の地名がつけられていることを発見した。そこから小川さんの地名への関心がめばえた。災害地の実地調査から生まれるべくして生まれた小川さんの地名研究は、それが災害の危険防止に役立つことを目指している。このような実際的効用を念頭に置く小川さんの地名研究が、机の上で地図を展げてあれこれと穿鑿することで事足れりとする学者の地名研究とは比較にならない独得な説得力をもっていることは言うまでもない。

小川さんによれば、滝地名のところは絶対避けるべきで、もし、どうしてもというならば、一山のけてしまって土石流が起すエネルギーを排除するくらいの覚悟が必要である。「タキのつく地名には住むな、竜が出る」と言われている。数百年を周期として、山津波(竜＝土石流)が起る土地として、住んではならないという昔からの言い伝えがある。そう言えば、先年、長崎市の鳴滝で大災害が起ったことを思い起さずにはいられない。

アズという地名もそうである。瀬戸内海の小豆島は「日本書紀」にはアヅキシマと呼ばれている。このアヅは崩壊しやすい崖をあらわしている。昭和五十一年九月三十日の台風十七号が来襲したとき、小豆島では各地に大災害をもたらした。徳島県木沢村阿津江《あづえ》も昔地すべりがあったところである。そこに黒滝寺があるが、その寺に害をなす竜を封じこんだ伝説がある。この竜は、豪雨のあとの水が山肌を走り下るさまを言ったものではあるまいか、と小川さんは推測している。

阿津江の阿をとった津江という地名に高知県吾川村字津江がある。吾川村には潰溜《つえだまり》という地名も残っている。高知県には大津江とか青潰という地名が見られる。この潰は「潰《つい》る《え》」の連用形が名詞化したものであって、がけくずれをあらわしている。こうしたところには災害が起りやすい。弘法大師の伝説に因んだ杖立という地名も、もとをただせば潰えに由来する語である。熊本県の阿蘇小国《おぐに》に杖立《つえたて》という地名があり温泉で名高い。そこで崖が崩れ大災害が起ったことがある。徳島県木屋平《こやだいら》村にある杖谷《つえだに》は古くは崩谷《つえだに》と書いた。

崩れることをクエという。それがクイと訛る場合がある。徳島県の最南端、高知県に近い宍喰《ししくい》という地名もその一つである。そこはまえには脚咋邑《あしくいむら》とも呼ばれた。「日本書紀」には阿波《あわ》脚咋別《あしくいわけ》の名が見えるから、古い地名であることはまちがいない。私も宍喰を訪れたことがあるが、阿波と土佐との国境をなす山が海に迫ったところである。宍喰、脚咋のクイが崩《くえ》に由来することは地形を見れば瞭然である。脚咋はアクイとも読む。徳島市に鮎喰《あくい》という地名が残されている。鮎喰川は山崩れの傍を流下している。

愛媛県双海町柆野《くいの》、高知県北川村久江ノ上《くえのうえ》、高知県芸西村久重《くえ》、高知県中村市に崩岸《くえぎし》、久栄岸《くえきし》の地名がある。

家を立てるときにエダのつく地名はとくに要注意である。高知県伊野町枝川地区には東浦、西浦、北浦が点在している。これはいつの時代かに湖水であったかまたは湖水化する性格の土地柄である。エダという地名には皿のような凹地形が多く、降雨のたびに、水がたまる。一昔まえまでは池があったのに、宅地開発などでいつの間にか埋め立てられて、降雨のたびに床下浸水さわぎが起きている土地である。高知県伊野町枝川では、昭和四十七年に浸水さわぎがあり、自動車の車体もなかば没するほど道路に水が溢れた。小川さんはそこに家を建てた友人に、「ゴムボートを用意して置け」と言っていたが、それが現実になった、と笑って筆者に話をしたことがある。

徳島県東祖谷山村字大枝、愛媛県松山市枝松町、新居浜市政枝町などがある。

ホキ、ホケ、ハケ、ハカ、フキなども崩壊しやすい地名である。その代表例は徳島県山城町の大歩危《おおぼけ》、小《こ》歩危《ぼけ》である。歩危《ぼけ》という宛字が危険な地名であることを暗示している。そこは吉野川の上流、いわゆる中央構造線に沿った地帯で、国道三二号線が走っている。昭和五十八年に災害があり、毎年防災工事が絶えない場所である。高知県には保木のつく地名が多い。高知県十和村井崎保木、伊野町神谷字保木、伊野町勝賀瀬字保木などがある。伊野町は前述の水害の多いところである。

地名はさまざまな宛字をもっているから用心してかからねばならない。法花《ほっけ》とあるから仏教と関連のある地名と思われるかも知れないが、まったく無縁の土地柄である。徳島市八万町法花がそうである。四国には三本の構造線が東西に走っている。北の方から中央構造線、御荷鉾構造線、仏像構造線である。愛媛県吉田町法華津は、一三〇〇メートルの法華津トンネルの中ほどを、仏像構造線の断層が走っていて、昔から難所として知られたところである。

ハケもホケと同じ地名である。熊本市に八景水谷《はけのみや》があり、湧水地で風光明媚なところであるが、八景は景色からつけられた地名ではない。高知県須崎市下郷字波介《はけ》、土佐市宇波介《はけ》がある。

前号で、アイヌ語のサルを猿と宛字とする場合が北海道や東北地方に多いことを述べた。このサルはアシやヨシが生い繁った湿原で、それらの植物が水没して泥炭地となったところもサルと呼ばれている。サルに生えているキがサルキである。キはアシ、ヨシ、カヤなどの類をいう。ところでこのサルキは猿毛とも書く。泥炭を東北ではサルケと言い、天日に乾かして燃料に使用する。下北や津軽の農家では昔はよく猿毛を台所で燃した。その匂いが家の中にも、着物にも泌みる。それをサルケ臭いと言った。

ところで、このサルキは地名になっている。津軽十三湖の南にある車力村はサルキを車力という漢字に宛てたのである。車力村は、先年、日本海中部地震が起ったとき、もっとも被害の大きかった村で、私は地震のあと、その村を通ってみたが、道路は波打ち、ガードレールは曲がり、大半の家は土台が傾いていた。それもその筈、車力村は泥炭地のよわい地盤の上に建てられた村だからである。

車力村の南は慶長頃までは瓶《かめ》が岡と呼ばれていた。土器類が出土した土地である。その後、亀ヶ岡と改められ、縄文晩期の土器類が掘り出されて有名になった。これらの土器類は、泥炭地であったからこそ、幾千年もの間よく保存されていた。

東北地方の北部には萢《やち》という変った地名が多い。萢は草と泡とを組み合わせた国字である。「俚言集覧」に「津軽にて草あり水ある処を、やちといふ」とある。津軽には車力村の北に富萢《とみやち》というところがある。萢は谷内《やち》、八知《やち》、矢地なども記す。こうした地名をもつ場所は居住地としては適当ではない。谷地田《やちだ》は深田、湿田を指す。

このように地名が危険な地形であることを予告する例はかず限りない。猿喰はザレ崩《く》えに由来する地名である。愛知県常滑《とこなめ》市大谷字猿喰の「常滑がけくずれ裁判」があったが、それはそもそも地名がそうした土地柄であることを示しているのである。崩壊しやすい土地の地名は、土地の精霊が発する人間への警告と受けとらねばならない。地名の知識があれば、危険を未然に防ぐことも可能であることを強調しすぎることはない。

（「地域情報誌　シナジー」四号、一九八八年一二月）

その四　地名の警告 Ⅱ

植物の名前を冠した地名で、その植物とはまったく無縁なものが多いことを知っておく必要がある。神奈川県下には藤沢市に菖蒲沢があり、相模原市に菖蒲沼、秦野市に菖蒲という地名がある。これらはいずれも菖蒲の名所のような印象を与えるが、実際はそうではない。菖蒲は宛字であって、ショーブはショーズの訛った地名である。ショーズは水の湧くところ、泉などを指し、寒水とか生水などの漢字をあてる。これと同じく、菖蒲も湧水のある場所を指す地名なのである。

植物の名のつく地名は美しいイメージを人に与えるが、植物と関係のない危険な地形につけられている場合が多い。梅のつく地名は梅林で知られたところにつけられることもあるが、「埋め」が梅と通じるところから埋立地につけられることがある。大阪市北区の梅田は曽根崎新田よりも北にあたる低湿地を埋め立てたところである。埋田《うめだ》という字面《じづら》が悪いので梅田に変えた。熊本県長州町梅田も加藤清正が慶長年間に埋め立て、新地を造成したところとされている。山くずれや地すべりで埋まった土地にも梅ケ谷とか梅ケ久保という地名がつけられている。徳島県鳴門市撫養町の梅も昔は塩田地帯であったから、土地造成のために埋め立てたところである。徳島県阿波町字梅川内や同町の梅木原、梅東は阿讃山脈から流出する土砂で埋まった地域である。また、徳島県美馬町字梅の久保も、阿讃山脈の押し出す土で、窪地が埋まったところであると、前号で紹介した小川豊さんは言う。

竹という地名も用心してかかる必要がある。タケはダケと同じように崖をあらわす言葉である。それを竹の字に宛てた地名が多い。昭和五十九年十月二十九日、熊本県球磨郡五木村竹の川地区で山くずれがあって、十数人の犠牲者が出た。連日の豪雨で、梶原川沿いの斜面にへばりついている集落の後ろの山が一〇〇メートルにわたって崩落し、家屋五棟が土砂に呑みこまれ、梶原川に押し流された災害であった。

また昭和五十七年八月十二日から十三日にかけて宮崎県西臼杵郡日之影町竹の瀬の崖がくずれて、国鉄高千穂線や国道二一八号線が一時不通になった。

竹の花という地名も竹とは関係がない。八十は鼻とも記すが、崖や丘陵の突端が竹の花なのである。三浦市初声《はつせ》町の竹之下は台地に畑、谷戸に水田をもつ集落であるが、台地の下に民家が散在する。竹之下はつまり崖の下を意味する危険な地形である。

崖をママという。神奈川県南足柄市に壗下《ましした》がある。壗は造字であって土が盡きる所、すなわち崖の意味である。このママが桃と転訛する場合がある。兵庫県の三木市に桃坂という地名がある。美嚢《みのう》川の川岸であり、近くに保木《ほき》の地名がある。保木はハケ、つまり崖地をあらわす地名なので、この桃坂の桃もママの転訛と推測される。三重県熊野市の桃崎も大又《おおまた》川に面する山村で、木地屋が住む谷がいくつもある。この桃崎の桃もママ（崖）の反映と考えることができる。ほかに、桃谷や桃久保などもそうである。

桃と関連のある李《すもも》は長野県北安曇《あづみ》郡小谷《おたり》村の李平として名をとどめている。小谷《おたり》のたりはタルに通じて断崖状になっている谷の地形を指す。そこは豪雨のときには滝となる。この小谷村に李平がある。スモモを小川豊さんは周りが地滑りのためにすぼめられた土地と解している。谷が狭くて深く、両岸の丘陵が迫っている場所にシブとかシボのつく地名は多い。東京都の渋谷、秦野市の渋沢、川崎市高津区の子母口《しぼくち》はみなそうである。これはシボム地形に由来する地名である。シボム、スボムがスモモに変化したのが小谷村の李平であった。

桑のつく地名も崖とか側とか際を指すことがある。クワはクエに通じるからであろうか。鎌倉市に桑ケ谷《くわやつ》がある。昭和五十八年一月十八日、徳島県美馬郡一宇村桑平で土砂崩れがあり、その復旧工事の際、作業員二人が生き埋めになった。桑原という地名は桑の木を栽培する平原を意味しないで、崖地を示すことがある。奈良県吉野郡下北山村に桑原という地名がある。その一部はダム建設によって水没したところであって、平坦地ではない。桑山という地名もそうである。

栗の名がつく地名だからといって、そこに栗があると早合点するのは禁物である。横須賀市の久里浜は「吾妻鏡」には栗浜と記されている。この栗は岩礁を指す。栗浜といえば岩礁の多い浜ということになる。栗石は岩礁にかぎらず石の別名となる場合もある。割栗ともいう。クリは要するに石を指す。鏡味明克氏の研究によると山の尾根をクレというとあり、栗栖、栗須などは尾根すなわちクレの上の砂地（ス）のこととされている。しかしまた榑《くれ》というと建築用の板材のことでもあるから、栗木は榑木《くれき》を産出した地名と考えられないこともない。更にクリはクレに通じるという説がある。小川さんによるとクレのつく地名は道路管理上神経を使うところで、のり面保護工が施してあっても、保護工もろともに地すべり、崩壊するといった気の抜けないところである。クレ坂などは蛇行線形でしかも小石や土砂が崩落するので、ストーンガードや落石、土砂だめの小擁壁などのガードがほしいところといって、小川さんは高知県中土佐町のクレ坂の例をあげている。そこでは昭和五十六年六月、国道五六号クレ坂でコンクリート吹付けののり面保護施設が崩壊した。これを見てもクレ＝クリの意味を含む栗のつく地名は注意を要する。

胡桃《くるみ》のつく地名は高原や山腹の小平地を指す。ところで富山県氷見《ひみ》市胡桃は昭和三十九年に発生した地すべりで知られている。この胡桃は河谷や山腹のぐるぐる曲ったところを示す。つまりクルメキを宛てたものと思われる。久留米、久留美なども同様の地形をあらわす語である。

それでは桜はどうであろうか。サクラのサは狭いという意味の接頭語であってクラは谷をあらわす。奈良県桜井市の地形を見るとそこは初瀬《はつせ》の方にむかう細長い谷の入口にあたっている。まさしくサクラである。桜谷とか桜川などの地名も桜の花に関わりないことが多い。こうしたところは崩壊しやすい地形なのである。

このほか植物地名を羅列すれば蕗平、蕗原など蕗のつく地名はフケ、ホキなどの崖地を暗示することがある。萩のつく地名もハケやホキと関連して考えられる。柿谷、柿迫、柿崎などはカケ（崖）にちなんでつける場合がある。また崖をもつ谷川には琵琶沢、琵琶滝などの地名が宛てられるという。それは方言のヒワレと通じるからと鏡味氏は説明している。

新潟県には岩船郡朝日村葡萄のように変わった地名がある。そこには葡萄川があり葡萄峠がある。「奥の細道」の旅の途中、芭蕉はここを越えた。このほか福島県に葡萄沢があり、岩手県には葡萄森がある。鏡味氏は連嶺、鈍頂の山や丘、または低くて小さい谷のことであると述べている。それに反して松尾俊郎氏はブドウはウトウに由来すると説明する。ウトウはウトやウツと同じように空洞状の地形を指す。静岡県に宇津《うつ》ノ谷があり、宮崎県に鵜戸《うど》神宮がある。私にはどうも松尾説のほうが妥当と思われる。楢《なら》のつく地名は山中の小平地またはゆるやかな傾斜地である。これは均《なら》すという語と関係がある。

アズという語は崩崖をあらわす。小豆沢《あずきさわ》は崩れやすい崖のある沢ということになる。瀬戸内海の小豆島《しょうど》は古代にアヅキシマと呼ばれた。昭和四十九年七月六日の台風八号、または昭和五十一年九月十一日の台風十七号によって、いずれも崖がくずれ、土砂流が海岸まで押しよせて大きな被害を受けた。小豆というのは穀物の名でなくアズ（アヅ）つまり崖をあらわすものであったことが実際に証明された。

（「地域情報誌 シナジー」五号、一九八九年三月）

その五　地名の警告　Ⅲ

日本人は稲作に熱心な国民で水はけの悪い湿地帯まで水田に変えた。そうした湿地帯にはさまざまな呼び名がついている。福井県の有名な芦原《あわら》温泉のアワラもその一つである。アワラとは沼になっている田のことで、胸まで沈みこむような深田である。植える苗は大きくなければならず、いたって粗放で乱植である。苗は田舟で運んでいる。苦労の多い田植だが、水が十分にあるということが、大きな魅力となっている。アワラの地名は関東から中部にかけて多い。阿原とか芦原の字を書いている。富山県の高岡市では淙という字をあてた。現在は「あわら町《まち》」とカナ書きになっている。言うまでもないことだが、こうした土地を埋立てた場合、地盤が弱いことは承知しておかねばならない。

アワラと同じように排水が充分でないところをドブという。ドブといえばふつう下水路を思い出すが、ドブ田のことである。ドブは土深《どぶ》、土腐《どぶ》、土富《どぶ》などさまざまな字をあてている。柳田国男によると、ドブというのは昔の言葉ではウキだという。ドブは土浮を音よみにした語かも知れない。静岡県富士市にある浮島原《うきしまがはら》も雨が降ると一部の土地は表層の水田が水面に浮き上り、浮き流れるという現象が見られるために、杭をたてて表層の流出を防いだということからつけられた地名である。柳田によるとフケという語もウキに由来するという。フケはフケ田とも言い、深田を意味するが、沼沢地の呼称でもある。フケは泓、浮、吹、深、更、布気、布下、福家などさまざまな宛字をもつ。こうした宛字からは想像しにくいが、フケとよむ地名はすべて共通した地形である。地名は宛字にまどわされてはならないのである。

谷間の湿地を指す地名にはクテまたはグテがある。湫や久手、という字を宛てている。小牧長久手の戦いで有名な長久手の古戦場は愛知県愛知郡長久手町の長湫である。そこは標高一〇〇メートルから一七〇メートルの丘陵の間を香流《かなれ》川とその支流が蛇行して流れ、川ぞいの丘陵のふもとに集落が発達した。大小六〇の池や沼が散在して、クテと呼ぶのにふさわしい地形である。クテは愛知・岐阜の両県や長野県の伊那地方に見られる地名である。

湿地をあらわす語で九州に多いのはムタのつく地名である。大牟田がもっとも知られている。ムタはヌタとかウダとかという語と同じ意である。ムタとヌタはM音とN音が交換されたにすぎない。ウダは頭のM音が脱落した形である。ヌタをニタとも呼ぶ。その場合はu音がi音に変化したと見られる。

奄美群島の喜界島では、いつも粘々した水分を含んだ黒土をムタと呼んでいる。そうしたムタに藺草《いぐさ》を植えたところから藺牟田《いむた》という地名が生まれた。鹿児島県祁答院《けどういん》町に藺牟田《いむた》の地名がある。熊本県の阿蘇地方にはクグ牟田という地名がある。それは莎草《くぐ》という藺草に似た草を植えたところである。

九州の椎葉ではニタといえば、山腹の湿地に猪が水を飲みにくるところを指す。猪は夜やってきて水を飲み、全身を浸して泥をぬり、近くの樹木で身をこする。猪の身体に寄生虫が湧くからである。これをヌタバとかニタバと呼んでいる。それを待って隠れて撃つのがヌタウチである。芝居で斬られた役者がノタウチまわるというのは、猪のこのときの所作を連想するからであった。そう言えばヌタクルというのも猪がヌタ場に身体をこすりつける動作を思わせる。伊豆の天城山はイノシシの棲息地であるが、伊豆の函南《かんなみ》町の仁田《にった》もイノシシに関連のある地名である。仁田は富士の巻狩のとき大イノシシを退治したことで有名な仁田《にった》忠常《ただつね》の出身地である。ただしこれは物語である。仁田四郎忠常の出身地だから仁田という地名がつけられた訳ではない。その逆で、イノシシの出没する場所を示す、ニタという地名がさきであり、そこに生まれた人物がイノシシ退治の武勇談の主人公となったと見るべきである。ちなみに波をノタという。波がひねもすノタリノタリしているという表現はそこからきている。

ノタに近い地名として野田がある。小川豊さんは四国の地名と地形との関係にくわしいが、香川県や愛媛県、高知県の野田という地名が、湿地でしかも水田地帯であることを立証している。もちろん野田という地名のすべてがヌタという訳でもないが、たんに野と田がむすびついた地名に限らないことは留意しておくべきことである。

ヌタやニタと同様にウダも湿地を指す。奈良県宇陀郡に大宇陀町と菟田《うた》野町がある。「古事記」によると、神武帝は大和の宇陀で抵抗する兄《え》ウカシという賊を引き出して斬った。そこで、斬られた場所を「宇陀《うだ》の血《ち》原《はら》」と言うとある。これは「古事記」のこじつけであって、もともと血の色をした赤い土がある場所であった。このことは、人麿の歌で有名な大宇陀町の「宇陀の安騎野」についてみると、今も充分にたしかめることができる。この赤土に水がたまるとニタバのような状態になる。

また粘土を意味する方言はネバである。根羽という地名には長野県下伊那郡に根羽がある。また群馬県には根羽沢がある。

このような湿地や湿田は日本語特有の擬声語や擬態語（オノマトペ）を生み出すものとなったと私は考えている。さきにあげた例もひっくるめて、左に列挙してみよう。

どろどろ　ドロ
どぶどぶ　ドブ
ぬたくる　ヌタ
のたうつ　ヌタ
のたりのたり　ノタ
にたにた（ねとねと）　ニタ
ねばねば　ネバ

という具合である。そうしてこれらが夕行とナ行に集中していることにも興味がひかれるのである。とくにナ行に集中しているように見える。それは古語で土をナと呼び、またニと呼んだことと無縁ではあるまい。ニは赤い色の土のことも言う。そこからネバという言葉も生まれたのであろう。「ねばねば」のほか「ねちねち」なども粘土状のものが付着したさまを言うと思われる。

日本人は弥生時代の初頭以来、水田稲作を中心にして生活と歴史をきずきあげてきた。静岡市の登呂《とろ》は弥生時代の水田址の見られる遺跡である。その登呂という地名は瀞八丁《とろはっちょう》の瀞とおなじく、水の淀んだおだやかなところである。そこに日本人の祖先は稲を植えた。登呂は安倍川の氾濫のために一挙に村も水田も消滅したが、湿田は水にめぐまれているので、稲はよく育つ。そこで労苦をいとわず開拓していった。それが今まで見てきた地名によくあらわれている。

そのことは「古事記」の開巻第一ページを見ればよく分かる。国土が充分に固まらないときに、最初に生まれたのはウマシアシカビヒコヂの神である。アシカビは芦の芽のことで、そこには国土が一面芦原であった様子が暗示されている。そこにウヒヂニの神が生まれた。これは泥の神格化である。またイモスヒヂニの神が生まれた。これは砂の神格化である。次にツヌグイの神とイモイクグイの神が生まれた。これは田の畦が流れないようにとめる杙《くい》の神格化である。

これらを見ると、日本の神話は水田耕作にとり組む日本の農民の辛苦をそのままあらわしている。湿地帯を切り開いて水田に変えていったとき、地方によって、あるいは地形によって、さまざまな土地の名称が生まれた。

現在そうした湿地を埋め立て、町をつくり、建物をたてることがしきりにおこなわれている。その場合も以上の地名の歴史を知っておくことが必要であろう。それが災害を回避する道にもつながることになるのである。

（「地域情報誌　シナジー」六号、一九八九年六月）

その六　地名の暗示

天竜川の東がわを、南北に中央構造線が走っている。この線は遠山谷から南へ下り、青崩峠《あおくずれ》をこえて遠州に入る。水窪からしだいに西へ曲り、渥美半島から伊勢湾をわたり、紀伊半島を横切り、和歌山県の紀ノ川、四国の吉野川、大分県の佐賀関半島の北側などをへて、熊本県八代付近に達する。こうして中央構造線は西日本をほぼ東西に走ることになる。

メディアン・ライン、つまり中央構造線は紀伊半島では、櫛田川と高見峠と紀ノ川の三つを結ぶ道であって、そこは古代から中世にかけてのもっとも重要な交通路であった。松田壽男氏は『丹生の研究』という大著の中で、戦前の日本では、北海道を除いて、約三〇の鉱山に水銀の産出が確認されていたが、その三分の二以上は中央構造線に沿った場所であることを指摘する。これを糸魚川と静岡をむすぶフォッサ・マグナよりも西に限ればその比率はもっと高くなる。古代水銀の産地としてもっとも有名なのが櫛田川沿いにある伊勢の丹生《にゅう》であることは言うまでもないが、吉野にも紀ノ川の上流にも丹生の名を冠する神社や地名は少なからずある。松田壽男氏は、地質学での中央構造線は伊勢の丹生から西に、かずかずの丹生をつらねて豊後の丹生まで、まさしく「丹生通り」を形成していると言う。そこには丹生の地名がおびただしくある。丹生という語は水銀の原料である辰砂をまじえた赤い岩石や土を意味する。たとえば神武東征のときの大和国での戦闘は水銀などの鉱物資源の獲得のためにおこなわれたと思われるふしが多分にある。

大和の宇陀地方は中央構造線にあたるところである。前号でも述べたように、神武東征軍はその宇陀地方の首長の兄猾《えうかし》をとらえて殺した。そのとき兄猾の屍体から流れる血がくるぶしをひたすほどであった。そこで菟田の血原《ちはら》と言ったという。おそらくこれはそこの土が赤い色を示していたためにちがいない。丹生の「丹」は赤、「生」は芝生の生で血原は同じ意である。宇陀郡では榛原《はいばら》町に丹生神社がある。また菟田野町の大字入谷《にゅうだに》に丹生神社がある。この菟田野町の大沢には戦後まで水銀鉱山があったが、水銀公害が出たので閉山した。私は閉山後の鉱山事務所で辰砂の塊を見たことがある。中央構造線に沿って赤い土の見られるところは丹生だけでなく、河内の赤坂もそうであった。赤坂に根拠地を置いた楠木正成は、そこから採取される水銀の原料を京都にはこんで軍資金を稼いだのではないかという歴史家の説がある。

丹生の中でも伊勢の丹生は伊勢白粉《おしろい》の原料の産地として名高い。奈良大仏鍍金用の水銀はこの伊勢の丹生から献上したとされている。一説には大和宇陀地方にとれた水銀ともいう。

伊勢の丹生と隣接する地名に多気郡多気町の佐那がある。「古語拾遺」には天目一箇神に種々の刀や斧や鉄鐸《さなぎ》（古語・佐那伎）を作らせたという記述がある。つまり古くは鉄鐸をさなぎと呼んでいたことがこれで知れるが「古語拾遺」のはるか以前は鉄鐸だけでなく、銅鐸もさなぎと呼んだのであろう。伊賀の佐那具《さなぐ》、三河の猿投《さなげ》、大和の散吉《さぬき》、遠江の佐鳴《さなき》湖の周辺から銅鐸が出土している。

話を伊勢の丹生にもどすと、江戸時代に丹生鉱山で水銀を採取し、それを原料に伊勢白粉を製造する家では、生まれた男の子には家業を継がせず、娘に婿をとったものだという。それは白粉を製造する仕事の過程で、自分の実子が水銀中毒になるのをおそれたためであった。そこで自分の血のつながらない娘婿に家業をやらせたのである。

丹生という地名は丹生神社が鎮座することが多い。それは丹生都比女《にゆうつひめ》を神として祀るからであるが、その祭祀者は、辰砂の採掘や貢納を管理する古代豪族の丹生氏で、その発生も四、五世紀までにさかのぼることができ、したがって丹生という地名も、四、五世紀に始まると考えられる、と市毛勲氏は言っている。徳島県阿南市の若杉山の遺跡は阿波水銀鉱床群の真只中にある。そこの出土土器からして、三、四世紀に辰砂採掘砕石がいとなまれたものという。水銀を精錬するには、辰砂と呼ばれる赤い岩石を砕いて羽釜に入れ蓋をし、熱すると亜硫酸ガスと水銀蒸気が発生する。これを水中に導いて水底に沈んだ水銀をとり出すのである。その際に有毒な水銀蒸気を吸い込んで、中毒症状を呈することが多かったのである。

「豊後国風土記」の「海部《あま》の郡」の条には「丹生《にふ》の郷《さと》、昔の人、この山の沙をとりて朱沙《に》にあてき。よりて丹生の郷といふ」とある。朱沙を「に」とよませている。そこは現在の大分市の坂の市付近で、丹生神社が祀られ、付近に丹生とか丹生川の地名が残っている。「豊後国風土記」に「昔の人」と記されているから水銀の採掘が八世紀以前であったことはたしかである。そしてそこはまさしく中央構造線の道すじにあたっている。

丹生の地名は入谷《にゅうたに》・大入《おおにゅう》・小入《おにゅう》などの字もあてるが、若狭の遠敷《おにゅう》ももとは小丹生であった。若狭の小丹生が遠敷と記されるいきさつについては、和銅年間に地名を二字でしかも好字で表記せよという官命があったのにしたがったと思われる。小浜市にある遠敷という地名は、昭和二十六年の町村合併までは遠敷郡遠敷村遠敷であった。この遠敷と向いあうところに小浜市の太良庄がある。そこの丹生森には丹生神社が祀られている。岐阜県揖斐郡徳山町の門入《かどにゅう》ももとは門丹生と記された。そこには山中に古い水銀坑が発見されている。

赤い土のあるところは、丹生のほか赤坂とか赤羽《あかばね》とかさまざまに表記される。東京都の赤羽または愛知県の渥美半島にある赤羽根などもそうである。羽または羽根は埴《はに》、つまり赤土のことである。河内の赤坂が水銀の産地であることはまえに述べたが、岐阜県不破郡赤坂町（現、大垣市赤坂町）の赤坂鉱山は銅山である。赤坂鉱山のある金生山《きんしょうざん》にはまえには銅鉱がころがっていたという。こうしてみると銅をアカガネと呼ぶところから赤坂の地名がつけられたと考えられなくもない。しかし赤坂鉱山の北がわには鉄も産している。鉄銹《てつさび》も赤くなることから銅とばかりは断定できない。新潟県北蒲原郡の赤谷にある赤谷鉄山からは銅も産する。赤谷の名が鉄と銅のどちらに由来するか判然としない。ただ砂鉄を川に流して採取するときには川は赤く濁るので、そこを赤川と呼ぶことはある。このように赤のつく地名には水銀、銅、鉄などのさまざまな鉱物が含まれている土地を暗示していることが多い。

これに対して黒はクロガネで、もっぱら鉄に由縁のある地名であるといえる。

また銀はシロガネである。対馬に銀山《かなやま》がある。そこは銀山として名高いが、銀山《しろかねやま》神社を祀っている。岡山県の川上郡に吹屋《ふきや》という地名がある。吹屋銅山のあるところだが、そこを白金山《しろかね》ともいう。この場合の白金山は鉛鉱ではないかと「大日本地名辞書」は言っている。「延喜式」に備中の国から銅と鉛を毎年朝廷に送ったと記されてあるからである。このように赤、白、黒という色名を冠した地名の中には地下に埋蔵された鉱物を暗示しているものがしばしばある。しかし色名を冠した地名には、北は黒、東は青、南は赤、西は白という風に五行説にのっとったものもある。北関東の赤城山などはその一例である。それとは別に白には生まれるとか清浄という意味もある。それと関わりあると思われるのは加賀の白山である。このように地名はただ一つの理由で断定する訳にはゆかないふくざつな要素を含んでいる。したがって、赤・黒・白の色をもつ地名をかんたんに鉱物にむすびつけるのは禁物である。しかし丹生という地名については、赤い土と関係があると思ってもまずまちがいない。その場合も水銀を含んでいる場合と、含んでいないたんなる赤土の場合とあることは心得ておかねばならない。

（「地域情報誌　シナジー」七号、一九八九年九月）

「星月夜、鎌倉山」

「鎌倉山」にかかる枕詞に「星月夜」がある。星月夜は月の出ない、星だけの夜のことである。月明りよりも星明りのほうが光がよわい。そのことから、鎌倉の倉を暗《くら》と通じさせて、星月夜と鎌倉山にかけたのである。鎌倉山は鎌倉全体を指すとして、特定の山でないと見る向きもあるが、鶴岡八幡宮背後の大臣山《だいじんやま》を指すという説に、私はまえからこだわりをもっている。とうぜんのことであるが、私はそれと実朝暗殺の夜とむすびつけて思い描いているのである。「吾妻鏡」第廿四、建保七年正月の条によれば、実朝受難の当日の正月廿七日は、日中は晴れていたが、夜に入って雪が降り、二尺余りも積ったというから、雪はしきりに降りつづけていたことになる。雪けむりをすかして先導の松明《たいまつ》の炎がゆれ動く中、実朝は雪を血に染めたのであった。

星空が見えていたはずはない。それなのに私が星空とむすびつけて想像するのは、たとえば、実朝を主人公とした坪内逍遥の戯曲の題が「名残の星月夜」だからというだけではない。「吾妻鏡」をひもとくと、いたるところに天体の記事が見える。彗星や流星、金星などの記事も多く、天変がしきりなので、実朝が身をつつしまねばならなかった話も出てくる（建保二年十二月十六日）。当時は陰陽道が盛んであったから、将軍の上に不幸の事態が起るのをおそれたのであった。それとないまぜにして、実朝の死は遠くから確実な足どりで近づいてくる。こうしたことから私は「星月夜、鎌倉山」といえば、鶴岡八幡宮のうしろに、くろぐろと静まりかえる大臣山と、その天頂にかがやく満天の星を、むすびつける気になるのである。

この星月夜という名前の由来はもともと極楽寺坂の下につけられた地名である。「大日本地名辞書」は、そこは星月谷と称していたが、森のかげで暗いので、星月夜と訛って呼ばれたのであろうと推測している。そこには、鎌倉十井の一つにかぞえられる星の井という井戸が残っている。以前、この井戸の底をのぞけば昼でも水面に星の影が映って見えたという。星の井のかたわらに虚空蔵菩薩をまつる堂がある。「星の井」は東京都世田谷区玉川奥沢町（荏原郡奥沢新田村）にもあることが「新編武蔵風土記稿、荏原郡之十二」に報ぜられている。「井の中に昼夜星影あらわるるにより名とせりといひ伝ふ」とある。星月夜は極楽寺へむかう切通し付近の地名であるが、そこに掘られたから星の井であって、白昼の星云々はそのあと生まれた伝説であろう。しかし、ふかい井戸の底に星の影が映るということは古来ひろく信じられてきたことであった。

極楽寺からすこしはなれたところに、月影が谷という地名が残っている。その地名のことは「十六夜日記」にも見え、阿仏尼が一時住んだ場所と伝えられている。「星月夜」といい、「月影が谷」といい、風流至極な地名であるが、私はその背後に、権力の座をめぐる鎌倉の血なまぐさい社会を思い描かずにはすまない。燦爛とした星空の下の狂乱、それが鎌倉の歴史である。とはいえ、私はじっさいに鎌倉山の星月夜を一度も仰いだことはない。

（第一回神奈川県地名シンポジウム鎌倉大会、一九八七年六月一四日）

橘樹　たちばな

たちばなの実のしたたりの地に落ちてやしろはのこるにほひかすかに

高津区の子母口《しぼくち》には橘小学校や橘中学校がある。また小高い丘の上には橘樹《たちばな》神社が残っている。そこは、もと「倭名抄」の橘樹郡の中心地であったとされているが、橘あるいは橘樹という地名は高津区のどこにも残っていない。そこで花の姿は見当らず、ただ匂いだけが残っているような気がする。しかしたちばなの花のまぼろしがいつまでも川崎市に残っているのは、悪くはない。この名が川崎の人びとの心を引きつけていることは「川崎地名研究会」の会報の名前が「たちばな」であることからも推察できる。橘樹神社は小高い丘の上にあり、弟橘媛《オトタチバナヒメ》の遺品の流れついたという伝承の場所としてはふさわしくない。それなのにこの地を中心にして橘樹の地名が起こったのは明らかでない。ただトキジクノカグノコノミは日本人の意識の深奥に訴える芳香をもつ花であり、それが地名として川崎の地にかつて存在したことをゆかしく思うばかりである。

（『川崎地名百人一首』馬場あき子・谷川健一監修　川崎文化財団、一九九〇年五月）

平泉という地名——地名の旅

記紀万葉や風土記の地名が二十世末の今も場所を変えず、おなじところに残っているのをみると、地名が変りにくく、持続する固有名詞であることは明瞭である。その一方では、地名は遠方の土地まで運ばれ、旅先で定着することがある。その一つの例が平泉という地名である。平泉の地名については、吉田東伍の「大日本地名辞書」が、「平泉志」（明治二十一年刊）の中の一文を引用して、一関市の骨寺《ほんでら》の近くに平泉野というところがあって、野中に冷水があり、旱魃のときにも涸れるところがない。これが平泉の本源である、という説を紹介するにとどまり、他の研究者は触れることがない。私もとりたてて深く考えないで過ぎていた。ところが、平泉の地名を改めて考え直そうという気持を起させる機会が訪れたのである。

昭和五十九年十二月十九日「毎日新聞」（東北版）は、藤原秀衡の寄進した虚空蔵菩薩が岐阜県郡上郡《ぐじょう》白鳥《しろとり》町の石徹白《いとしろ》の白山中居神社に安置されていることを次のように報じた。

「白山中居神社の社伝によると、平安末期、藤原秀衡が白山信仰のため、奥州の上村で仏像を造り、上村十二人衆と呼んだ小武士団を派遣して、この座像を寄進したと言われる。その後、上村十二人衆の子孫がこの仏像を八百年もの間大事に守りつづけ、現在は同神社からおよそ二キロはなれた大師堂の宝物収蔵庫に保管されている。平泉の中尊寺でこの仏像の存在を知ったのはつい数年前のことである。石徹白の大師講の関係者から、秀衡公寄進の菩薩座像を収蔵する宝物蔵庫が完成し、記念に模写した画像の開眼法要をおこないたい、との手紙が中尊寺に届いたことから、中尊寺の貫主一行が同神社をおとずれ、この仏像と初対面。その結果、まちがいなく秀衡公の寄進したもので、しかも、中尊寺秘仏で人肌の大日と呼ばれる一字金輪仏座像と、表情、化粧の仕方、宝冠とその下の髪のくしの目などがそっくりで姉妹仏の一つと見られることも判明した。」

私はこの新聞記事を読んで早速石徹白を訪れ、虚空蔵菩薩の息を呑むばかりのみごとな御姿に接したが、この仏像は一昨年の昭和六十一年、中尊寺でおこなわれた秀衡公八百年祭に「人肌の大日」と共に特別陳列されて、参詣者の目をひき、讃歎の的となった。

岐阜県郡上郡白鳥町石徹白の上杉家に残る系図によると、秀衡の三男の忠衡は、元暦元年(一一八四)に、父の名代となって金銅の仏像各一躯をかごに乗せて平泉を出、東山、東海両道を経て、美濃の白山中居神社と、越前の白山中宮神社(平泉寺《へいせんじ》)に寄進奉納したという。白山中居神社に寄進された仏像が石徹白の虚空蔵菩薩座像であることはいうまでもない。白山中宮平泉寺に寄進したとされるもう一つの仏像は、平泉寺の流れを汲む白山神社の社家に今も持ち伝えている。

白山信仰に関する記録の中で最も古いものと見なされる「白山記」は長寛二年(一一六四)に成立したと考えられるが、それには加賀の白山本宮に奥州の秀衡が五尺の金銅仏像を鋳造して奉納したということが記されている。これは秀衡が熱烈な白山信仰を抱いていたことを示すものであるが、それが事実かどうかは疑問視されてきた。しかし、ここにそれを傍証するに足る事実の存在することが明らかになった。

ここにいう白山中宮平泉寺は現在、福井県勝山市平泉町にある白山神社のことで、白山三馬場の一つとして栄えた。明治初年の神仏分離令で、仏教色を払い、現社号を称するようになった。この平泉寺の寺号の起りは、白山神社境内にある御手洗池(林泉)によると伝えられている。ちなみに歴史家の平泉澄《きよし》は平泉寺に由縁のある社家の出身で、第二次大戦後、公職追放のあとは、白山神社の宮司をつとめた。

「義経記」の巻七に「平泉寺御見物の事」という一条がある。義経・弁慶の一行が奥州落ちの途中、平泉寺に立寄った際の記事である。これを見ても、平泉寺が奥州と畿内をむすぶ主要なルートの要衝であったことが推察できる。その平泉寺は平安時代の末には天台宗総本山比叡山延暦寺の傘下に置かれていた。

平泉の藤原氏が白山信仰をもっていたことは、中尊寺の鎮守として白山社が置かれていることから分かる。中尊寺は天台宗であり、天台宗の寺院にはたいてい白山社が置かれているから、それだけのことと考えられなくもない。しかし、平泉という地名は越前の白山中宮平泉寺にちなんだものであると考えるほうが、なおいっそう自然である。その命令者はおそらく清衡であったろう。「吾妻鏡」によると、清衡が江刺郡豊田館から磐井郡の平泉へとその居館を移したのは、嘉保《かほう》年間（一〇九四～一〇九六）である、とされている。そのときはまだ平泉という地名はなかった。清衡が長治二年（一一〇五）に中尊寺の堂塔を建立したときに、白山社も置かれ、越前の平泉寺の修験の徒も、遠く奥州まで進出したと考えられる。そして平泉という地名もつけられた。平泉という地名は、はるばる越前から奥州まで旅をしたのである。地名の看過ごすべからざることを示す一例である。


（「北天塾」第五号、一九九一年二月）

悪路王という名

悪路王は東北では有名な伝説上の人物であるが、その名前の由来についてはまだ定説がないと言っても差支えない。

数日前、近く刊行される平凡社の「日本史大事典」の案内が送られてきたが、その本文見本に「アクロ」の項目があり、斉藤利男という人が執筆している。

その説明に「アクロの原義は悪路で『邪悪な世界』の意味か」とある。しかし、蝦夷の住む邪悪な世界を想定して、それをどうして「悪路」と表現したのか、についてはは何の言及もない。奥州の北半は路が悪の世界に通じるという解釈なのか、それではまずいシャレにもなるまい。この筆者は東北史の大先達である喜田貞吉の説を紹介もしていない。参考文献にも喜田の名は見えない。これは怠慢というべきではないか。

喜田は「蝦夷の馴服と奥州の拓殖」と題する講演の中で、悪路王に「悪」の名をつけたのは、蝦夷への侮蔑感を示したものであるが、もともとは、悪路王の悪路は何久利という名であったと言っている。陸奥守源頼義が胆沢の鎮守府から多賀の国府に帰るときに、阿久利川で貞任乱暴の一件があった。そこで、阿久利がすなわち悪路であろうと述べている。悪路が津軽や壺の石文と並べてあるのを見れば、それは地名であることが歴然としている。

喜田はその一方で悪路王の名前が「あぐり」という言葉と関連があるとも述べている。「あぐり」という人の名前は各地に見られる。生まれた子どもがいつも女の子ばかりのとき、こんどこそ男の子がほしいと思う。それで女の赤子にあぐりという名をつけると、つぎには男の子が生まれるという。「あぐり」という名は、あり余った子、よけいな子、どうなっても惜しくない子という意味であるが、そうした名をつけるのは、実は子どもが丈夫に育つようにと逆効果を狙ったのである、と言っている（『民族と歴史』）。

喜田の説は後代の習俗の解釈である。もともとは、余った子、不要な子どもという意味の「あぐり」という名をわざとつけて、邪神が子どもに関心を抱いて、その生命を狙うのを防ぐことからはじまった命名の慣習である。喜田はまた、あぐりと悪路王との関係について、子どもの生命をとる悪鬼邪神を調伏するために、まじないとして、悪路王という恐しい名をつけたのだとも想像してみたいと言っているが、悪路王という名をつけて悪神や悪王を慴伏させることを狙ったというのは穿ちすぎな解釈であろう。

やはり悪路王は阿久利という地名に由来すると考えるのがもっとも自然である。また悪路王と命名したのは、「悪」に強いという意味があるからだと考えるべきである。悪七兵衛景清、悪源太義平、悪左府頼長などの例と同然である。

「陸奥話記」に登場する前九年の役の発端となった阿久利河は、どこを指すのか。

「大日本地名辞書」は一関市を流れる磐井川をそれに比定している。磐井川に沿う赤荻（阿古幾）と阿久利の音が近いからであるというのである。古道は赤荻からまっすぐに西北の方角に出て、悪路王が籠ったとされる達谷《たつこく》の窟《いわや》に抜けたとも述べている。

菅江真澄は出羽、陸奥、越後、信濃では「あぐりとはものの充ち満ちたる事をいひ、溢る事をあぐる、あぐったなんどいふ奥の方言あり」（『久宝田のおち穂』）と述べている。青森県の野辺地では「あぐり」という言葉を「溢れる」ことに使う（『綜合日本民俗語彙』）。

こうしてみれば、阿久利河の解釈もたやすくつく。それはしばしば溢れて、氾濫をくりかえす川だったのである。その阿久利河のほとりにいた蝦夷の首長だったから、あぐり王→悪路王と呼ばれたのだ。そこで達谷の窟の近くの磐井川の上流を阿久利河と称していたことが推定される。

高橋富雄は「陸奥話記」の阿久利河をアクト河と訓《よ》む。利をトと訓むことはもちろんできる。アクトは湿地帯を指す地名である。しかし、これまで見たように、阿久利には溢れるという意味があるのだから、それをわざわざアクトと訓む必要はない。また悪路王の名があぐりに由来するとすれば、それは達谷の窟の付近を流れる川を指すのがもっとも妥当であろう。「陸奥話記」に磐井川の名があるのに、別に阿久利河をつけたとは考えられない、と高橋は言うが、上流と下流で川の名が変る例はザラにある。阿久利河が磐井川の上流の名であっても一向におかしくない。またその北方にあって達谷の窟の近くを平泉方面にむかって流れる太田川の古名を阿久利河と呼んだと解することも充分に可能である。

地名は狭小な土地につけられた名が、あとになるほど広域の名となるのがふつうである。最初は達谷の窟付近の川につけられた「あくり」という地名が、やがて磐井川の周辺一帯を漠然と指すようになったとしてもおかしくない。「発心集」に「夷があくろ・津軽・壺のいしぶみといふ方にのみ住みけるとかや」とある。これで見ると、津軽地方と都母《つも》（壺）すなわち青森県の七戸のほかに、磐井川の流域の「あくろ」と呼ばれる一帯に蝦夷の根拠地があったことがわかる。その付近に勢力を張っていた蝦夷の酋長が、都の人びとから見て悪路王にほかならなかったのだ。

（「北天塾」第七号、一九九三年三月）

神奈川県の地名

私どもの研究所が川崎市で活動を始めて一〇年――。この間、毎年春に川崎市で開く「全国地名研究者大会」をはじめとして、全国規模の地名シンポジウムや、県内での講演会等を通じて、地名のもつ重要性や、地名の世界の多様さ、面白さを、少しでも多くの人々に理解してもらうべく、様々な努力を重ねてきた。そして、それらと並行して、神奈川県や川崎市、藤沢市など、各地の自治体から委嘱を受けて、県内の地名調査も継続的に行なってきた。そこで、これらの調査の成果をもとにしながら、県内の地名の特徴や興味ある地名の幾つかについて紹介してみよう。

神奈川県内には、町名、大字《おおあざ》、小字《こあざ》を合わせると、約二万の地名がある。ただし、これらは行政上の地名であって、このほかに、地域の人々の間で日常よく使われている通称的な地名を加えると、その数は十数倍にものぼるであろう。小字の数でみると、他府県に比べて、かなり少ない。

このなかで、もっとも多くみられるのは、神明谷戸《やと》、沖谷戸《やと》、細戸《やと》、西谷《やと》などといった「ヤト（谷戸、谷）」のつく地名である。川崎市北部、横浜市、三浦市、横須賀市、藤沢市北部、茅ヶ崎市など全県的に広く分布している。ヤトは、丘陵や台地に谷状に切れこんでいる所をさし、多摩丘陵や相模原台地などに圧倒的に多く、南関東を代表する地形地名である。東京では、世田谷、渋谷、四谷など、谷《や》と呼称し、千葉県では同じような地形をヤツ（谷津、谷《やと》）といっている。

神奈川県内ではほとんどの地域で谷戸（谷《やと》）と呼んでいるが、鎌倉市内だけは例外で、千葉県内と同じようにヤツ（谷）といっている。扇谷《おおぎがやつ》、比企谷《ひきがやつ》、葛西谷《かさいがやつ》など、かつての有力武将の名を冠したヤト地名があって、鎌倉の歴史をしのばせている。

川崎市宮前区の野川には、「領家谷《りょうけやと》」という地名が通称として残っている。これは、年貢や所領をめぐる地頭と荘園領主との争いを解決する方法の一つであった下地中分《したじちゅうぶん》の痕跡をとどめるもので、中世を今に伝える貴重な地名である。

このほかに県内で多くみられる地名に、上の原、西之原《の》など、「原」のつく地名や、長久保、雨窪といった「クボ（久保、窪）」のつく地名がある。これらは、いずれも台地の上にあり、とくに相模原市は台地の上に開けた町だけに、きわだって多い。クボは台地上の少しくぼんだ所で、雨水などたまりやすく、雨窪という地名など、名前が見事にその特質を表わしている。窪地には、飲料水や、水田をうるおす用水の源となる湧水があって、昔は、生活する上で、きわめて重要な所であった。原のつく地名には、東西南北や上、下など、方向を示すことばがついている例が多い。

地名の種類のなかで、もっとも数が多いのは、自然の形状につけられたもので、いままでみてきたように、県内の地名についてもこのことがあてはまるが、こうした地形地名以外でよくみられるものに「堀の内」という地名がある。私どもの研究所がある隣り町、川崎市役所の裏は、歓楽街として全国に名を馳《は》せた、御存知の「堀の内」である。この地名は、横浜市、小田原市、相模原市（田名、下溝、磯部）、厚木市（金田、戸田）、綾瀬市、秦野市などにもあり、東日本に濃密に分布している。西日本では堀の内（堀之内、堀内）といわず、たいていは土居《どい》という。堀の内は、館《たち》の周りを堀でめぐらした領主の生活と支配の根拠地で、中世の地名の代表的なものである。土豪の館《やかた》あとを、たんに堀の内という場合もある。

この地名と似ていて、やはり中世地名として重要なものに「竹の花（竹の鼻）」「竹の内（竹内）」といった地名がある。これらも、館の周りを竹ヤブで囲み、風水害や外敵に備えた中世武士の屋敷跡に関連する地名である。竹は、館《たて》が音韻変化したものともいわれる。この地名は、川崎市麻生区、小田原市、厚木市などにあり、やはり関東地方に広くみられる。

このほか、開墾地を意味する「新田」や「アラク（荒久、新開、新久）」「サンヤ（山谷、三谷、三家、三屋など）」も県内に多い地名である。新田は、近世を代表する地名の一つで、開発者の人名を冠している場合が多い。こういう例は、川崎市の南部や横浜市にもあり、池上新町、小島町、浅野町、田辺新田（以上、川崎市）、山下町、大野町、鈴繁町、橋本町、星野町、守屋町、大田町など（以上、横浜市）、近世から近代にかけて、海面を埋め立てて開発に尽くした人の名前にちなむ町名である。

サンヤの地名は、未開地や原野を切り拓いた所につけられているが、川の流域の開発地にも多くみられ、三軒の家が開拓したという伝承も広く残っている。

河川流域に特徴的な地名として、このほかに「耕地（河内）」や「河原（川原）」のつく地名が多摩川や相模川の流域にかなりある。川の合流点では、全国的には川合、川井、落合、二俣といった地名がみられるが、相模川流域の藤野町では、沢井川オンダシ、橋場オンダシなど、オンダシということばを使っている。○○デグチ（出口）とも呼ぶ。

また、川の流れの様子を表わしたものとして、一般的に、急流部の瀬、深みを表わす淵、よどみを示す瀞《とろ》などの名称があるが、藤野町内の相模川にも、オオブチ、アオブチ、ウグイスブチなどがあり、その地点では鮎がよく釣れたという。水のよどんだ所は、ヨドとかトロバといい、鮎のドブ釣りが行なわれる。川が大きく蛇行している所には、川袋や地蔵袋というように「袋」という地名がついている。東京の池袋もそうした場所であっただろう。

海岸部の地名で代表的なものに「スカ（須賀）」のつく地名がある。数量的には横浜のように「浜」のつく地名のほうが多いが、スカも、太平洋岸に広く分布し、県内では、横須賀市をはじめとして、江戸時代に相模川を利用した水運と、相模湾の海運の要衝として栄えた平塚市の須賀や、茅ヶ崎市の浜須賀、藤沢市の東横須賀、中横須賀、西横須賀などがある。いずれも海岸部の砂地にこの地名がみられるが、全国的には内陸部の川沿いにもスカ地名はあって、奈良県に一〇例以上あるアスカも、これと同じ類《たぐい》で、京都府下の木津川畔には飛鳥《あすか》路の村名がみられる。

地名は、陸地にあるだけではない。海中も地名の宝庫である。海の地名は、漁師や航海者にとって、漁場の位置を確認したり、航海の安全のために必要不可欠である。漁夫の地名認知は、一般の人々に比べて精緻で、地名の種類も豊富である。相模湾では、根のつく地名がたくさんあり、オーネ、ツバキネ、ショーセンネ、イシダイネなど、魚群が集まる大切な漁場となっている。漁師は、こうした根の位置を、山あてという一種の三角測量の方法を用いて記憶している。

相模湾で、よくこの山あての目じるしとなるのが、相模平野からよく目立ち、古くから農民や漁民の信仰を集めている大山《おおやま》である。大山は、雨降山などともいい、昔から雨乞いに霊験のある山として知られているが、雨乞いに関係する地名に鐘ヶ淵がある。この地名は、藤沢市や茅ヶ崎市、相模原市、城山町にあって、そこでは釣り鐘を川に投げ入れ、水底の竜神に祈願して雨を呼ぶ行事が行なわれていた。

山間部の地名には、崖を意味するクラ（倉、鞍など）やカケ（欠、懸、掛）、クエ、ツエ、ザレなどのつく地名が全国的にある。相模川上流の藤野町に、石砂《いしざれ》という小字が、また相模湖町にはザレという小字があるが、このザレは、山の崩れかけた所だという。クエは崩れる、崩《く》えるに通じ、ツエは潰えるで、いずれも地すべり地帯に多い地名といわれ、実際、四国地方では、これをうらづける実例が数多く報告されている。相模湖町には、大崩という、そのままズバリの小字もある。

このように、ふだん何気なく使っている地名にも自然の脅威から身を守る先人の生活の知恵が刻まれているのである。

これまで県内に多い地名を中心にみてきたが、これらは関東地方あるいは全国的にも共通して分布している。そこで次に神奈川県にとくに特徴的な地名をあげると、県内中部から西部にかけて、「庭」のつく地名がある。なかでも藤沢市の大庭《おおば》は、御厨《みくりや》と大庭城のあった地として知られ、歴史を秘めた非常に古い地名である。足柄地方にも、小集落名としてニワ、ニワバのつく地名がある。

古代から中世にかけて、神祭りや芸能、共同作業や生産の行なわれる場が「庭」と呼ばれていたが、あるいは、それと関連する地名かもしれない。

足柄上郡松田町には、また中世の相続制の名残りである惣領《そうりよう》、庶子《そし》という地名も残存している。

このほかに興味深い地名として、川崎市の丸子《まるこ》、鎌倉市の化粧坂《けわいざか》、横須賀市の不入斗《いりやまず》、大磯町の高麗《こま》などがある。丸子は、多摩川の沿岸にあり、古代に渡守りの仕事に関わっていた部民の丸子部の居住地にちなむ地名ともいわれている。

化粧坂は、鎌倉七口の一つで、やぐらや古塚の多い境界の地にある。地名の由来は、遊女らが化粧に忙しかったからついたとも、平家の大将の首級を将軍にみせるために、首に化粧をしたのでこの名がついたともいわれている。大磯にもこの坂名があって、同様の伝承がある。

不入斗は典型的な難読地名の一つで、地名解釈も諸説分かれており、山奥の場所を意味するとも、貢租を免除された土地をさすともいわれている。平塚市には同類の地名で入山瀬《いりやませ》というのがある。

高麗は七、八世紀頃、朝鮮半島の戦乱を避けて渡来した高麗人にちなむ地名で、東京の狛江市や埼玉県入間郡日高町の高麗も同じ系統の渡来地名である。

以上、神奈川県の地名について、ごく大まかにみてきた。しかし、これらの地名は、新しい住居表示の施行や、ハイランド、美しが丘、青葉台といった商品化された地名の氾濫によって、いま急速に失なわれようとしている。それは、大地に刻まれた貴重な歴史を喪失することであり、先人たちが伝える豊かな経験知を無にすることにほかならない。

地名は生きている。何気ない地名も、ふとその世界に思いを馳せれば光り輝いてくる。私たちは、この大切な地名を保存し、研究する施設として「日本地名博物館」を川崎市に建設するべく、川崎市、神奈川県とともに努力している。この誌上をお借りして、読者の皆様の御支援をお願いする次第である。

また、県内には、川崎、横浜、藤沢、相模原の四市に地名研究会があって、相互に協力し合いながら活発に活動している。興味ある方は、ぜひお気楽に御入会され、一緒に活動されることを期待している。


（「全測連」一九九一年春季号　全国測量設計業協会連合会、一九九一年）

地名談話室——全国地名研究交流誌

ウタリという地名

このたび富山昭氏から「『うたり』考——静岡県の方言地名」という論文が送られてまいりました。私も先年、静岡県に頼まれて地名調査をしたときに、「ウタリ」というふしぎな地名に出合い、興味をそそられたことがありますので、早速、論文を拝見いたしました。富山氏は十数年も前から、この地名に関心があり、時間をかけて調査しています。是非多くの方々に読んでいただきたいので日本地名研究所紀要「第二集」に掲載することにいたしました。

富山氏によるとウタリ、ウタレ、ウタリマ、雨垂《うたり》などの地名が静岡県の安倍川の西から浜名湖の東にかけての海岸地帯や平野部に集中して分布しています。低地の水たまり、沼地、湿地、湿田などに付けられた地名ですが、漁業関係者のあいだでは沖の波と浜の波との間の波静かな所、波の静かな入海をも指しています。

静岡県以外では、長野、東京、神奈川、山梨などで水田、湿地、沼地を「ウタリ」と呼んでいます。これは方言の呼称ですが、小字地名としては、栃木県足利郡梁田村下渋垂に「ウタリ」という一例が見つかるだけである、と富山氏は述べています。町村単位ではないが和名抄に讃岐国鵜足郡があります。『綜合日本民俗語彙』の「ウタリ」を引いてみると、「長崎県下五島の富江で、いつもそこへ行くと風が凪になっているようなところをウタレという。いずれにしても、水の静かに湛えた所をいうようである」とあります。松永美吉の『民俗地名語彙事典』には、『茨城方言民俗語辞典』からの引用として、「茨城県で、波打ち際をウダレ、ウダレギワ、ウダレッバダともいう」とあり、また「茨城県で、山林の間の湿地をウダリという」と記しています。

ウタリの語源についてはさまざまの説のあることを富山氏は紹介しています。ウタリのウタはウダ（ヌタ、ムタ）と関連する語という説があります。湿田をあらわす点では共通しています。しかしウタが更にウタリになったことの説明が必要です。ヌタがヌタリ（渟足、沼垂）となったように、音韻法則がはたらくかどうかが問題です。これとは別に、ウタはアイヌ語のオタ・ワタ（砂浜）と関連があるという説があります。『綜合日本民俗語彙』の「ウタ」の項目にはウタはヌタ、ムタ、ウダとは無関係であるとしています。鳥取県では海岸の波打際からすぐ深くなった所をウタというが、意味だけでは静岡県に多いウタリの語ときわめて近い内容をあらわしている点が注目されると言っています。

ウタリという地名が静岡県以外にも見付かるかどうか、お気付きの点をご報告お願いします。ウタリの方言についてもお知らせ下さい。

（「地名談話室」三号、一九九五年二月一日）

ウンナンという地名

「地名と風土」（日本地名研究所紀要第二号）には新谷正隆氏の「ホウリユウの神号と地名の分布」という力作が寄せられている。ホウリユウと関連があると思われるものにウンナンがある。『綜合日本民俗語彙』には、「ウンナンサマ」の項に「岩手、宮城両県に広く分布し、田の畔に祭る神。語義は不明であるが、ウナギを神体とするとか、落雷の伝説とかが伴なっているので、水神の一分化形態かと思われる。『菅江真澄遊覧記』には羽後大平山にウンナンソウと称する山椒魚に似た動物がいたことを記しているが、おそらく水中に来往する生命力の強そうな動物に霊感を感じたのではないか」とある。「ホウリヨウサマ」の項には、「ウンナンサマと密接な関係があり、互いに往来したなどという話もあるが、ウンナンが田の中に祭られるのに対して、これは丘麓であり、分布もウンナンよりは広い」と記されている。

昨年、一関市で開かれた「北上川流域地名研究会」の発会式のとき、一関市に雲南とか宇南の地名があることを知って興味ぶかく思った。柳田の『石神問答』を見ると、「陸前気仙郡日頃市村の運南社は宇賀魂を祭るといい、同郡唐丹《とうに》村の宇南社は稲荷なりと言う（『封内風土記』）」とある。雲南あるいは宇南の地名と神社の関係はどうであろうか。ネフスキイから柳田にあてた手紙の中で、遠野町のウンナン神社の御手洗池にいる鰻は皆片目であるということ、また宮城県登米郡南方町の東郷新田にも雲南島があり、雲南神社という小祠のあることを報告している。宮城県黒川郡大郷町には由緒不詳の村社運南神社があり、神体は虚空蔵菩薩。神の使いとしての鰻を食しない風習があると伝えている（平凡社版「宮城県の地名」）。

これを見ると雲南（運南）神社は鰻と関係があるが、地名の場合、これも神社と同じなのか、判明しない。つまり、まずウンナンという地名があって、そこにウンナンと言葉の似通ったウナギを神体とする神社があらたに作られたのか、ウンナンあるいは神社がまずあり、それにあやかって地名がつけられることになったのか。地名が先か、神社が先か。地名が先であるとしたら、ウンナンの語義如何。それと同時に、岩手、宮城両県下のウンナン地名、その他の府県にもあればあわせて御教示いただきたい。ウンナンが田の中に祭られるという『綜合日本民俗語彙』の説明も考えてみたい。

（「地名談話室」四号、一九九五年五月一日）

再び「ウンナン」について

ウンナンの地名については本号で千坂嵃峰氏に報告していただいた。秋田県能代市では山椒魚または山椒河鹿をウンナンソウと呼ぶが、岩手県一関市あたりでも山椒魚をウナンソウと呼んでいるというが、このほか秋田の角館地方では、清水にいるお玉杓子が灰色をして足が生え、蛙になりかけているものを、ウナンソウと呼ぶと、武藤鉄城が報告している。須藤功氏から送られた早川孝太郎の論文「鰻と水の神」には、宮城県や岩手県でウンナンソウと呼ぶのは山椒魚で、ウンナンと呼ぶのはイモリのことだと記されている。

山椒魚もイモリも河鹿などのカエルも水の清らかな水源や井泉にいて水の主または水の神と呼ばれるのにふさわしい。この水の神は水田の畦に祀られて田の神ともなったと思われる。ウナネという言い方がそれをあらわすのであろう。しかしこのウンナン神についてはまだまだ追求する余地が残されているように考えられる。山椒魚もイモリもカエルも酷似した呼称をもつ。これらを一括する呼称がもとあったのではないかという疑いが湧くのである。その場合ウナギとの関係は如何。早急に結論を出さず今後の研究にゆだねたい。

落合重信氏の「ひょうごの地名再考」に兵庫県多紀郡篠山町（旧多紀町）に安口と書いてハダカスと訓む地名が載っている。篠山地方の方言で山椒魚のことをハダカスまたはアンゴウと呼んだ。はじめ安口と書いてアンゴウと訓んでいたが、ハダカスが一般的になってきて、安口と書いてハダカスと訓むようになったのであろうか、と落合氏は述べている。ちなみに富山県でも山椒魚をハダカスという。

大山椒魚を岡山県ではハンザキという。半裂きにされても生きているということか。同県真庭郡湯原町には、鯢《ハンザキ》大明神が鎮座する。『作陽誌』によると、文禄の初年に湯原の少年が川の瀬で長さ三丈半、胴まわり一丈三尺という大山椒魚（大鯢）を退治したところ、その夜にその少年の家の門を叩きながら号泣して去った姿のないものがいた。少年の一家はその直後死滅した。同族の中でも格別身体が大きく特異な姿をしている動物は、種族霊であり魚王である。大山椒魚もその一つであり、人々はそれを祀ることで難を避けようとしたのである。それが鯢大明神のはじまりと言われている。大山椒魚は地名にも神社名にもなっている。それを考えると吾々の追求もムダでないような気がするが、東北の地名研究者の助けを借りて更に進みたい。

（「地名談話室」五号、一九九五年八月一日）

海岸地名「ナゴ」について

海岸に多いナゴという地名については『綜合日本民俗語彙』に「砂浜で波の音のなごやかな所をいうらしい」とあり、また、関連地名のナゴヤについては「千葉県の東海岸でナヤというものを、西国ではナゴヤといっていたらしい。たとえば、広島県沼隈郡の田島（内海町）で今ある町の所を名護屋というのは魚小屋であった。魚市などがここに立っていた」という説明が妥当であろう。しかし、これで引き下がるには、私には若干の心残りがある。

船を漕ぐ人はカコ（水夫、水手）と呼ばれる。これはカジコ（梶子）の略とされている。また、カコをフナコ（舟子）ともいう。網を引くものはアゴ（網子）と呼ばれる。これはアミコの略である。万葉集巻三に

大宮の内まで聞《きこ》ゆ網引《あびき》すと網子《あご》ととのふる海人《あま》の呼び声（二三八）

という歌がある。地曳網を引く人たちを指図する漁師のかけ声が大宮の中まで聞こえてくるという意である。

カコ、フナコ、アゴというようにコがつくのは人をあらわしているが、それはオヤカタ、コカタのコを指す場合もあるのではないかと私は推測する。オヤカタ、コカタはもともと経験豊かな長老とそれに従って共同作業をする者を指したが、いつか固定した身分関係を示すようになった。さきの万葉集の場合、海人と網子の関係はどちらか分からない。『綜合日本民俗語彙』を見ると、アゴ（網子）はアミコともいうが、肥前の千々岩町ではナゴと称していると述べている。名子はオヤカタに隷属する中・近世の農民であり、名子制度といえばふつう山林や田畑に関与するものを指すが、それは漁村にも適用される。民俗学者の倉田一郎によると、岩手県気仙郡三陸町の越喜来《おきらい》は古い名子制度の残った村で「南部屋と呼ぶ旧家を古来の大家としてナゴなり分家たるものが多く、これに所属し代々不可分の関係に在り、漁、不漁にかかわらず、最低限度の扶持だけは与えられるが、漁獲物はすべて旦那前として差出した」（『経済と民間伝承』）とある。

また『岩手県の地名』（「日本歴史地名大系3」）にも、「越喜来の崎浜にある刈谷家は海の名子ともいうべき水夫《かこ》を大ぜい擁し、漁業にたずさわらせたが、水夫のうち一定期間だけ労務を提供するものを定水夫、永続的なものを永水夫と称した」とある。これからすれば、水夫《かこ》と称する者にも、実際には名子《なご》の身分の者がいたのである。前に網子《あご》をナゴと呼んだ長崎県の千々岩町の例をあげたが、それは網子を名子として使役したことから起った呼称とも推測されるのである。各地の由比という海岸地名は、海の共同作業から起ったと思われるが、それと同様に、ナゴをたんに波の音のおだやかな砂浜というように、自然地名として考えてよいか、各地のナゴ地名を個々に検証していくことが必要ではなかろうか。それはカコという地名についても同様で、たんに舟子がいたというだけではないと思われる。これについて、各位の御意見をうかがいたいと思います。

（「地名談話室」六号、一九九五年一〇月一日）

再び「ナゴ」「ナゴヤ」について

「地名談話室」第六号で、海岸地名のナゴが波の音のおだやかな砂浜という自然地名を指す場合だけでなく、一族の長老の指揮のもとに網を曳き、船を漕ぎ、はては網主、船主などに雇用され、隷属していった漁民の集落を指す場合もあるのではないか、という疑義を提出して置いたが、今号では各地の研究者からさまざまな回答が寄せられて、私の推測もまんざら的を外れていなかったことが分った。

前号で紹介した岩手県気仙郡三陸町越喜来《おきらい》の崎浜にある刈谷家に問い合わせをしてみると、その家では今でも鮭漁のあいだ雇用する者を水夫《カコ》と呼んでいる。他家の漁業関係者を水夫と呼ぶことはないというから、自分の家に一定期間、労務を提供するものだけをカコと呼んできたことがはっきりする。ここにはナゴの身分に近い隷属関係が見てとれる。加子浦についての報告も期待したい。

ナゴについては、万葉集巻七に「住吉《すみのえ》の名児《なご》の浜辺に馬たてて玉拾《ひり》ひしく常忘《つね》らえず」がある。大阪市の『西成区史』によると、旧村の勝間《こつま》村や今宮あたりを名児の浜と称したという。今宮には平安初期までさかのぼれる朝役があった。朝役というのは、朝廷に御贄の鮮魚をたてまつる供御人のことである。これは江戸時代までつづいている。このように魚貝を供給する所が摂津の名児の浜であった。この名児の浜は津守の浦とも称せられた。津守連は古代の海運に従事した一族であるが、住吉社の祠官は古代以来津守姓を名乗っている。これらから推測すると、摂津の名児の浜も波のおだやかな海岸というよりは、朝廷や住吉社に奉仕する漁民たちの住んでいた海浜と考えるほうが適切である。

ついでにナゴヤについても言及しておこう。日本書紀によると、仲哀天皇の八年の記事に、福岡県遠賀郡芦屋町付近の豪族であった岡県主の先祖の熊鰐《わに》が天皇の御料にたてまつった魚塩をとる区域が記されている。そこに名籠屋《なごや》大済《のおほわたり》の地名が出てくる。これは北九州市戸畑区の北方の洞海湾に突出する名籠屋崎のことと見られている。大済は大渡りで洞海湾の潮が川のように流れている所で、名籠屋崎が波のおだやかな場所でないことは明らかである。むしろ朝廷に御贄を奉献した漁民のいた所と解するのが自然である。

『筑前国風土記』逸文には洞海湾の中に二つの小島があり、「その一つを河斗《かご》島といふ。島は支子生《くちなし》ひ、海は鮑魚《あはび》を出す」とある。この河斗島は今の中島にあたるが、そこの海は鮑魚を出すとあるから、あるいはカコ島であったかも分らない。つまり洞海湾を航行する舟の舟子《かこ》たちがいた島とも解せられるのである。

肥前の名護屋は秀吉の朝鮮出兵の出発地として知られている。『海東諸国記』は那久野《なぐや》と記していることからここはもとナグヤと呼ばれていたと吉田東伍は述べているが、『海東諸国記』の表記は正確な発音にもとづいたものでないからあてにはならない。名護屋は朝鮮に向う日本の将兵をはこぶ加子浦の役目をはたしている。このことからしてナゴとカコの共通点が見てとれるのである。

（「地名談話室」七号、一九九六年一月一日）

「うぐいす」地名について

熊本地名研究会の会報も今回で第四九号となった。このような長くつづくりっぱな会報は他に例がなく、日頃敬服していて、いつも「地名討論」を楽しく読んでいる。今回は鶯《うぐいす》地名について活発な意見が交わされている。皆さんのご説明を聞いていて興味が尽きず、私も飛入りしたくなったのでここに少々感想を述べることにした。

熊本県の「うぐいす地名」を八か所列記してある。その中に鶯平《うそびら》（上益城郡矢部町下名連石《なつれいし》）、鶯越《うそごえ》（天草郡御所浦町）の二か所に、鶯を「うそ」と訓ませているのが注目される。更には、熊本市秋津に鶯原があり、そのとなりがウツポギという地名になっているのも見過ごすことはできない。ウツというのは熊本では強意の接続語であり、ホゲルというのは穴があくことの熊本方言である。ホゲルがポギになったと考えられないこともない。

しかし、ウソビラ（鶯平）やウソゴエ（鶯越）のことも考慮にいれてみると、ウソゴエというのは山口県玖珂郡周東町や同じく山口県都濃《つの》郡鹿野《かの》町に獺越《おそごえ》がある。これはカワウソと関連がない。ウソやオソはウツ、ウト、ウトウなどと同じくウツロという意味で、谷間や洞穴、窪地につけられる地名である。宮崎県の鵜戸神宮や長野県塩尻市の善知鳥《うとう》峠なども同じ地形につけられた地名である。ということから鶯越も獺越と同じく鶯《うぐいす》や鷽《うそ》などの鳥に関係がなく、漢字はたんなる宛字と見られないだろうか。そしてウツポギをウソ・ウツとつなげて、ウツハケもしくはウソハケとすることはできないか。ハケはもとよりホキ、ホケに変化する語で、一般に崖地をさす。そうすればウツからウソまたはウグイスになったと見ることができなくはない。鶯越、鶯平（注・ビラは坂）、鶯谷などは平坦地と思われないが、熊本県秋津の鶯原は平坦地（畑地）だということである。その一方では菊水町瀬川の鶯原は周囲は断崖となった平たい台地という。

このほか牛越や牛峠、牛ヶ谷なども日本各地に見られるが、この牛もウトやウツと同じ意味をもっている例が少なくない。

鶯にちなむ地名としては『出雲国風土記』島根郡法吉《ほうき》郷（松江市法吉町）の条に、蛤が鶯になってとどまった所に法吉という地名ができた、と記されているが法吉は言うまでもなく鶯の鳴声を模したものである。したがってこれは民間語源説話のたぐいであり、信ずるに足りない。法吉はむしろホッケ（ホケ）を意味する地形地名ではなかったか。鶯を法華経鳥ということもある。しかし法華岳、法花田のホッケ（ホケ）など崖をあらわしている（鏡味完二、明克『地名の語源』）。ウツポギのポギも鶯の鳴声を思わせるが、実際は崖をあらわしていると考えられるのである。飛入り発言で恐縮であるが、討論参加者の方々のご意見を重ねて聞きたいものである。また全国各地の「うぐいす」地名について御報告をよせていただくことをお願いする次第である。

（「地名談話室」九号、一九九七年二月一日）

サクとサエ

柳田国男の『石神問答』は明治四十三年に刊行された。一風変わった本で、山中笑をはじめとして、白鳥庫吉、喜田貞吉など、当時の学者と取り交わした手紙をそのまま本にしたものである。その往復書簡は本邦小祠に関わる論議であるが、主としてシャグジと呼ばれる神をめぐっての意見をたたかわしている。

このシャグジは石神《いしがみ》の音読であるとする山中笑の説に反対して、柳田は次のように述べている。一、大多数のシャグジは石神とは書かない、二、石神は後世からの宛字らしいこと、三、シャグジ神は石を祀らないものが多いこと、四、石を祀っているが、シャグジと言わないものがまた多いこと。柳田は延喜式内社には、諸国に十数社の石神があるが、シャグジが石神に由来するものではないと言っている。

それではシャグジ神の正体は何かということになるが、それには実に多くの漢字が宛てられているので、実体を把握することが困難である。その上、この往復書簡では話が多岐多端にわたっており、ますます読者を困惑させる。しかしシャグジについては次の文章が柳田の真意を吐露したものであろう。

「サクも亦日本語にて辺境のことなりしを想像すべく、現に信州の佐久郡の如き、上毛《じょうもう》の渓谷と高からぬ山脈を隔て、もと湖水ありて土着の早かりし地方と見受け候へば、蝦夷に対立して守りたる境線の義なるべく候。従つてサグジ又はシャグジも塞神の義にして、之を古代に求むとせば、『式』の石神とは直接の聯絡なく、却つて甲斐などの佐久神と同じ神なるべきか。」(『石神問答』三二、柳田より山中氏へ)

つまり柳田はシャグジは佐久神であり、サクは塞の意であると考えていることが判明する。しかもそれは蝦夷に対する防衛線(隘勇線《あいゆうせん》)であったことを匂わせている。このサクはセキ、サキ、ソキ、ソク、ソコなどと変化する。古代の柵戸もあるいはサクノへであるかも知れないと柳田は言う。サクは隔絶するという意味で、「遠ざくる」のサクである。その一方でサイノカミがある。これもサエギルと関連する語で、塞神と同じである。

こうして見ると防人《さきもり》もふつう崎守の義と解せられているが、あるいは関守と同じく、柵守《さくもり》の意かも知れない。またサカ(坂)もサカイ(堺)と同様に、セキやサクと関係のある語かも知れない。

サイノカミについては鳥取の森納氏の大著『塞神考《サエノカミ》』がある。これは第十一回の「風土研究賞」を受賞した。

また、滝澤主税氏は去る八月二十九日の川崎市でおこなわれた研究発表会で、「信濃のシャグジ神」について発表し、その分布を詳細に図示した。この分布図の解読は今後の研究にゆずらなければならないが、今回の「地名談話室」にその梗要を転載することにし、多くの方々にも考えて貰うことにした。

(「地名談話室」一〇号、一九九七年一一月一日)

植物地名散策

今回は低湿地帯の植物地名のいくつかを追って見よう。

「ガッキ・ガッポ」

マコモ（真菰）を指す方言は、青森、山形、秋田などでガッキ、新潟や群馬ではガッポである。所によって濁点をつけたりつけなかったりする。試みに秋田県を見てみると、仙北郡仙南村にガッキ沢がある。雄勝郡稲川村に菻田（ガッキダ）また平鹿郡平鹿町には蒋沼（ガズキヌマ）がある。菻も蒋もマコモのことである。

ガッポについては、新潟県長岡市に加津保（カツボ）町がある。そこはもとの加津保沢村で、蒋沢（ガッポサワ）村、菰沢（マコモサワ）、葛保沢（カッポサワ）、加坪沢（カツボサワ）などとも表記されている。また群馬県勢多郡赤城村に勝保（カッポ）沢があり、山形県の酒田市に勝保（カツホ）関がある。福島県河沼郡会津坂下町に勝木沢（カツキサワ）村があった。この場合の勝木もマコモのことと思われるが、注意を要するのはヌルデをカツノキ、カツキなどと呼ぶことである。それに勝木という字を宛てることから、これが東北の地名ではややこしくならざるを得ない。

同様なことは次のケースについても言える。本間雅彦氏は、『牛のきた道』の中で、苽は菰と同じで、マコモを指す（諸橋轍次『大漢和辞典』）という説をふまえ、苽生という地名はマコモの群生した土地であり、瓜生は苽生の変化したものと言っている。新潟県三島郡三島町の瓜生は古文書には、苽生と記されているからこれはマコモを意味する瓜であろう。

一方、都丸十九一氏は、『地名のはなし』の中で、氏の故郷の群馬県勢多郡北橘村下箱田にある瓜山（ウリヤマ）はウルイに由来する地名であろうとする。ウルイはギボシの異名で、山菜として食用にする。群馬県吾妻郡嬬恋村大笹には、ウルイノという地名がある。これもきっとウルイの沢山生えていた野であったのだろうと言っている。これを漢字に宛てると瓜野となるだろうから、そこがマコモの生えた野か、ギボシの群生地か判別がむずかしくなる。

「カド」

カドは所によって河骨《こうほね》または沢瀉《おもだか》のことである。両者は品種も形状もちがうが、沼沢に自生することは共通している。秋田県北秋田郡鷹巣町に門ケ浜、同県仙北郡南外村にカトノ沢がある。また青森市西田沢は旧賀渡沼（カドヌマ）村で、潟沼とも記されている。これはコウホネかオモダカの生えた沼ではあるまいか。

「ブス」

アイヌはトリカブトの毒をブシと呼び狩猟の際の矢毒に使う。長野県東筑摩郡明科町の武士平（ブスダイラ）、北海道のオホーツク海沿岸の佐呂間町の武士もトリカブトの生えた所であろう。群馬県佐波郡赤堀町には毒島と書いて、ブスシマという所がある。これはまぎれもなく、トリカブトに縁のある地名である。

（「地名談話室」一二号、一九九八年一二月一日）

「ドウ」について

長谷川勲氏（越後・佐渡地名を語る会会長）の『越後・磐舟　ことばの風土記』が出版された。氏の長年の方言研究を集成したもので、興味の尽きることのない本である。方言は民俗語彙が大部分である。地名もまた民俗語彙の一部をなしている。たとえば、第三章「方言とところどころ」を見ると、「朱鷺考」がある。その中に、新潟県北魚沼郡広神村田尻の鳥追い歌が紹介してあり、その一節に「おらがえつち　にくいとりわどうとさんぎと　こすずめ」という条がある。新潟県の魚沼地方では、サギやトキが群棲していて、苗代や植えた稲を踏み荒らして、農家から最も憎まれていた。このトキがドウという方言で呼ばれていた。ドウは岩船地方ではダオと言われていた。秋田県でもダオと呼ぶ。

では、トキをどうしてドウとかダオと呼ぶようになったか。秋田大学名誉教授の北条忠雄氏の『秋田のことわざ』には、ダオは鼻声でダオンダオンと鳴くと伝えられている、とある。つまりダオンはトキの鳴き声の模写であり、ドウについてもそう考える方がよさそうだと長谷川氏は述べている。更に長谷川氏は佐渡のトキ保護センターに電話でたずねたところ、ターターとかカッカッと鳴くという答えだった。また野生のトキの声の録音を送ってくれた人がいて、それを聞くとまさに、ターオターオと聞こえたという。

余談であるが、秋田の北条忠雄氏はどういう風の吹きまわしか、私の母校である旧制熊本中学で教鞭をとったことがあり、私は昭和九年に熊本中学に入学したが、一年生のとき北条氏に国文法を習った。北条氏が方言研究に志すようになったのは、熊本中学の生徒に「溺死」とは何かと聞いたところ「ンブクレテ（溺れて）ウッチン（死ぬ）ということです」と答えたのを聞いて、方言研究の面白さにめざめた、という話である。これはまた聞きなので、真偽のほどは判らない。それから七十年近くなって、長谷川氏の本の中で再び北条先生に出会うことになったのである。

本欄でドウをとりあげたのはほかでもない。小林存の『県内地名新考』によると、春先にドウ（厳密に言えば黒朱鷺《くろとき》）が渡ってくると、降雪の時期はもう終わりだと言い伝えたといい、ドウにちなんだ地名として、新潟県白根市にある道潟《どうがた》を挙げているからである。これからして、トキの方言であるドウがそのまま地名に残されて保存されていることを知る。

福島県石川郡平田村に鴇子《とうのこ》がある。また同県南会津郡南郷村に鴇巣《とうのす》がある。千葉県には長生郡長柄町に鴇谷《とうや》がある。千葉県の東金市にも鴇ケ根《ときね》城があった。鴇は前にはトウと訓ませたにちがいない。これらの例は拙著『続日本の地名』（岩波新書）で述べたところであるが、トウ・ドウ・ダオがすべてトキの鳴き声に由来するものであることを、今度、長谷川氏の著書ではじめて知った次第である。この本にはほかにも私の関心と興味を刺戟する話が随所にちりばめられている。

たとえば第三章のなかの「蛇の方言」で青大将を「あおのじ」と言うとある。沖縄の宮古島では「おーなず」である。なずは蛇であり、また虹を意味する。「のじ」と「なず」は同系の語である。遠隔地の両者の一致を面白く思った。

（「地名談話室」一六号、二〇〇二年二月一日）

出雲の伝承と地名――簸川郡斐川町のばあい

「播磨国風土記」揖保郡の上岡の里の条に、出雲の国の阿菩《あぼ》の大神が、大倭《やまと》の国の畝火《うねび》・香山《かぐやま》・耳梨《みみなし》の三山が相闘うと聞いて、それを諫めようと思い、上《のぼ》ってきたとき、そこにきて闘いがやむと聞いて、その乗っていた船を覆《ふ》せて、坐った。そこを神阜《かみおか》と号《なづ》けた、とある。おなじような伝承が「万葉集」巻一にうたわれている。「香具山と耳成山と逢ひし時立ちて見に来し印南《いなみ》国原」という歌である。ここには主語は省かれているが、阿菩大神であることが前述の「播磨国風土記」の文章から推察されるのである。

これらの記事は出雲と播磨の交通が密接であることを物語るものであるが、池田敏雄の「斐川の地名散歩」（昭和六十二年）を見ると、出雲方言では不満に思い立腹して立ち去ることを、「いぼをふる」と言うとある。日本歴史地名大系33「島根県の地名」にも「いぼをふる」は不服をいう方言であると記されている。大和の三山の醜い争いをやめさせようと出雲を出立したが、播磨国揖保郡まできたとき、大和三山の争いが収まったことを聞き、せっかくここまでやってきたのに、と憤懣やるかたなく、乗ってきた船をそこにふせて坐ってしまった。そして他の神々のなぐさめをも聞かず、それを振り切って出雲への帰りの旅にたった、ということから生まれた方言、あるいは古代の言葉ではなかったかと池田は解説している。

「出雲国風土記」の出雲郡の条に見られる加佐加の社は式内社の伊佐賀神社で、今日は伊保神社として、島根県簸川郡斐川町出西《しゆつさい》に祀られている。池田によれば阿菩が伊菩、さらに伊保に変ったというのである。しかし、イボがアボに変ったと考えられなくもない。

「いぼをふる」という方言が古代伝承から生まれたのか、それとも伝承がその方言をもとにして作られたものか判然としない。私が決めかねているのは次の例があるからだ。

石見大田市の祖式《そしき》では今日でも、子どもがはじめて物を言うようになったのを、「クグイが鳴いた」と言う。この言葉から思い起されるのは、「古事記」に記された垂仁帝の皇子ホムツワケの伝承である。ホムツワケは長じても物を言わなかったが、白鳥の声を聞いて初めて口を動かした。そこで天皇は白鳥の捕獲を命じ、越の国の和那美《わなみ》の水門《みなと》でやっと捕えることができたという。この話は「日本書紀」では少し違っていて、出雲国で白鳥を捕えたことになっている。ただ、出雲国というだけで、場所は明示していない。「新撰姓氏録」では出雲の宇夜江《うやえ》で鵠《くぐい》を捕えたとある。宇夜江は斐川町にあり、銅剣三五八本、銅鐸六個、銅矛一六本を出した荒神谷のとなりの谷である。おなじ斐川町には求院《ぐい》という地名がある。求院のあたりに大きな池があり、そのほとりでクグイ（白鳥）を捕えたという古くからの伝承が地元に伝わっている。そこでこの池はクグイの池と呼ばれるようになり、それがいつか変じてグイとなり、求院という字を宛てたという。求院の八幡宮の境内には、鵠神社があり、今でも、口のよくきけない人が参詣にくるそうである。求院地区の中ほどにある鳥越川は、クグイが捕えられる前に必死になって飛び越えた川だという伝承もある。鳥越川の川下にある岸の大岩に鵠が群れ、そこに鳥舎を作ったというので鳥屋という地名も起ったという。鳥屋は今の斐川町鳥井に含まれている。こうして見ると、さきに挙げた石見大田の例も、「記紀」の説話にあやかったと思われるが、そう断定してしまう訳にもゆかないことを感じる。『出雲国造神賀詞』を見ると出雲の新国造の朝廷への献上品の中に二つがいの生きた白鵠もまじっていたことが分かる。「白鵠《しらみどり》の生御調《いきみつき》の玩物《もてあそび》」となっている。鵠を身近に置いて愛玩することで、鎮魂の効験があるとする古代出雲の呪術がここにうかがえる。白鳥のもたらす魂が人間の中に移り住む、と折口信夫は述べているが、出雲は白鳥の飛来する土地柄でもある。赤ん坊がはじめて物を言うのを、「クグイが鳴く」と表現するのがかならずしも「記紀」の伝承によるものではなく、むしろ「記紀」の伝承のほうが、そうした出雲の呪術や諺を土台として作られたと見ても別に差支えないわけである。

もう一つの例をあげてみよう。

「古事記」によると、因幡の八《や》上比売《かみひめ》は大国主命と結婚してその子を生んだが、出雲国には正妻の須世理《すせり》毘売《ひめ》がいるので、おそれをなして、生んだ子を木の俣に刺しはさんで因幡に帰った。それでその子を名づけて木俣神といい、またの名を御井《みい》神というとある。木俣神の名前は他の箇所には出てこない。ただ大国主命が八十神に追われたとき、木の俣をくぐって逃げた、とある。

ところで「出雲国風土記」を見ると、秋鹿《あいか》郡に御井神社がある。御井社は延喜式の御井神社であり、今は秋鹿神社に合祀されていて、水の神である罔象女神を祀る。この社はもと秋鹿神社から九十メートルばかり上の泉の神であったと伝え、またもと井神谷に在ったともいわれる（加藤義成『出雲国風土記参究』）。

御井社はもう一箇所、出雲郡にある。延喜式の御井神社であり、斐川町の直江に鎮座し、木俣神を祀る。「雲陽誌」によると、「旧紀に大穴持命稲葉八上比売を娶て、結《むすび》之里にて此神を誕生したまふ。産湯の井あり。故に御井と書たり」とある。

御井神社の鎮坐地は結という地名である。結びというのはとうぜん誕生を意味するのであろう。神社の近くに、この神が産湯をつかったと称する生井《いくい》・福井《さくい》・綱長井《つなかい》の三つの井戸がある。

こうして見ると、御井神社はあきらかに生命誕生をつかさどる水神を祀る神社である。それが木俣神を祀るというからには、木俣神も誕生の神と考えるほかない。それはもとより八上比売の伝承にあやかったものであるが、人間が木の股から生まれるという古い民間の言い伝えがあったのではないか。

「全国方言辞典」（東條操編）に「きのまた」は宮城県で六十二歳を指す、とあることから岡義重は「郷土斐川物語」でその年の女が産屋を世話したと言っている。また、昔は六十二歳の厄年の人を子どもなどが運んでいって、山の木の股に挟んできたものだという棄老伝説にむすびつけた宮城県の昔話（「日本民俗学会報」五十二号）に言及している。しかしこれは後世に生まれたものでもともとは干支がひとめぐりして、人間から木の股に還ったということで、新しい誕生を意味することから、「きのまた」と呼んだのであろう。

　こうした言い方がいつから生まれたか知る由もないが、人間の出生の場所を木の股と想定する考えが新しいとは思われない。

「古事記」によると、大国主命の国作りのとき、海の彼方から、それを手助けするために小さな神がやってきた。その神の名は誰も知らなかった。久延毘古《くえびこ》だけが「この神は神産巣日御祖神の御子の小名毘古那神である」と答えた。そのことを神産巣日御祖命に伝えると、御祖命は「これはほんとうに自分の子だ。その子の中でも、自分の手の股から漏れた子だ」と言った、とある。

「古事記」ではこの箇所を「わが手俣《たまた》より漏《く》きし子ぞ」と記している。「漏《く》きし」の「漏き」は洩れるという意である。琉球方言ではこれをフキユンという。奥里将建の「琉球人の見た古事記と万葉」には、沖縄では大正頃まで非常に腕白ですばしこく持てあましものの子どもを「手の俣からふきゆるわらび」と言った、と述べている。「日本書紀」によると、海の彼方からやってきた小さな男がいたので、大己貴神がそれを掌にのせて遊んでいると、いきなり跳びあがって大己貴神の頰を嚙んだ。高皇産霊尊がその話を聞いて、自分の産んだ子は千五百もあるが、その中の一人が腕白で言うことをきかない。「指間《たま》より漏《く》き墜《お》ちにしは、必ず彼ならむ」と言ったとある。このことからして、記紀の「手俣より漏きる」ということは、沖縄で大正頃まで使用されていたのとおなじく手に負えない腕白児の形容であったことが分かる。この一致を偶然とする訳にはいかない。古代日本の表現法に現代の沖縄と共通するものがあるということは、「記紀」以前にそうした成句がすでに民間に使われていて、一方は「記紀」の説話に取り入れられ、他方は南島の地にながく残ったことを示すものと私は考える。

そうすれば「イボをふる」「クグイが鳴いた」「木俣年」などの古くからある方言が「記紀」や「風土記」の伝承の中に取り入れられたと見られなくもないのである。

さきに白鳥（鵠）に縁のある地名として、求院や鳥屋を挙げたが、おなじ斐川町の阿宮《あぐ》に鎮座する阿吾《あぐ》神社もそれに縁があると私は考えている。阿吾神社は「出雲国風土記」の出雲郡に記載された阿具社で、延喜式の「阿吾神社」である。「雲陽誌」には子守明神と記されており、今でも「お子守さん」といって親しまれ、安産・育児の神として信仰をあつめている。祭神は彦火火出見命、豊玉姫命、伊邪那岐神であるが、それらは後で作られたものであろう。アグ（阿宮）という地名は阿具社に由来すると思われるが、しかしその逆も成り立たないわけではない。

「古事記」によると、ホムツワケは鵠の鳴く声を聞いて、「はじめて阿芸登比《あぎとひ》したまひき」とある。アゴを動かすことで、後世はアゴをアグトと言ったが、アゴ、アグ、アギは通音である。このアゴ神社のアゴもおそらく幼児が片言を言うことに由来するもので、その伝承がながく残り、子どもの守護神としての役割を果す神社になったと思われる。この神社の背景にホムツワケの伝承がある、と私は見るのである。ちなみに朝鮮語では幼児をアキと言う。

ホムツワケは白鳥を見て、パクパクと口を動かしたが、充分に物を言うことができなかった。それで出雲の大神を拝んだら、充分にしゃべれるようになるだろう、ということで、大和から出雲に出かけていった。そのくだりを「古事記」は次のように伝える。

「故、出雲に到りて、大神を拝《をろか》み訖《を》へて還り上ります時に、肥河の中に黒き巣橋を作り、仮宮を仕へ奉りて坐さしめき。」

ホムツワケは肥川に黒い丸太を並べて橋を作り、その仮宮に居たというのであるが、そのあと、ホムツワケを「アジマサの長穂宮に迎え入れて住まわせた」とある。

吉田東伍の「大日本地名辞書」は長穂宮のナガホがナホになったと考え、長穂宮の所在地を斐川町の直江に比定している。「風土記」の時代には直江と平田をむすぶ県道あたりが宍道湖の湖岸線であったと推定されている。とうぜん直江は入江であったはずである。そう考えるとホムツワケの伝承が斐川町に残り、それが直江や求院や鳥屋や阿宮などの地名にもなったとするのは不自然ではない。しかしそれも白鳥に対する信仰や白鳥にまつわる伝承が古代出雲にあったことにもとづくものであろう。

斐川町の中野直江町結《むすび》に生命誕生をつかさどる御井神社があることは前に述べたが、おなじ結の地に土師《はじ》原《はら》という地名もある。この土師原は平安期以降は天神原と名前を変えた。そこに土師氏の先祖の野見宿禰を祀ったと伝えられているが、いまは天満宮が置かれている。

「日本書紀」垂仁天皇七年の条には、天皇が野見宿禰を出雲国から召し出して、当麻蹶速と相撲をとらせたとある。また同天皇三十二年の条には、皇后日葉酢《ひばす》媛の埋葬に際して、野見宿禰が出雲国から百人の製作者を呼び、土偶や馬などの形を作らせた。天皇はその功を賞して、野見宿禰を土部《はじ》の職につけた。彼は天皇の喪葬をつかさどる土師連の祖である、と記されている。大和で野見宿禰の由縁の地と目されるのは、桜井市大字出雲である。出雲は初瀬街道に面しており、長谷寺より一キロばかり西に位置している。野見宿禰の墓と称する古墳もある。ただしそれは後世の人間の付会であることは言うまでもない。

「播磨国風土記」の揖保郡立野の条には、

「昔の土師弩美宿禰、出雲の国に往来《かよ》ひて、日下部野《くさかべ》に宿り、乃ち病を得て死《みう》せき。その時、出雲の国の人、来到《き》たりて、人衆《もろひと》を連《つら》ね立てて、運び伝へ、川の礫《こいし》を上げて、墓の山を作りき。故《かれ》、立野と号《なづ》く。即ち、其の墓屋《はかや》を号けて、出雲の墓屋と為《な》す」

とある。立野は現在の竜野町大字竜野である。墓原《はかはら》というところがあり、そこに宿毛《すくも》塚があるが、それは出雲の墓屋のことだろう、と「大日本地名辞書」は伝える。そこには土師《はせ》の地名が残り、また鶏塚と呼ばれる古墳がある、とも記している。鶏は土師氏と関係の深い鳥である。古墳から出土する埴輪の動物には、鶏がもっとも多い。鶏は「常世の長鳴鳥」と言われて、死者の魂を守る霊鳥であった。昔、墳墓を定めるとき、黄色い雄鶏をつれていって、その鳴いたところに死骸を埋めたと言われている。今でも溺死者を探すのに、雄鶏を舟に乗せ、鶏が鳴いた場所に死骸が横わっているという俗信があり、まともに信じている人びともある。出雲から大和へ通う道筋に竜野があったので、そこで野見宿禰が亡くなったという伝承が生まれたのであろう。さきに述べた出雲国の阿菩大神がやってきた上岡の里も竜野市神岡町である。

それでは野見宿禰の本貫はどこかということになるが、それは不明とされている。「出雲国風土記」には飯石郡の条に「野見《ぬみ》」の地名が見える。飯石郡赤来町の呑谷《のみたに》であろうと加藤義成は言っている。松岡静雄は「記紀論究」の中で、野見宿禰はこの地を郷貫とするものであろう、としているが、ただ野見という地名だけでそう断定することはできない。

「続日本紀」天応元年六月の条に「出雲国土師部三百余人」とある。また天平十一年の「出雲国大税賑給《しんごう》歴名帳」には、出雲国出雲郷伊知里の戸主日置部臣常の戸口に土師部小竜という者の名が見える。賑給は生活に困っている者に米塩を給する政策である。出雲国出雲郷伊知里は斐川町に存在する。そこに土師原という地名もあったことと考えあわせて、野見宿禰の本貫地は斐川町であったと見て差支えない。

ところで、「播磨国風土記」揖保郡の条には、出雲の御蔭《みかげ》の大神が枚方《ひらかた》の里の神尾山に坐って、道ゆく人を遮った。そこで朝廷は額田部《ぬかたべ》連《むらじ》久等々《くとと》をつかわして祈りをさせたとある。枚方の里は太子町佐田岡にあたるとされている。出雲の御蔭の大神の御蔭は額田部連の祖である天御影命の名を移したものと考えられている。出雲の額田部としては「賑給歴名帳」に「漆沼郷深江里額田部伊毛女」がある。漆沼《しとぬま》は漆治《じつじ》とも書く。斐川町の直江のあたりは以前漆治郷と呼ばれていたのである。額田部が金属精錬に関わりをもつ部民であることは拙著「青銅の神の足跡」で述べているので、ここには省略する。久等々は久斗とおなじである。西国では今でもカマドをクドという。額田部伊毛の伊毛も鋳物師《いもじ》と思われる。その額田部が漆沼郷にいたというのである。

額田部とおなじく鍛冶氏族に伊福部がいる。出雲の伊福部を見ると、天平十一年の「賑給歴名帳」に「漆沼郷工田里伊福部馬女、犬上里伊福部稲依、阿内郷大麻里伊福部手持女、出雲郷朝妻里伊福部佐都由美外一、伊知里伊福部小伝……」などの名前が見える。

漆沼郷は前にも述べたように斐川町の直江地区で、その郷内に深江里、工川里、犬上里がある。また河内郷は斐川町阿宮地区で、そこに伊美里、大麻里があった。出雲郷は斐川町の富《とび》、求院《ぐい》、出西《しゅつさい》と見られており、そこに朝妻里、伊知里があった。これを見ると、漆沼郷、のちの直江地区は、伊福部のほか、額田部も土師部も居住していたことが分かる。これらの人びとは鉄器の生産や土器作りの仕事に協力し合っていたにちがいない。

さきに述べたように、直江地区にはホムツワケの住んだという伝承をもつ長穂宮がある。ホムツワケが物を言うようになったので、垂仁帝はそれにちなんで鳥取部《ととりべ》、鳥甘部《とりかいべ》、品遅部《ほむじべ》などを定めたというが、これら鳥取、鳥甘（鳥養）、品遅（品治）などの地名はいずれも鉄生産に由縁の地名であることを私はすでに明らかにしている。そうした事実をふまえれば、斐川町の直江を中心にした工人たちの姿もさらに明瞭さを増す。

「出雲国風土記」出雲郡の条に都牟自《つむじ》の社が二社ある。そのうちの一社は斐川町直江の都牟自社である。祭神は速飄別命とされている。つむじ風を神格化したようにも見えるが、ここに思い起されるのは、因幡の伊福部臣の古系図である。その系図は大己貴命を始祖としているが、第二十代若子《わくご》臣の条に「禱祈《とうき》を以って息《いき》を飄風《つむじかぜ》に変化す。これを書《しる》して姓《かばね》を気吹《いふく》部臣と賜ふ。これ若子宿禰《わくごのすくね》にはじまるなり」と説明している。これは言うまでもなく、ふいごをもって強い風を炉におくるありさまを示したものである。伊福部氏が産銅もしくは産鉄に関係をもつ氏族であったことは、これによって推測される。直江の都牟自社も、そこに住んでいた伊福部氏の信奉する神社ではなかったか、と推定される。

「出雲国風土記」出雲郡漆沼郷の条に、神魂命の御子の天津枳比佐可美高日子《あまつきひさかみたかひこ》が鎮座していることを記し、その御名を薦枕志都沼値《こもまくらしつぬち》と呼んだとある。その神を祀る曽支能夜《そきのや》の神社は神名火山の頂上にあると、述べている。神名火山は斐川町の仏経山である。これらからして、阿宮《あぐ》、出西《しゅつさい》、神氷《かんぴ》、結《むすび》などは古くは枳比佐《きひさ》と呼ばれたと推定される。「古事記」にはホムツワケが長穂宮にいたとき、出雲国造の祖、岐比佐都美《きひさつみ》が青葉の山をかざり、肥の川下に立てて、食事を献上したとある。岐比佐都美の都美はトメなどとおなじく戸女《とめ》の意であるから、岐比佐という女性ということになる。「出雲国風土記」飯石郡の来嶋の郷の条に伎自麻都美《きじまつみ》命が鎮座するから、支自真《きじま》という、とある。この都美も同様である。したがって、「出雲国風土記」の枳比佐可美の可美も都美の誤りと考えられる。高日子は後で付加したものであろう。ホムツワケ伝承は出雲国造の祖のキヒサツミによって補強されているのである。

「出雲国風土記」にはおなじく斐川町に属する宇夜《うや》里（宇屋谷）の山に、宇夜都弁《うやつべ》命が天から降りてきたことを伝える。宇夜都弁の都弁は岐比佐都美の都美とおなじく戸女が訛ったものである。宇夜はウヤで祖《おや》をあらわすと思われる。宇夜都弁はおばあさんの神、つまり御祖《みおや》の神である。「新撰姓氏録」に、この宇夜江で鵠《くぐい》を捕えたとあることはすでに述べたが、ここもホムツワケの伝承地である。さらにつけ加えて置けば、仁多郡の郡司は品治部を名乗ることが「出雲国風土記」に記されている。品治（遅）部がホムツワケにあやかったものであることは前に触れた。その本貫は伊勢の佐那にあったと思われる。「記紀」が伝えるホムツワケの話は伊勢の佐那の品遅部の伝承と出雲の白鳥伝承がむすびあわさったものと私は考える。斐川町に残る地名の伝承にその証跡を見ることができる。

（「民俗文化」第八号　近畿大学民俗学研究所、一九九六年三月）

生月の地名

生月島は延喜式に肥前国生属馬牧と載せてある。こうしたことから生月の名は馬に関連するものではないかと考えられる。中山太郎の『信仰と民俗』（昭和十八年刊）によると、源平合戦の折に佐々木・梶原の両勇士が乗ったという生唼、摺墨の名馬が池から生まれたという伝説が、各地にかぞえ切れないほど残っている、といっていくつかの例をあげている。

山形県東田川郡黒川村の百姓與平の先祖が村内の古池から出た龍馬を飼っていると、そのいななく声に牝馬が感じて生唼を生んだ（出羽国風土略記）。宮城県玉造郡上宮村（今の池月村か）に池月沼というのがある。佐々木高綱が乗った駿馬は、此の池から産れたものである（封内風土記）。福島県河沼郡広瀬村大字御池田の産土神、羽黒神社の境内に数ヶ所の池がある。最大なるを親沼という。土地の人はこの池の主は月毛ノ駒であって、生唼もこの沼から生れたものだと伝えている（新編会津風土記）。

中山は更に言う。こうなると生唼と池月との音が相通じているところから、こじつけた名馬伝説と軽視する向きもあるかも知れないが、摺墨の方も池に由縁の伝説をもっているところから、そうした語呂合わせによるものでないことが知られる。生唼や摺墨などが池にまつわる伝説をもっていたのはなぜか。雨乞いなどの祭儀の折に、犠牲の馬を切って池中に投じ、神に祈請する呪術的な神事をおこなったということに起因する、と中山太郎は言う。おそらく生月島の名の起りもそうした背景をもつにちがいない。

（「自然と文化」五四号　日本ナショナルトラスト、一九九七年三月）

『古代播磨の地名は語る』序

和銅六年（七一三）の中央官命にもとづいて編述された風土記は土地の名のほかに古い伝承や物産などにも言及されており、当時の地方の生活を知る最上の手がかりであり、汲めども尽きない興趣をおぼえる。風土記は日本の地誌の先駆で、地名研究にたずさわる者の不可欠の書物である。この風土記が今日まで残っている出雲、常陸、播磨、豊後、肥前などの諸国は、その風土記から出発して地名研究を進めるという無二の強みをもっている。今回「播磨地名研究会」が「播磨国風土記」を取りあげたのも、風土記の存在しない地方の者からすれば羨望に値することである。

ところで、諸国の風土記にはそれぞれの特徴が見られる。「出雲国風土記」を見ると、出雲国が一国で完結していた姿がよく分かる。出雲を支配する大穴持命は「天の下造らしし大神」である。すなわち天地創造神である。同風土記の冒頭に叙せられた「国引き」の神話は記紀には見当たらない。ここには出雲一国が神権国家であった時代の雰囲気が揺曳している。

「常陸国風土記」には頑強に抵抗する異族を排除しながら、東国経営をすすめていったヤマト政権のフロンティアとしての色彩が濃く見られる。

これに反して「播磨国風土記」は異なる特色をもつ。そこは国の中央である大和や河内と、かつては独立を誇った出雲、吉備、北九州とを結ぶ交通の要衝であり、瀬戸内の海をへだてた淡路、阿波、讃岐などの国々との交流もさかんであった。そこで「播磨国風土記」を開くと、伊予、讃岐、紀伊、和泉、但馬、出雲、石見などからやってきた人々が思い思いにお国なまりの言葉を話す姿が想像されるばかりでなく、つい、それらの人々の汗の匂いまで嗅いでしまいそうになる。韓国からの渡来人も多い。

このように東西南北から人々が集まる交通の十字路としての役割を播磨は担っていた。播磨国の東端は摂津に隣接しているから畿外、つまり王域の地の外に位置している。したがって機を織るようににぎやかに往来する風景はあるが、地方からやってきた人々が都会の周辺に雑然と屯《たむろ》する土地のおもむきが見られる。

播磨国の名の由来としては、海ぞいから開けた開墾地名というのが適切であろうと本書に述べられている。古代の諸豪族が割拠していた大和平野とはちがっている。土地の所有が確定されていないために、土地をめぐる争いが頻繁に起ったことが、「播磨国風土記」からうかがわれる。

「国占め」すなわち土地の占有権を力づくで奪いあうような争いが、伊和大神、葦原志許乎《あしはらのしこお》、天日槍《あめのひぼこ》などの間で見られる。これは伊和大神に代表される土地の勢力、葦原志許乎に代表される出雲の移民、天日槍に代表される韓国からの渡来民との間の争闘に置きかえて見ることも可能である。

また「異俗人《あだしくにびと》」が三十人ばかり神前郡の大川内という村にいたことが、「播磨国風土記」には記されていることも注目される。蝦夷の俘囚を播磨国に配置させたものと思われる。

私が播磨の土地を初めて踏んだのは、一九七〇年代の初めであり、「播磨国風土記」美嚢《みなぎ》郡志深《しじみ》の里の条に記されている於奚《おけ》・袁奚《をけ》の二皇子のことを調べるためであった。志深は兵庫県三木市の志染《しじみ》町であるが、ちょうど田植の最中に、段丘状の水田の奥にある岩窟をたずねたことをおぼえている。

つづいて『青銅の神の足跡』を執筆したときは、金属にゆかりのある地名・神社・伝承を調べるため、播磨国をあちこち歩きまわった。日本地名研究所を設立してからは、姫路文学館に招かれて話をすることがあり、そこで橘川真一氏に「播磨国風土記」の遺産を受けつぐ地名研究会を作ってほしいと要望し、橘川氏を中心とした「播磨地名研究会」が誕生した。

本書はその最初の成果ともいえるものである（ほかに田中早春氏の『姫路市小字地名・小字図集』の労作があることも忘れてはならない）。

「播磨国風土記」の研究書としては、まず井上通泰の『播磨国風土記新考』が挙げられる。これは今では古典扱いにされており、本書にもしばしば引用されている。ただ柳田国男の言によれば、その兄の井上通泰は大の旅行嫌いだったという。そのために現地を踏んで耳で聞き、目で確かめることがあまりなかったと推定される。『播磨国風土記新考』にはそこから生じる誤りがあったとしても仕方がない。その点、本書の執筆者は現地に足をはこび、現地を把握することから出発しているので安心できる。

本書の出現によって「播磨国風土記」の研究は従来の域から大きく踏み出したことはまちがいなく、本書をめぐってさまざまな論議が起れば、それは更なる地名研究の道を開くことになる。「播磨国風土記」は私にとって、読むたびにどの箇所にも新しい発見があり、巻を措くことができない愛読書であるが、本書によって大いに啓発されたいと思う。「播磨国風土記」と真正面から取り組んだ「播磨地名研究会」の方々によるこのたびの刊行を心からよろこびたい。

一九九八年六月十九日

（『古代播磨の地名は語る――播磨国風土記めぐり』播磨地名研究会編　ひめしん文化会、一九九八年八月）

信濃の古代地名考

私の生国は熊本県で、食べ物にからし蓮根がある。馬刺しも食べさせる。馬刺しを食べるのは熊本県の外に長野県ぐらいしかないだろう。両県とも馬に関係のある県である。熊本県の阿蘇山の草千里では馬をたくさん放牧している。馬見原には馬市が立つ。長野県の上田市には、安曽という地名があり安曽神社がある。なぜ長野県に熊本県の阿蘇の地名があるのか。それは偶然の一致であろうか。

熊本は火の国という。肥の国となり、肥後と肥前の国に分かれている。火の国の首長の墓が今、不知火《しらぬい》海沿いにある。八代市の北の竜北村に蜜柑山があってそこに大きな前方後円墳が三基ある。姫の城《じょう》、中《なか》の城《じょう》の二つが有名である。そこに登ると有明海や天草灘が見える。首長が葬られたところとする壮大な前方後円墳である。今は大君は天皇のことであるが、君というのは昔は女性につけた。沖縄では高級の女神を君といった。沖縄で神に仕えるのは女で、男はいなかった。日本でも祭主である女性がその土地の主長である場合が多かった。

火の君の同族が十九氏ありその中に、阿蘇の君と科野の国造が、同じ火の君の同族として「古事記」に記されている。これは安曽の地名が信州にあるのも偶然でないことを示している。上田市の塩田平に安曽があり生島足島《いくしまたるしま》神社がある。これもまた関係があると考える。火の君の同族の中に多氏（意富《おほ》の臣）がでている。多氏は火の国から東へといく。大和の三輪山の真西に多神社があり多氏が祀っている。多氏の子孫が「古事記」の撰録者太安万侶である。多品治《おおのほむじ》も多氏である。美濃にいた。多品治は東国の軍隊を集める。駿河と信濃の馬を集め、馬と兵三千位を不破の関へもっていく。近江朝がぐずぐずしていたので、これを破って近江の方へ進出していく。壬申の乱の決定的な戦力は、信濃の馬であった。

阿蘇氏は多氏の一族であるので、多氏と考えてもよい。それが伊那谷の座光寺に根拠地を構え、そこから上田へ進出していく。小県《ちいさがた》は信濃国の最初の中心地であった。その時に神様をつれていく。それが生島足島神社である。難波津の生国魂《いくくにたま》神社と同じである。生島足島神社のご神体は土である。土を神と考えた。国生みの神話で伊予の国を愛比売《えひめ》といった（姉を兄比売《えひめ》、妹を弟比売《おとひめ》）。愛比売は人間である。生国魂神社というのは、難波の海岸で国魂をつける。これは朝廷の人が箱の中に天皇の衣を入れてふると、淡路島などいろいろの島の魂がつく。国の魂がないとその国が治まらない。宗教的力を借りないと国は治まらないのである。

伊那谷を北進してきた多氏は国府の近くに神を鎮座させる。それが生島足島神社である。神社は信濃国を治める重要な神社である。生島は島が生きている、足島は島が充足していることで、ご神体は土間（土）であった。一番古いお諏訪様（諏訪社）が、それに対しお祭りをし、いろいろなお供えものをさし上げることがあった。

塩田平に泉小太郎の伝説がある。塩田平の独鈷山の中腹にお寺があって、そこに夜な夜な通う娘がいた。その娘の正体がわからないので、ある晩そっと着物のすそに針を通して糸をつけ、糸を繰《く》り出せるようにしておいた。そして糸をたどっていくと産川《さんかわ》で苦しんでいた。苦しんでいる娘は大蛇であった。その大蛇が子どもを生む。生まれた子どもが泉小太郎である。

九州の日向（宮崎県）と豊後（大分県）の境に祖母山という高い山がある。そこに、祖母山の娘のはらむ子という、全く同じ大蛇の娘が男の子を生むという伝説がある。そこは九州の日向の塩田というところである。

上田市の塩田平と同じ地名である。

どうして九州と信州に同じような型の話があるのか、これは決して偶然の一致とは思われない。それは諏訪神社下社の金刺氏は、阿蘇氏の一族で、九州の阿蘇と長野県の上田周辺（塩田平）は近い関係にあったことを示している。

「延喜式」による勅旨牧は三十二あるが、その半数十六は信濃にあった。そのうち望月の牧は最大で知られていた。軍馬を養育したことは、古代の戦の決定的な勝因となった。等々の事から、熊本県の馬刺しと長野県の馬刺しとは無縁ではないのである。

（「高井」第一三四号　高井地方史研究会、二〇〇一年二月）

東北のアイヌ語地名

東北地方は『旧唐書』の中に「毛人の国」と書かれているように、大和朝廷の国家の外の「夷人」の地域だった。七世紀後半ごろまで、太平洋岸は阿武隈川河口の南までが大和朝廷の「国家」のおよぶところだったようだ。そして、日本海側は阿賀野川の南まで、つまり阿武隈川と阿賀野川を結ぶラインが当初の朝廷と「毛人の国」の境界だった。それが徐々に朝廷の北進によって「大和国家」は北へ版図を広げていくわけだけれど、大きな画期は養老四年（七二〇）事件です。エミシが反乱し、按察使《あぜち》を殺してしまう。このころ隼人も不穏な動きをしているんですね。陸奥ではこれがきっかけで多賀城が造られた。律令国家への組み入れが始まる。そしてその「第一次攻略」は今の宮城県の古川市あたり、大崎平野の南付近でいったんとどまってしまうんです。それで、アイヌ語地名もこのラインあたりから南北でその分布密度も違うといわれています。

エミシとその時代を考える場合、エミシだけを取り上げるのではなく、南の辺境の隼人のことも考える必要がある。エミシも隼人もあまり米を作りたがらなかった。狩猟・漁労が中心の生活だったと考えてよい。やはり、文化も言葉も西の地方とは違っていた。『続日本紀』などを読むと、エミシと交渉するときには「蝦夷語」を理解ししゃべれる通訳、つまり「長《おさ》」がいたということが書かれています。通訳は村の長でもあるんですね。これは薩摩の隼人も同じで、長とか国造とかいう位の高い豪族が通訳をしている。

つまり、通訳が長になっていく。それほどたがいに言葉が通ぜず、しかも言葉というのは大事だったということです。

これは「筑紫風土記」に書かれていることなんですが、大隅半島では夏から秋にかけてシラミがわく、すごい大群で人間を食い殺すほどだったという。このシラミのことを「耆小神《き》」「キサ」といっていた。アイヌ語でシラミなどの虫のことを「キ」という。八重山あたりでも似ているんです。この言葉の一致はいったい何を意味するのか。日本民族の大きな移動、交流があった証拠の一つではないだろうか。

縄文中期あたり以前の日本の古い時代には南と北の地方の民、海の民同士が交流しあっていたかも知れない。そういう言葉や民俗事例がいくつもあって、私にはそういう構想があるんです。

柳田国男の『遠野物語』にもある遠野市の土崎の近くに「恩澤金山」という金山があります。人類学者で民俗学者の伊能嘉矩が明治二十八年ごろ、アイヌ人二人を呼んでアイヌ語を勉強して、それから遠野地方の方言などの本を書いている。その中に「恩澤」という地名が出てくるんです。これは「小松長者」の伝説にからんだもので、芋と金の牛の話も出てくる。その中の正直な愚か者が「うそとき、うそとき」という呪文のような言葉を使い、これによって幸運を呼ぶ。これは「ウシ（ン）トク」からなまったものではないかと思うし「オンタク」という地名もこれに似ている。伊能先生はこれについてなんとも言っていないが、私はあるいはアイヌ語に関係があるのではないかとも思っているんです。

遠野地方だけでなく三陸海岸の全域に、これはアイヌ語から来ているのではないかと思われる地名が多数並んでいる。「釜石」という日本語的な地名も、どちらかというと「クマ・ウシ」というアイヌ語から変化したという説が有力なんですね。北海道にも同じ地名がある。三陸海岸の釜石の近くの大槌町に井上ひさしさんの小説で有名な「吉里吉里」という変わった地名がありますが、これもどうもアイヌ語かららしい。「綾里」という地名やシコツ、チコツなどもそうですね。大船渡のオダキという神社などもそうだと思います。陸前高田に延喜式内社の理訓許段神社というのがあるが、これは「リクン・コタン」というアイヌ語から来たのだろうと思います。

こんなふうに東北の三陸海岸と北海道にアイヌ語地名が共通しているのは、エミシとアイヌとが、いつの時代か、お互いに交流、あるいは混住しあっていたと考えられます。アイヌ語系の人たちは、狩猟や漁労をしていて東北でも生活の糧を得ていたか、あるいは行き来していたかのどちらかだと思います。この会ができて、東北のアイヌ語地名を研究することによって、こういうことが解明していけたらと思っています。

（「れら rera 東北」第一号　東北アイヌ語地名研究会、二〇〇二年八月二五日）

三陸地方のアイヌ語地名

一九九七年七月二十日に岩手県遠野市で地名研究集会があった。小高い丘に建った会場の手前に川が流れていた。そこに架かった橋の袂に来内川という川名が記されていた。「遠野物語」を見ると、来内《らいない》という村（当時、上郷村大字来内）の註に「ライナイもアイヌ語にて、ライは死のことナイは澤なり。水の静かなるよりの名か」とあるのを思い出したので、その意味は判った。もし、その注記をおぼえていなかったとしたら、私は何気なく通りすぎてしまっただろう。知里真志保《ちりましほ》の『地名アイヌ語小事典』を見ると「ray（ライ）死ぬ、死んでいる——川で云えば古川に水が流れず停滞しているような状態を云う」とある。ナイは川のことであるから、ライナイで死んだように静かな、淀んだ川を意味する。来内川の川は重語で、意味としては余計である。

集会の数日前、私は三陸海岸をまわった。それは遠野の学者伊能嘉矩《いのうかのり》の『閉伊地名考』の中に、三陸海岸のアイヌ語地名がかず多く触れられていることに刺激を受けたからであった。たとえば釜石《かまいし》は恐らくクマウシの転で、クマは魚を干す竿、ウシはその物の存在を示す語、つまり漁に伴っての命名ではないか、と伊能は述べている。

釜石がクマウシであるとすれば、熊石町（北海道桧山支庁）もそうであるにちがいない。小学館の『日本地名大百科』にも、熊石の町名はアイヌ語のクマウシ（魚干し竿のある所）による、とある。釜石市の北の大槌町には吉里吉里《きりきり》の地名がある。井上ひさし氏の小説で有名になった所であるが、伊能の『閉伊地名考』には、「吉里吉里」の項に「後志（しりべし）の太櫓（ふとろ）の本名はキリキリにて蝦夷語地名解に沙上を歩むときキリキリと音がするより来るといふ」と述べている。

北海道の太櫓は熊石町のすぐ北にある。つまり、岩手県の釜石と吉里吉里の地名は、北海道の桧山支庁にある熊石と太櫓（キリキリ）の地名と対比しているのである。

釜石には両石湾がある。伊能は「両石」は「riya（越年）ushi（物の存在を示す）で越年の場所を示す」としている。『アイヌ語辞典』（萱野茂）を引くと「リヤ」は年を越す、となっている。つまり冬を越すことである。これについて思い出されるのは「日本後紀」の次の記事である。

弘仁元年（八一〇）十月二十七日に渡嶋《わたりしま》の狄《えぞ》が二百余人、気仙郡にやってきたが、陸奥国の管轄外の連中であったので、渡嶋へ帰らせようとした（彼らは出羽国の管轄の下に置かれていたのである）。しかし、狄たちが、この寒い季節に海路をたどることは困難だから来春を待って帰りたいと申し出たので、許したから、彼らを留めている間、衣食を与えるようにという通達を出した、というものである。

渡嶋の狄というのは、北海道南部、今日の渡島《おしま》のアイヌを指している。そのアイヌが大挙して二百余人もやってきたというのは、漂着とは考えられない。おそらく北西の季節風を利用して海上から移住を図ったのであろう。アイヌが頼ってきた気仙地方に、それを受け入れる蝦夷たちがいたことを想定させる。クマウシやキリキリの地名が岩手県の海岸部にあるのも、北海道のアイヌと三陸海岸の蝦夷との交流を暗示するものではあるまいか。釜石市に両石湾があるのは、魚を干す場所があったことを意味する。渡嶋の狄たちも気仙の海岸で冬を越した。

「和名抄」の陸奥国気仙郡気前郷は、気仙郡の前という意味で、気仙郡は今の釜石、大槌のあたりかと

『大日本地名辞書』は述べている。そうすれば、渡嶋の狄たちは釜石や大槌あたりにやってきたことも考えられるのである。また釜石市の南の三陸町にもある綾里（りょうり）という地名のリョウは、アイヌ語の「リヤ」すなわち越年を意味すると考えられる。また「リル」はアイヌ語の波のことである。

釜石市の唐丹《とうに》湾につき出した死骨崎《しこつざき》なども北海道の支笏《しこつ》湖のシコツ（大きな地面）を思い起こさせる地名である。千歳空港のあたりは前にシコツといったが、シコツは死骨に通じるからといって、和人が千歳にあらためたという。ところで死骨崎の近くにも千歳という地名があるのは、偶然のたわむれか。

唐丹湾をへだてて死骨崎と向きあう尾崎半島の佐須はアイヌ語方言のsas（サス・サシ）かも知れない。『知里真志保著作集別巻1、分類アイヌ語辞典』によると、コンブのことをサスあるいはサシと呼んでいるのは、北海道の中北東部であるが、西南部の渡島地方でも使われたらしいという。『北海道蝦夷語地名解』（永田方正）を見ると、渡島国桧山郡の江差について次の解説が加えられている。「エサシと云ひサシと云ふ。ならびに昆布の義なり。然れども岬をエサシと云ふことあり。故に旧地名解に、エサシは山崎の義とあるは誤にあらず。二説ならびに行はる」。これはエサシ（江差、枝幸などの地名）の場合についての説明であるが、釜石市の佐須はコンブのことと考えてほぼまちがいないであろう。

「続日本紀」の霊亀元年（七一五）十月二十九日の条に「蝦夷須《す》賀君《がのきみ》古《こ》麻《ま》比《ひ》留《る》等言ふ。先祖以来昆布を貢献し、帝に此の地に採りて年は闕《か》かさず。今国府の郭下、相去ること道遠し、往還旬を累《かさ》ねて甚だ辛苦多し。謂ふ、閉《へい》（閉伊）村に便《よろし》く郡家を建て百姓に同じくし、共に親族を率いて貢を闕かさじと。並之《みなこれ》を許す」とある。

蝦夷の須賀君古麻比留たちは、毎年昆布を陸奥国府に貢上していたが、国府まで持ち運んでいくのに幾十日もかかって、道中が難渋するので、どうか閉伊村に郡家を建ててほしいと懇願したので、それを許可したという記録である。この須賀君の須賀は州（す）処（か）の意で、海浜を指す地名である。

吉田東伍の『大日本地名辞書』は三陸海岸の宮古市の小本《おもと》という旧村（現在、下閉伊郡の岩泉町）に須賀という地名があるので、そこを閉伊村とするが、『北上市史』は現在の宮古市の大須賀あたりで、津軽石川の河口にある地名ではなかったかとしている。いずれも昆布のとれる三陸海岸地帯のどこかであることはまちがいない。

最後に私の思い出を語ろう。今から二十年前の夏、岩手県下閉伊郡に属する山田町に泊まったことがあった。そこは宮古市と釜石市の中間にある海岸町である。そのとき民宿の亭主の話を聞いたが、昭和初年までは、三度の食事はみな昆布のカテ飯《めし》だったという。昆布を海中から採り、天日に乾かしたものを、粉末にして、野菜などと一緒に米の飯にまぜて食したという。昆布のために腹がふくれたという。これを聞いて三陸海岸の昆布にはながい歴史があることを痛感したのであった。


（『東北の地名・岩手』二〇〇二年二月）

カクマという地名

先日、新潟県の村上市を訪れたついでに、三面川や荒川べりをぶらついた。その際いくつかの地名が目にとまったので報告しておく。

荒川の西に胎内川が流れている。その中流に黒川村がある。黒川は臭水《くそうず》（草生水《くそうず》）が湧出する所で古くから知られている。黒川の名は原油の色が真っ黒く見えるところからつけられた地名である。『日本書紀』天智天皇七年秋七月の条に「越国、燃土と燃水とを献る」とみえる臭水の産地を黒川とする説がある。

私の興味を引いたのは以前石油を採取するのにカクマと呼ばれる羊歯《しだ》を用いるという話であった。

これについては、武田久吉が『民俗と植物』（山岡書店、一九四八年）の中で詳述している。以下、武田の文章を紹介することにする。武田はいう。


江戸中期以後の書物を披《ひら》いて見ると「石脳油《せきのうゆ》」すなわち今いう石油が水に浮いて湧き出でるのを、カクマグサを用いて集めることを記したものがある。

宝暦九年に刊行された松岡玄達の『結耗《けつじ》録《ろく》』に、「草水油《クソウスノアブラ》の事」と題して、「越後蒲原郡舘組塩谷村に草水油あり。其地旧村上領なり。今公領となる地に壺十四あり。これをとるにカクマと云うものを泛《うか》むれば、油ことごとく其葉の上にのる。それを取り燈とす。其近邑にもあり。他邑にしてはワラにて取る。一壺より一升二升或は七、八升を取る。カクマは蘇鉄の葉に似たる木の葉なり」と記してある。蘇鉄の葉に似た木の葉だという心はシダのように細かく切れたものとの謂であろうが、なぜか草の葉とせず木の葉といってある。

白井博士（注・白井光太郎）によると、寛政七年秦穏丸の著述する処の「越後七不思議考」中臭水《くそうず》の条に、これを採るに「かくま草とて蕨《わらび》の穂の出た状の草にしめして樽にしぼり入る云々」とあるから、この著者は、カクマがシダの一種であることを熟知していたに相違ない。それから数年後の享和三年に編せられた小野蘭山翁の「本草綱目啓蒙」石脳油の条には「クソウヅのアブラ・クソウヅは臭水と書す。又草津は越後村上の地名なり。其地より出（づ）る故に名づくと云ふ。越後国蒲原郡如法寺村其外舘組塩谷村の流水中に混じて流る。即越後七不思議の一なり。又芝田の東北黒川村の東南五六町蓼村に油のわく池五十余ありと云。古昔はカグマの葉にて取（る）と云。其後は稲草《ワラ》を束ね流水或は井水に入おけば油此に聚《あつま》りつく。此稲草を揚しごき取。唐山にては雉尾を以て取と夢渓筆談に云へり。其油は黒褐色にて硫黄に似たる臭気あり云々」と掲げてある。

以上が武田の文章である。長い引用であるが、委細を尽くしているのであえて取り上げることにした。

文中に塩谷村とあるのは黒川村の塩谷のことである。ここに臭水が湧出することは前に述べた。如法寺村は現在の三条市如法寺である。『日本歴史地名大系』一五（新潟県の地名）によると、如法寺村には「如法寺村の火井」として知られた天然ガス井戸があった。石油を臭水《くそうず》と呼んだのに対して、天然ガスは風臭水《かざくそうず》と呼ばれた。天明六年（一七八六）当地を訪れた橘南谿は「此村に自然と地中より火もえ出る家二軒あり。百姓庄右衛門といふ者の家に出る火もつとも大なり。三尺四方程の囲炉裏の西の角に、ふるき挽臼を据ゑたり。其挽臼の穴に、箒の柄程の竹を一尺余に切りてさし込有り。其竹の口へ常の火をともして触るれば忽ち竹の中より火出て、右の竹の先にともる。此火有るゆえに、庄右衛門家はむかしより油火は不用、家内隅々までも昼のごとし」と『東遊記』に記している。

さて俗称のカクマという羊歯はどのような名称をもつか。信州の秋山ではリョウメンシダをカクマと呼んでいる。しかし南会津の桧枝岐村や舘岩村でカクマと称するのは、ヤマドリシダ、一名ヤマドリゼンマイである。ヤマドリシダはエチゴワラビまたオニコゴミと呼ばれ、近年は食用に供しているという。

白井によると、カクマまたはガクマ、カグマの名はカクマリの転訛である。カクマリはコモチシダを指して呼ぶ名であるという。磐城伊具郡枝野村（現・角田市）では歯朶《しだ》類を総称してコゴミというが、この名またはコゴメというのは、ある地方ではクサソテツに限られている。

カクマを羊歯類とする説のほか、川の隈などに生える茅や雑木であるという柳田国男の説がある（「火の昔」）。もちろん柳田はそれだけがカクマのすべてではないといっている。日の当らぬ所をカクマという。それには「隠れる」という意味も含まれているのではないか、と「地名の研究」で論じている。

新潟県には、

南蒲原郡葛巻村大字鹿熊《カクマ》
同　　鹿峠村大字鹿熊
西頸城郡早川村大字角間《カクマ》

などの地名がある。

またカクマを囲《かく》みの変化した語とする説がある。山地や水路で取り巻かれた土地の地名で、福井県以北の日本海側に多い。さきに挙げた新潟県南蒲原郡鹿峠村（下田村）の一番奥まった集落が鹿熊である。これはカグマル（囲まれる。秋田方言）から出た称呼ともいわれる。

これらの諸説をどうまとめたらよいのであろうか。小林存は『縣内地名新考』上巻（高志社、一九五〇年）の中で次のようにいっている。「私の乏しい知見でも県内（新潟県内）に於ける限りカクマは大歯朶のことで露頭の石油を採集するに昔はこの葉に付着せしめた。何れにしてもこの植物の生える所は陰湿な日の当たらぬ山路の部分だから地形そのものを取って見れば大した議論にもならぬけれど、この無用に似た植物は案外有用な特性をもっているので、そんなことで常民に注意せられ、部落名に進化する可能性もないではないと思うが、今の処力量足らずして的確な批判を下すことは出来ない」と謙遜していっているが、小林の説はおよそ当を得た結論と思う。カクマの地名は大別すれば、植物説と地形説の二通りに分かれる。植物説もこれを石油を採集する羊歯類と考える説と、それには関わりがないという説に分かれる。地形説では川の隈、陰地《おのじ》など、また囲まれた所をも指す。そうした陽のあたらない場所に生えるカクマと呼ばれる羊歯類が多く見られる土地をカクマと称したのではあるまいか、と私は考えるのである。

（「日本歴史」第六六八号　日本歴史学会、二〇〇四年一月）

越の国と蝦夷

今回与えられたテーマは「越の国と蝦夷」です。越の国というのが、いつごろから記録にあらわれるかというと『日本書紀』の国生みでイザナギとイザナミが、まず淡路島を生み、次に豊秋津洲《とよあきつしま》を生んでいる。これは本州のことで、その後に越の洲を生むが、そこには「洲（しま）」と書いてある。さらに佐渡島を生んでいる。本州であるはずの越が別に書いてあるということにどのような意味があるのだろうか。越とは北陸一円と東北の日本海側のことで、八世紀初に出羽国となった地域も含まれている。そこでは言語や風俗・習慣が本州とは違っているという編者の認識、考え方があらわれている。

『越後国風土記逸文』にはヤツカハギという長いスネを持った男がいたと出ている。それはツチグモの後裔だと書いてあって、その族類が各地に多くいた。越後だけでなく出羽にも越前にもヤツカハギがいた。常陸にもヤツカハギがいて、それは国栖《くず》と同じと書いてある。これは異族のことで、常陸国にはツチグモもいた。また山のサエキ、野のサエキもいた。ナナツカハギというのもいる。さらにはイコマナガスネという生駒山脈の付近に住んで神武天皇に反抗したナガスネヒコもいた。これらの異族を「夷人雑類（いじんぞうるい）」といった。夷人とは蝦夷、隼人のことで、雑類とは都に呼びよせられて国許にいない蝦夷や隼人のことである。

越の国にヤツカハギがいた、ということは蝦夷がいたことで、東北の日本海側から敦賀あたりまで、多くの蝦夷がいた。どんなようすだったか、彼らは土穴に住んで、水田稲作をいやがる。養蚕がきらいで狩猟・漁労に従事し、常に移動しているのが特徴であった。ヤマト政権側から見ると人倫、人間性の劣る人々であって、親子の区別もつかず、野心家で、人のものを掠め取るとしている。

七世紀の半ばまで阿賀野川の北にはヤマト朝廷の勢力は及ばなかった。そこには前方後円墳がなく、国造がいない。阿賀北はヤマト朝廷の軍事力の介入できない地域であった。太平洋側では阿武隈川の北には権力が及ばなかった。その南には鹿島御子神社があるが、北にはない。そこは蝦夷の天下であった。

西の方ではどうであったか。「国造本紀」に加賀国造は素都乃奈美留命《ソツノナミルノミコト》で道君《ミチノキミ》と同祖としている。また高志深江の国造も道君の同祖であった。高志深江とはどこかというと、弥彦の近くに福井というところがある。

この福井は深江からきたのではないかといわれている。もうひとつの古志国という古志郡、三島郡、刈羽郡の国造も道君の同祖となっている。それでは道君とはどのような人物なのだろうか。

四道将軍として北陸道を進んだ大彦命《オオヒコノミコト》は道君の先祖と書いてある。大彦命の子孫が道君なのだが、問題は道君には蝦夷がいるということである。

出羽の国に道君と称する蝦夷がいて、その蝦夷が平安時代の貞観年間に仏教に帰依し、まことに殊勝な気持ちを持っているということで褒められた記録が残っている。そうすると、もともと道君は蝦夷ではなかったかと考えられる。どうして蝦夷が国造と関連してくるのか。考えられることは、蝦夷が帰順して道君の家来になって、その家来も道君を名乗った。大彦命の子孫が道君だから蝦夷が帰順し俘囚《ふしゅう》となって道君を名乗ったのではないか。またそもそも道君は蝦夷ではなかったかという考えもある。大彦命とは後でつけたもので、蝦夷が道君を名乗ったことが考えられる。いずれにしろ、北陸の国造は蝦夷と密接な関係があった。

高志深江国造は、深江がなまって福井となったところにある。そこには弥彦神社の末社がある。それらを考えると弥彦神社そのものが蝦夷と関係あるように思われる。弥彦神社の祭神は天香具山命になっているのだが、それは江戸時代になって橘三喜がつけたもので、吉田東伍は本来は弥彦の祭神は大彦命であり、もとは地元の蝦夷が祀った神ではなかったかといっている。

各地の国造が蝦夷と関係がある。古志郡、その中心地はどこかといえばたぶん長岡あたりにあった。また出雲崎周辺まで含めて考えてもいいのではないだろうか。高志深江国造は南蒲原郡にあった。国造とは大化以後になると国が任命することになるが、それ以前は自主的なもので地方の権力者が国造になっていた。その国造が蝦夷で、それが道君であった。

欽明天皇三十一年に高麗《こま》の使者の船が難破した。高志国に漂着したが贈り物、土産物が道君に略奪されてしまった。それがわかって膳《カシワ》の臣《オミ》を通して、犯行がばれて掠め取った品物を返すという記録がある。道君は高麗と交流があったのかも知れない。高麗とは大陸の沿海州と近いツングース系の民族であり佐渡にやってきているが、高志にも来ていた。

単に蝦夷の国造といえば、何か野蛮な感じがするのだが、そうではなく広く交易を行い、堂々と外国との取引を行う力を持った豪族であったということになる。

大彦命の話に戻る。大彦命が四道将軍としてたどった道どりは、まず長谷寺のある大和の宇陀へ行き、そこから伊賀の名張に入る。その後、伊賀上野、甲賀、蒲生、越前、加賀とたどったことが推定される。この途中には各地の豪族がいた。宇陀にはウダノオミ、名張のナバリノオミ、伊賀のイガノオミ、上野の北の阿拝郡からアベノオミ、近江にはオトフトベ、ササキヤマギミ、カシワノオミ、越前にはヒキタノオミがいた。これらの豪族はすべて安倍姓を名乗っている。安倍氏は大彦命の子孫だと書いてある。安倍を名乗ったものは大彦命の子孫だということになる。北陸道には大彦命の名を借り、安倍氏の名を借りた地方豪族が大勢いた。大彦命は宇陀からはじまって、それらの地方豪族を平定しながら北へ向かったのであった。

大彦命には二人の子供がいた。長子はタケヌナカワの命といい、東海道を平定しながら北上して会津で父親の大彦命と会った。そこの地名が会津となった。次男はオオイナコシの命といい、越の国と深い関係の人物である。

長男のタケヌナカワの名前は要するにヌナカワ郷という糸魚川から能生一帯の地域のことであり、吉田東伍によれば大彦命がヌナカワの女性を娶って、生まれた子につけた名前だということになっている。

オオイナコシの命は春日山、現在の上越市の春日山ではなく守門岳のことで、その近辺に住んで下田郷を開拓した人物である。オオイナコシの名前にあやかった神社が今もある。稲串神社は出雲崎にあるし、長岡の蔵王堂も平安時代以前は稲串神社があったのではなかったか。大彦命の次男は長岡の近辺に住んでいたことが考えられる。

大彦命であれ、オオイナコシの命であれ、名前としてヤマト朝廷の公式記録に書かれただけであって、その実態は蝦夷であって彼らがこの地域を牛耳っていたのではなかったか。

弥彦神社もそうである。弥彦は大彦命が宇陀の方にいたとき、捨て子が泣いていたので保護してやった。その子に得彦《エヒコ》と名づけ、そのエヒコがヤヒコになったというのが吉田東伍の説である。吉田東伍は、弥彦神社を天香具山命としたのは橘三喜が高橋家という弥彦神社の宮司と相談してつけたのだが、それは間違いだと書いている。

高橋家というのは膳《カシワ》の臣で、天皇に膳を奉る家である。カシワノオミはまた道君の同祖と書いてある。したがって蝦夷である。天武天皇のときに高橋朝臣に変えてもらったのであり、その流れから弥彦神社の宮司になった。高橋家は高志深江の国造と関係があるといわれている。

弥彦神社というのも非常に面白い。弥彦の神さまはタラの芽で目を突いた片目の神だといわれている。片目の神さまとは、どこでも必ず金属に関係がある。弥彦はどこで金属との関係が見られるかというと、間瀬にある銅山に繋がっている。道君である高志深江国造は間瀬の銅採掘権をにぎっていた。蝦夷ではあるが金持ちであった。

また、ここは海人族がいた。尼瀬という地名は海人と関係がある。出雲崎には尼瀬がある。吉田東伍は海人が尼瀬にいたと書いている。海人が北陸地方を西から東に移動していた。その根拠として青海神社がある。新潟県の青海、沼垂、加茂、そして若峡の青郷に青海神社がある。この青海神社の源流は九州の六連島にある青海神社である。青海神社とはアオニイマスワタツミ神社で、アオとは地名で若峡に青郷がある。海人族が西から東へ移動し、越から東北地方に住みついていった経過が青海神社でたどることができる。村上市にある海府にも潜る人が今もいる。海府は海夫の意味がある。海夫である漁民が移動して行ったことだと考えられる。

それでは出雲崎という地名はどこからきたのだろうか。村崎恭子先生なら当然アイヌ語の岬のエンルムだというだろうが、ちょっと待ってほしい。

出雲の神さまのオオナムチが越のヤグチをたいらげたと書いてある。ヤグチとはヤマタノオロチのことだとも考えられるが、八つの入り口の意味で、かなり入ったところというような意味のことだろう。出雲にも越郷があるがもっと奥に入ったところのことだろう。越の国からやってきて池や堤を作ったとされている。

また有名な国生みの物語では、出雲へ引っ張ってくる国を「都都」と書いてあってスズと訓む。スズとはなかなか訓めないのだが通説では能登の珠洲にあてている。そこで生まれた子供がミホスズミで出雲の美保神社の神さまである。どうも能登ではないように思う。小学館から出た『風土記』の編者は直江津と書いている。直江津はかつてはツと呼ばれた。直江津には岬があるのか、直江津にある岬も合点がいかない。能登の珠洲も納得できない。スズとは稲のことやススキなどの草のことをいう。何も能登の珠洲でなくともよいようにも思う。さらにはススミとは古代ののろし台のことで能登半島珠洲市には狼煙とかいてノロシと呼ぶ場所もある。

このように出雲国と越の国とは深い関係があったように思う。ヌナカワヒメとは翡翠の精のシンボルであり、出雲大社の東にある命主《イノチヌシ》社には立派な翡翠の勾玉がある。弥生時代から出雲国と越との関係は深かった。越の国は蝦夷が住んでいて、さらに西から人々が移動してきた「華夷同居」の雑居の地であったと考えることができる。

地名の五十嵐については、垂仁天皇の皇子にイカタラシ、五十帯命がいて、この人が越の国に下向している。守門岳の近くの下田郷を開拓した人物で、そのイカタラシの名が詰まって五十嵐になったと考える。地名を地形だけで考えずに、イカタラシという人物の歴史についても考えてみたらどうだろうか。

古四王についても触れておきたい。古四王神社は阿賀野川の北にしかない。そして特に秋田県に多い。古四王は弥彦神社の神人が金属技術を持って秋田方面まで出かけたのではなかったかというのが吉田東伍の説である。男鹿半島の門前には赤神神社がある。赤は漢の武帝の色で、眉間という鬼を意味している。弥彦という文字はミケンとも読めるし、ここに弥彦神社と越の王を関連付けたいのだが、古四王は古志の王ではない。それでは古四王とは何だろうか。古い四天王のことだと思う。安倍比羅夫の一族、安倍姓の人々が難波の四天王寺に四天王の像を祀った。この四天王と関係があるのではないだろうか。四天王の一人多聞天は北向きである。古四王はここからきたのではなかったか。また薬師とも関係が深い。それは目の神さまで、目を傷めた人の神さまでもある。金属技術者は目をやられる。このことが薬師との関係をもたらしたのではなかったか。

古代の越の国と蝦夷について、またヤマト朝廷との関係をさまざまな角度から考えてみたい。

（「越佐の地名」第八号、二〇〇八年三月）

若狭名義考

『日本書紀』によると、履中天皇の三年に、天皇は大和の磐余《いわれ》（現・桜井市）の池で、舟遊びをしたが、その時、膳臣《かしわでのおみ》の余礒《あれし》が酒を奉った。折から、桜の花びらが盃に落ちた。天皇は怪しんで、この桜の花はどこから舞い込んだのか調べよ、と言った。その命をうけた物部長真胆連《ながまいのむらじ》は、花のありかを尋ね、掖上《わきがみ》の室山《むろやま》で見付けて、献上した。天皇は珍しいことよ、と喜んで、自分の宮を、磐余稚桜宮《いわれわかさくら》と称した。その日が縁で、物部長真胆連は姓を改めて稚桜部造と言った。また膳臣の余礒《あれし》を稚桜部臣《わかさくらべのおみ》と号した。この話から、若狭という名は稚桜にもとづくという説がある。しかし稚桜が若狭と語音が通じるところから、その国号の由来であるとするのは、地名の起源を民間説話に求めたものとして、まともに取り上げるのに値しない。しかし、この挿話に何の意味もないかというとそうではない。

この物語には、若狭の名義についての重要な鍵がかくされている。それは、花のありかを探し当てた「掖上室山」という地名である。

掖上は葛城に本拠を置くヤマトの初期王権の代々の宮のあったところである。『日本書紀』には神武紀に「掖上ほほま丘」がある。そのほか、葛城掖上宮、掖上博多山（『古事記』孝明天皇段）、掖上池心宮（『日本書紀』孝昭紀）などである。

ワキガミの地名について手がかりとなるのは今も奈良県御所《ごせ》市御所宮前町の鴨都波《かもつは》神社の境内が掖上という小字になっていることである。ここからワキガミは鴨都波神社と結ばれていることが推量できる。鴨都波神社の境内から大量の弥生時代の遺物が発見されているから、同神社はきわめて古くから存在したと見られる。鴨都波という神社名は、貞観年間に「鴨都波八重事代主命」と改名したことが知られている。その前は、「鴨弥都波《みつは》」ではなかったかと指摘されている。ミツハ、ミヌマは水の神である。鴨都波神社が、もと鴨弥都波神社で水の神を祀ったというのは、その鎮座地が葛城川と柳田川の合流する場所であり、本殿の西の傍に井戸が祀られていること、旱魃のときには「鴨下りの水」と称して此所の水を分けて貰ったという故事が伝えられていることからも分かる（『日本の神々4 大和』）。

「ワキガミ」の名義については、若賀茂説、別雷《わけかみ》説、若神（鴨都波神社）説、アイヌ語の（水の神）説などがある（日本歴史地名大系30『奈良県の地名』）。

これら諸説のうち、鴨都波神社を若神としたとするのが最も妥当であろう。三輪大神に対する葛城若宮である。その場合も同神社が水の神を祀ったのであるから、つまり「掖上」は「若神」に由来するとしても、その「若神」は水の神を意味していたのである。

一方、「掖上室山」の「室山」は、『古事記』孝安天皇の段に、「葛城の室の秋津島宮」とある。これは、御所市の大字「室」に比定され、御所市大字室小字ミヤ山が、室の秋津宮の一部とされている。宮山古墳は、室大墓《むろのおおはか》ともよばれる。

ここで想起されるのは『古事記』開化帝の条に「室毘古王は若狭の耳別の祖」と記してあることである。毘古は彦である（大毘古命は『日本書紀』では大彦命）。とすれば、室毘古命は葛城の室に生まれた男子ということであったにちがいない。すでに述べたように葛城の掖上、室のあたりはヤマトの初期王朝の宮や墓の集中しているところである。

室毘古王の父は、開化天皇の子の日子坐《います》王である。『古事記』の崇神天皇の条には、日子坐王を丹波国に遣して、玖賀《くが》耳の御笠を殺させたとある。父の日子坐王は丹波に派遣されたとあるが、その子の室毘古王は、若狭の三方郡に赴いたのであろうか。若狭の耳別というのは、丹波の玖賀耳と同様に、三方郡の耳川の流域の酋長か土豪であったろう。

ここにおいて冒頭の「履中紀」の挿話が生きてくる。その挿話で「掖上室山」の名が語られたのは、そこが若狭と関係深い室毘古王の出自の地であったことを引き出すためのものであった。「国造本紀」には「若狭国造として、允恭帝の御世に、膳臣の祖、佐白米の児、荒礪《し》命を、国造に定め給う」とあることから、履中天皇に酒を奉った膳臣の荒礪は若狭と関係が深い。

先の「履中紀」の記事から、次のことが明らかになる。

一、若狭の耳別の祖である室毘古王が、葛城の御所の「室」の出身であること。

二、掖上の鴨都波神が水の神であることから「ワキガミ」は、「若神」であっても、この「若」はワッカ、つまり水を意味すること。

三、以上のことから若狭の「若」もおそらく水に由縁のある言葉ではないかと考えられること。

（第二七回全国地名研究者大会添付資料、二〇〇八年五月）

『伊那谷の地名』発刊を祝して

このたび伊那谷地名研究会から『伊那谷の地名』が刊行されたことは喜びに耐えない。会長さんをはじめとする研究会の皆様の努力が実った。それぞれの項目が棚から垂れ下がる葡萄の房のように感じられる。そこで一文を草して発刊の祝辞の代りとしたい。

私が遠山の霜月祭を見学したのは、南信濃和田の出身の後藤総一郎さんの手引きで一九七〇年代のはじめである。そのことは一九七五年に上梓した『民俗の神』に述べているが、私が民俗学とは「神と人間と自然の交渉の学」であるという考えを思いついたのは、この霜月祭の体験によるところが甚だ大きい。霜月祭のとき、神主が八百よろずの神を読み上げる神名帳のほかに、自然の精霊たちが呼び出される。また祭の後半では、山住さま（狼）や狐も舞に参与するのである。私は後藤さんと遠山谷一帯の霜月祭を程野・木沢・上村・和田と点々と見てまわったが、それが私の民俗学の原点となっている。

同じ頃やはり後藤さんと一緒に新野《にいの》の盆踊りに参加したことがある。盆の十六日の夜、新野の町の通りには数百人が輪をつくっていた。太鼓もなく笛もなく、踊り手は道の両側に並び、対面した相手に向かって扇をふりかざし、腰までさげてゆっくりと会釈をする古風な踊りである。夜明けになると、新盆の家の人たちが、行列を組んで村境までいく。踊り手たちは去ってゆく精霊たちと別れを惜しみ、輪をつくってその行く手に立ちふさがり、引きとめようとする。私は後藤さんに向かって、「死ぬのなら新野だな」とつぶやいた。

やはりその頃（一九七一年）、私は飯田からバスで二時間近くかかって、大鹿村の大河原を訪ねたことがある。バスは険しい山道を、すり鉢の底のような大河原まで降りていった。大河原の上蔵《わぞう》部落からその奥の釜沢部落まで行った。そのさきの御所平《ごしょだいら》までは一台がやっと通れるだけの山道であった。私の目的は、御所平にいたといわれる後醍醐天皇の皇子の宗良親王の事蹟を調べることにあった。宗良親王は御所平から山の稜線をたどって大鹿村の鹿塩《かしお》へ抜けたという。鹿塩では岩塩の層につながる井戸から塩水を汲み上げていた。宗良親王の伝説には木地屋が一役買ったと推定される。木地屋がロクロを使って彫った十六本のヤガラをもった車の輪は菊花の御紋章にまぎらわしいのである。

　天龍川の東側には南北に走る深い谷がある。茅野《ちの》から杖突峠を越えて高遠の町に入る。高遠から南へ下り、分杭峠を越えると、鹿塩や大河原がある。この大河原から地蔵峠を越えて南に下れば、霜月祭の行われる遠山谷がある。この遠山谷と南の水窪《みさくぼ》とをつなぐ青崩《あおくずれ》峠は、秋葉神社や水窪の山住神社に参詣するときの道すじであった。これは日本列島を真っ二つに分ける大地溝帯で、中央構造線と呼ばれている。柳田國男はこれを「東国古道」と言った。『下伊那史』に載せてある分布図を見ると、天龍川を挟んで、東側の中央構造線上には、宮方があり、天龍川の西側には武家方がいるという風にはっきり分かれて対峙している。また南信濃村誌の「遠山」には、南北朝の頃に、信州に入る南朝ルートが掲げられている。その一つは宗良親王の入信経路であり、遠州の井伊谷城から足助《あすけ》、根羽《ねば》を通るものである。鳳来寺や大野など、今日のＪＲ飯田線に沿うルートもある。これは古来、信州とその南を結ぶ道として、水窪の南の佐久間町から豊川市にいたる中央構造線が利用されたことを示している。

　つまり南朝（宮）方は、天龍川の東側の渓谷からはじまって紀伊半島、四国、九州のもっとも山深いところを通っており、南朝方を支えたのは、木地屋、鉱山師、狩猟民、修験者など、一口にいって山の民であったと言える。

これらのことからすれば、中央構造線上には、南北朝の動乱が発生する遥か前から、山民の文化があった。そこは山中漂泊の民の移動路であり、また交易路であった。交易品には人間の生活に不可欠な塩があった。塩を入手するために、山民が農民や海辺の民との交易品にしたものには、獣の毛皮や肉があり、木地屋の作る椀、そしてサンカなどの作る竹細工などがあった。さらには水銀や金や銅などの鉱物とその製品があった。それらの生産と移動を含めて、中央構造線は日本文化の隠れた大動脈の役割を果して来た。

人工衛星で地球の外から日本列島を見ると、もっとも遠距離から確認できる深い皺のような陰影は中央構造線であるとされる。その中央構造線の「東国古道」が伊那谷の町や村を貫いている。それが伊那の歴史と文化にどのように影響しているか、そのことの重要さを、改めて思わざるを得ない。

（『伊那谷の地名――風土と人びとを結ぶ文化』伊那谷地名研究会編、二〇〇八年一〇月三〇日）

付記

一、「谷川健一コレクション」は、小社より刊行された『谷川健一全集 全二十四巻』（二〇一三年五月完結）に未収録の作品を収載した。

一、各巻をテーマ別に分類、構成し、おおむね発表順に並べた。

一、「谷川健一コレクション5　地名の世界」は、地名の意義と価値を究明し、その改悪と抹消に挑んだ論考を「Ⅰ　地名が語るもの」に、地名探究の成果を「Ⅱ　日本の地名」として構成した。

一、収載した論稿のほとんどが、今回初めて書籍としてまとめられるものであるため、本文は各作品末に掲載した初出紙誌に準拠し、単行本収録のものはそれを参考にした。また、発表時のタイトルを補足・変更したものもある。

一、収録作品には、今日の人権意識からすれば、不当・不適切と思われる語句を含むものがあるが、著者の被抑圧者・被差別者に寄り添った思想を忠実に再現することが大切と考え、原文どおりとした。

一、形式上の整理・統一は必要最小限にとどめ、なお次のような訂正・整理を施した。

1　明らかな誤記・誤植は訂正した。

2　漢字は原則として通用の字体に改めた。

3　難読字には振り仮名を付した。

装幀
難波園子

挿画
安仲紀乃

[谷川健一コレクション 5]
地名の世界

2020年 8 月29日　　第 1 刷発行

著　者：谷川健一
発行者：坂本喜杏

発行所：株式会社冨山房インターナショナル
〒101-0051　東京都千代田区神田神保町1-3
TEL 03-3291-2578　FAX 03-3219-4866
URL:www.fuzambo-intl.com

印刷：株式会社冨山房インターナショナル
製本：加藤製本株式会社

©Akio Tanigawa 2020 Printed in Japan
(落丁・乱丁本はお取り替えいたします)
ISBN 978-4-86600-085-5 C0339

谷川健一コレクション　全6巻

1 小さきものへ
Ⅰ　民俗の眼—初期評論1
Ⅱ　無告の民—初期評論2
Ⅲ　人間イエス—少年期・習作期の作品
〈日本人の誇り〉へ谷川民俗学の出発

2 わが沖縄
Ⅰ　わが沖縄—初期評論3
Ⅱ　琉球・沖縄・奄美と日本
沖縄へ、日本の原郷を求めて

3 日本の原像—民俗と古代
Ⅰ　わたしの民俗学
Ⅱ　古代の風景
民俗学から日本古代史の謎への壮大な挑戦

4 日本の神と文化
Ⅰ　日本の神々
Ⅱ　日本文化の基層
日本人にとって神とはなにか

5 地名の世界
Ⅰ　地名が語るもの
Ⅱ　日本の地名
谷川地名学の形成とその真髄

6 孤高と誇り
Ⅰ　問いと探究—民俗学の旅
Ⅱ　思惟・情熱そして表現
野の巨人の歩み

谷川健一全著作データ
紙誌掲載作品一覧・書籍収載作品一覧

A5判　並製カバー装　平均400頁　定価・各巻3000円＋税　◆送呈・内容見本

谷川健一全集

菊判　布表紙　貼函入り　全24巻

第１巻　古代１　白鳥伝説
第２巻　古代２　大嘗祭の成立　日本の神々　他
第３巻　古代３　古代史ノオト　他
第４巻　古代４　神・人間・動物　古代海人の世界
第５巻　沖縄１　南島文学発生論
第６巻　沖縄２　沖縄・辺境の時間と空間　他
第７巻　沖縄３　甦る海上の道・日本と琉球　渚の思想　他
第８巻　沖縄４　海の群星　神に追われて　他
第９巻　民俗１　青銅の神の足跡　鍛冶屋の母
第10巻　民俗２　女の風土記　埋もれた日本地図（抄録）　他
第11巻　民俗３　わたしの民俗学　わたしの「天地始之事」　他
第12巻　民俗４　魔の系譜　常世論
第13巻　民俗５　民間信仰史研究序説　他
第14巻　地名１　日本の地名　続 日本の地名　他
第15巻　地名２　地名伝承を求めて　日本地名研究所の歩み
第16巻　地名３　列島縦断 地名逍遥
第17巻　短 歌　谷川健一全歌集　うたと日本人　他
第18巻　人物１　柳田国男
第19巻　人物２　独学のすすめ　折口信夫　柳田国男と折口信夫
第20巻　創 作　最後の攘夷党　私説神風連　明治三文オペラ　他
第21巻　古代・人物補遺　四天王寺の鷹　人物論
第22巻　評論１　常民への照射（抄録）　評論　講演
第23巻　評論２　失われた日本を求めて（抄録）　評論　随想
第24巻　総索引　総索引　年譜　収録作品一覧

送呈・内容見本　　各6,500円・揃156,000円（税別）